F. Zückmantel

GEHEIMAKTE UFO

Wie Regierung und Geheimdienste
der Welt
dieses Phänomen verschleiern!

EWERTVERLAG

ISBN 3-89478-184-x

EWERTVERLAG S.L.
E-35290 Playa del Inglés - Gran Canaria
Alleinvertrieb für die deutsche Übersetzung
EWERTVERLAG GmbH
Mühlentannen 14
49762 Lathen (Ems)
Tel: 05933/92620 Fax: 05933/92621

F. Zückmantel

GEHEIMAKTE UFO

Wie Regierung und Geheimdienste der Welt dieses Phänomen verschleiern!

EWERTVERLAG

Inhaltsverzeichnis

Vorwort

Mit diesem Buch werden Sie mit einigen der grundlegenden Aspekte bei der Untersuchung nicht zu identifizierender Flugobjekte vertraut gemacht, über die immer wieder in den Medien berichtet wird. Durch viele Darstellungen wird Ihnen ein Eindruck davon vermittelt, um was es sich dabei handelt, welchen Stand die Untersuchungen erreichten und welche Entwicklung das UFO-Phänomen selbst genommen hat. Seit Jahrzehnten werden nun schon Flugkörper am Himmel beobachtet, deren Aussehen und Verhalten allen bisher bekannten Objekten widersprechen und deren Herkunft nicht erklärt werden kann. Diese Erscheinungen sind sehr selten, und es läßt sich weder vorhersagen, wann noch mit welcher Häufigkeit diese Objekte irgendwo auftauchen oder gesehen werden. Fast schon vergessen in einem Land, erlebt ein anderes regelrecht eine Invasion dieser unidentifizierbaren Flugobjekte (UFOs). Und wie immer in solchen Fällen, wo keine raschen Erklärungen gefunden werden können, neigen die Menschen dazu, die Existenz der Erscheinungen bald selbst in Zweifel zu ziehen. Die Mehrheit der Bevölkerung ist gegenwärtig der Ansicht, daß es sich bei UFOs nicht - wie der Name sagt - um „unidentifizierbare Flugobjekte“ sondern um natürliche, aber fehlgedeutete Himmelserscheinungen handelt, die also sehr wohl identifizierbar sind, wenn nur gründlich nachgeforscht werden würde. Tatsächlich findet sich unter neun Berichten über merkwürdige Himmelserscheinung, die bei den Zeitungsredaktionen oder Sternwarten eintreffen, nur etwa eine einzige Sichtung, die von Experten nicht identifiziert werden kann. Die übrigen lassen sich aufklären als Heißluftballons, Meteorite, Leuchtmunition, helle Sterne, Flugzeuge (um nur die häufigsten Mißdeutungen zu nennen). Es wäre aber falsch nun zu sagen, nur 10% aller UFOs blieben unaufgeklärt. Richtig ist vielmehr, daß die Experten 100% unidentifizierbarer Fälle sammeln, weil sie die identifizierten Objekte aus den Akten entfernen. So umfaßt die Sammlung nichtidentifizierbarer Flugobjekte von Prof. Saunders von der Colorado-Universität heute rund 1.00.000 für eine EDV-Auswertung codierte Fälle. Dies ist der Umfang des „kleinen Rests", wie die unidentifizierbar gebliebenen Erscheinungen verharmlosend von uninformierten Wissenschaftlern und Journalisten bezeichnet werden. (Zum Vergleich: In der Literatur sind nur etwas mehr als 1.500 Berichte über Kugelblitz-Beobachtungen zu finden).

Nehmen wir einmal an, Sie fahren nachts mit dem Auto auf einer einsamen Landstraße und beobachten - was relativ häufig geschieht - wie ein helles Licht vom Himmel fällt, etwa 50 Meter über dem Boden schwebend verharrt und danach wieder aufwärts in den Himmel saust und verschwindet. An wen würden Sie sich wenden, um zu erfahren, was für eine Erscheinung das gewesen war? Sie werden feststellen, daß weder Universitätsinstitute, Sternwarten noch Wetterstationen Interesse zeigen. Denn dort geht man seinen eigenen Forschungsprogrammen nach und wünscht nicht, mit außerhalb des Interessengebietes liegenden Problemen belästigt zu werden. Die Fluglotsen des nächsten Flugplatzes haben auf ihren Radarschirmen nichts gesehen, da Flugspuren, die nicht von Flugzeugen gebildet werden, automatisch unterdrückt werden. Bei den Zeitungsredaktionen haben in der Regel auch keine weiteren Zeugen angerufen. So bleiben Sie mit Ihrem Erlebnis allein. Ihre Bekannten werden Sie bemitleiden, weil Sie ja nun auch zu „denen" gehören, die etwas „sehen". Bei Befragungen wurden immer wieder die Erfahrungen gemacht, daß die Zeugen von der Meinung ihrer Mitmenschen besonders abhängig sind. Die Furcht, sich zu blamieren, ist stärker als das noch so beängstigende Erlebnis selbst. Diese Angst, aus dem sozialen Kontext herauszufallen, der Konformitätsdruck ist so stark, daß z.B. ein Arzt aus Ostfriesland, der gemeinsam mit seiner Frau und seinem Sohn, 19 mehrere leuchtende zigarrenförmige Objekte am Himmel schweben sah, es nicht wagte, die Nachbarn, welche sich auf der Straße vor seinem Haus aufhielten, auf die Erscheinung aufmerksam zu machen. Stattdessen rief er kilometerweit entfernte Honoratioren der Gegend (einen Kapitänpatentanwärter, den Apotheker und einen Ziegeleibesitzer) telefonisch zu Zeugen, sonst hieße es, der Doktor spinnt, erklärte er seine Vorsicht. Am Hochries-Massiv wurde 1973 ein helles, bunte Farben zeigendes „fliegendes Ei" vom Hüttenwirt und dessen Gehilfen beobachtet. Über Funk alarmierte dieser den benachbarten Hüttenwirt der Klausen-Alpe im Österreichischen. Dieser beobachtete das auf und ab tanzende Objekt auch. Aber es gelang ihm nicht, zwei Gäste dazu zu bewegen, mit vor die Hütte zu kommen und die Sichtung zu bestätigen. Das bewußte Ehepaar weigerte sich ganz einfach, etwas so Anstößiges wie ein UFO ansehen zu müssen. In Deutschland ist die Angst der Bürger, sich durch eine öffentliche Bezeugung einer Sichtung lächerlich zu machen, von allen Ländern am größten, in Frankreich und in den lateinamerikanischen Staaten dagegen, durch ein toleranteres Verhalten der Presse begünstigt, am geringsten. Warum ist die Erscheinung der unidentifizierbaren Objekte zu einem Tabuthema geworden, das an keiner Universität untersucht wird? Warum ist das Interesse der Öffentlichkeit an diesem Phänomen immer mehr zurückgegangen, während die Zeugenberichte immer seltsamer aber auch interessanter werden? Der Grund dafür ist wohl, daß man zu lange auf eine plausible Erklärung gewartet hat und nun einfach des Wartens überdrüssig geworden ist. Zu oft haben sich sensationelle UFO-Berichte als harmlos oder als Schwindel herausgestellt. Zu oft haben sich pseudoreligiöse Gruppen und Hobbyarchäologen mit Anspruch auf Wissenschaftlichkeit dieses Themas bemächtigt. Wie sollte man es da noch ernst nehmen! Weil ich mich ganz allgemein für Himmelserscheinungen interessierte, habe ich sehr früh Berichte von UFO-Sichtungen gesammelt. Dieses Interesse für Flugobjekte allgemein war von einem älteren Arbeitskollegen, einem Maschinenbauingenieur, in mir geweckt worden. Ich las alles was ich über Ufoberichte und Bücher in die Finger bekam. Außerdem sammelte ich Videos von UFO-Dokomentationen aus aller Welt.

Im Frühjahr 1964 wurde ein, in der Gegend von Woomera (Australien), fliegender Mirage Düsenjäger von einer Diskusscheibe umflogen. Dieser Vorfall wurde vom Bodenradar verfolgt. Im selben Jahr übergab Keyhoe (NICAP) den Bericht „The UFO-Evidence“ an alle amerikanischen Kongreßabgeordneten in der Hoffnung, das Tatsachenmaterial würde dazu beitragen, daß der Kongreß finanzielle Mittel für die UFO-Forschung bereitstellen würde. Doch nichts geschah. Die erste wirklich wissenschaftliche Untersuchung über UFOs wurde erst an der Colorado-Universität in den USA in Auftrag gegeben. 37 Wissenschaftler aus verschiedenen Fakultäten wurden ständige Mitarbeiter an diesem Projekt. Bereits vor der Untersuchung definierten sein Leiter, Prof. Condon, und dessen Mitarbeiter das Forschungsziel, nämlich den Beweis dafür zu liefern, daß UFOs nichts anderes seien als Fälschungen, Fehldeutungen bekannter Naturerscheinungen oder Halluzinationen. Nur so konnte für 500.000 Dollar ein definierbares Ergebnis abgeliefert werden. Es wurden nur 117 UFO-Berichte untersucht. Für 35 davon konnte keine befriedigende Erklärung gefunden werden. Trotzdem schrieb Condon in der zusammenfassenden Einleitung zum Buch, daß UFOs seiner Meinung nach kein Thema für die Wissenschaft darstellten. Daß diese Annahme viel zu voreilig getroffen wurde, wird dadurch bewiesen, daß gerade die Wissenschaftler, die den 1.000 Seiten dicken Bericht in seiner vollen Länge studieren, nun erst recht zu der Überzeugung kommen mußten, an UFOs sei doch mehr dran als sie vor dem Lesen des Berichtes gemeint hatten. Dies bestätigte uns auch ein Philosophieprofessor der Münchner Universität. Viele Wissenschaftler, die Condons Schlußfolgerungen ebenfalls nicht akzeptierten, wendeten sich an Hynek, der 1973 ein Zentrum für UFO-Forschung (CUFOS) gegründet hatte, die Zeitschrift „UFO-Reporter" herausgab und das erste wissenschaftliche Fachblatt „The UFO Journal" ins Leben gerufen hatte.

Auch der NASA wurde angeboten, Aufträge für eine UFO-Untersuchung zu übernehmen. Die NASA lehnte dies ab, denn die Geheimdossiers mit Filmmaterial und anderen geheimen UFO-Berichten (wie sie die US-Geheimdienstlabors besitzen), wurden auch ihr nicht zur Verfügung gestellt und ohne eine solche Datenbasis hätte auch die NASA nicht mehr in Erfahrung bringen können als die privaten Forschungsgruppen. 1974 suchte die Forschungsgruppe MUFON, zu der vorwiegend privat forschende Wissenschaftler gehören, Vertretungen in Europa. Es fanden sich Wissenschaftler aus Deutschland, Österreich und der Schweiz die dieser internationalen Gesellschaft MUFON betraten, um dem UFO-Rätsel mit wissenschaftlichen Methoden beizukommen. Eine einzige Berufsgruppe ist nicht in der Lage, die UFO-Sichtungen umfassend zu analysieren. Der deutschsprachigen Gruppe gehören heute rund 50 Mitglieder aus Universitäten, Forschungsinstituten und aus der Industrie an, von denen einige aufgrund ihrer exponierten beruflichen Stellung Decknamen verwenden. In dieser Gruppe sind u.a.

mehrere theoretische und praktische Physiker, Astronomen, Mathematiker, Chemiker, Informatiker, Ingenieure, Mediziner, Psychologen, Biologen, ein Ethnologe, ein Archäologe, ein wissenschaftlicher Fotograf, ein Hypnosearzt und ein Mineraloge. Die interdisziplinare Diskussion befindet sich noch im vorwissenschaftlichen Stadium, da noch keine überprüfbaren Theorien ausgearbeitet sind und keine Forschungsmittel zur Verfügung stehen. Die Arbeiten beschränken sich daher vorerst auf eine Erarbeitung des methodischen Weges zur Formulierung des Forschungsgangs und der Festigung der Datenbasis.

Als Ausgangspunkt dienen die weit über 50 im deutschsprachigen Raum gesammelten Fälle, in welchen die Zeugen persönlich interviewt oder untersucht worden sind, das „Blue-Book"-Material der US-Luftwaffe (140.000 Seiten auf 95 Mikrofilmrollen), rund 600 Seiten (inoffizieller) UFO-Berichte aus der UdSSR, etwa 700 Seiten mit UFO-Dokumenten der Central Intelligence Agency (CIA), der National Security Agency (NSA), des Federal Bureau of Investigation (FBI) sowie weiterer amerikanischer Regierungsdokumente, die aufgrund der „Akte über die Informationsfreiheit von der Bürgerinitiative, Bürger gegen UFO Geheimhaltung" (CAUS) beschafft werden konnten. Weil Daten enthalten die umfangreichen Fachbücher-, zeitschriften, Foto- und Filmsammlungen, die diversen Informationen privater, ausländischer und wissenschaftlicher Fachgruppen, die eigene Tagungen abhalten und seriöse Fachberichte publizieren. Das Schwergewicht wird auf die Untersuchung physikalischer Wechselwirkungen der UFOs mit der Umgebung gelegt. So wurde ein Katalog mit rund 1.300 Fällen elektromagnetischer und gravitativer Wirkungen in der Nähe von UFOs aufgestellt. Bei der Untersuchung von Zeugen konnte die Unterstützung der Innenmmisterien der Länder, der Polizeipräsidien und der Zentrale der Bundesanstalt für Flugsicherung in Anspruch genommen werden. Nur in ganz ungewöhnlichen Fällen, wenn z.B. den Zeugen durch die UFO-Begegnungen mehrere Stunden aus dem Gedächtnis gelöscht wurden oder wenn die Zeugen mit menschenähnlichen Wesen bei den Objekten in Berührung gekommen sein wollen, wurde jeweils der Hauptzeuge nochmals unter Hypnose befragt, und es wurden psychologische und psychiatrische Gutachten eingeholt. Im übrigen konnten alle Erfahrungen bestätigt werden, wie sie von Menschen in aller Weise gleichermaßen berichtet werden und wie sie im vorliegenden Buch geschildert werden.

Es wurden Teller mit aufgesetzten Kuppeln gesehen, aber auch kugel-, halbkugelförmige, fünfzackige und spiegelförmige Objekte. Die Ergebnisse der Felduntersuchungen wurden regelmäßig auf nichtöffentlichen Jahrestagungen der MUF-ONCES gemeinsam mit theoretischen Arbeiten vorgetragen und später in umfangreichen Berichten veröffentlicht.

Diese Tagungsberichte wenden sich in erster Linie an einen kleinen Kreis interessierter Wissenschaftler und sind nicht im öffentlichen Handel erhältlich. In den bisher erschienenen zehn MUFONCES Berichten mit ins gesamt 2.700 Seiten wurden u.a. Möglichkeiten wissenschaftlicher UFO-Forschung aus wissenschaftstheoretischer Sicht untersucht, mathematische Verfahren zur Analyse theoretisch nicht vorhersagbarer Phänomene vorgestellt, Radarbeobachtungen und Beobachtungsfehler sowie die Zuverlässigkeit menschlicher Wahrnehmung, Erinnerung und Berichterstattung diskutiert. Weiter wurden die Möglichkeiten und Grenzen der Hypnose-Regression in der UFO-Forschung und Verfahren zur Überprüfung der Echtheit fotografischer Aufnahmen untersucht. Die UFO Datensammlung des Projekts „Blue-

Book" wurde nochmals durchgesehen und einer kritischen Beurteilung unterzogen. Es wird berichtetet über UFO-Sichtungen in der Sowjetunion, über das besondere Verhalten der Tiere in der Nähe von UFOs und über 85 Berichte über besonders helle UFOs gebracht. In historischen Arbeiten wurden die Frage der Tatsächlichkeit von Kontakten zu Außerirdischen im Altertum und in der Neuzeit, UFO-Sichtungen im 17. und 18. Jahrhundert und solche während des Zweiten Weltkrieges diskutiert. Wir gaben Verfahren zur automatischen Registrierung unbekannter Flugobjekte an, fragten nach Gemeinsamkeiten bzw. Unterschieden von paranormalen Lichterscheinungen und UFOs und wiesen auf die physiologischen und psychosomatischen Wirkungen der Strahlen unbekannter Flugobjekte hin. Die physikalischen Arbeiten betrafen u.a. Kugelblitztheorien und ihre Beziehungen zu Leuchterscheinungen, Untersuchungen der Plasmaphänomene in der Umgebung unbekannter Flugkörper sowie, „Solid Lights" (d.h. kurze und gebogene Lichtstrahlen, UFOs). Es wurden neue Theorien der Gravitation, der Strukturen der Materie und einheitliche Feldtheorien untersucht und für qualitative Erklärungen einiger physikalischer Wirkungen der UFOs herangezogen. Es gelangen erste Ansätze zu einer Theorie über die Eigenschaften unidentifizierbarer Lichterscheinungen auf der Basis der Heimschen einheitlichen sechsdimensionalen Quanten-Geometrodynamik. Die Zeugenberichte zeigen übereinstimmende physikalische Eigenschaften von UFOs, die daraufhin deuten, daß unsere Vorstellung von der Gravitation einiger Korrektur bedarf. UFOs scheinen keine Raumfahrzeuge zu sein, denn deren Ortsversetzungen unterscheiden sich fundamental von allen Vorstellungen, die man sich derzeit von einer zukünftigen Raumfahrttechnologie macht. Aber in der Heimschen Theorie sind entsprechend einem sechsdimensionalen Relativitätsprinzip „Projektionen“ materieller Objekte an entfernte Orte (ohne Zeitverlust) möglich. UFOs könnten vielleicht solche „Projektionen“ sein. Die Komplexität dieser Erscheinungen, die offensichtliche Intelligenz, die diese Objekte lenkt (UFOs hielten sich 1975 mehrere Tage lang ausgerechnet über amerikanischen Atomwaffendepots auf und verfolgten Flugzeuge wie Raketen), schließt es von vornherein aus, daß es in absehbarer Zeit eine finanzierte nichtmilitärische wissenschaftliche Forschung geben wird. Die Wissenschaft erzielt ihre Erfolge aus der Beschränkung auf Details. Das UFO Sichtungsspektrum umfaßt jedoch einen zu großen Bereich unterschiedlichster Phänomene.

Solange sich UFOs wie bisher jedem Zugriff entziehen, wird das Geheimnis nicht gelüftet werden können, jedenfalls nicht im wissenschaftlich strengen Sinne. Und doch werden phantasiebegabte Wissenschaftler aus dem Studium dieses Phänomens viele Anregungen erhalten, unabhängig davon, wie sich die unidentifizierbaren Flugobjekte einmal aufklären lassen werden.

Frank Zückmantel

Kapitel 1

Welche Verbindungen bestehen zwischen UFOs und dem Bermuda-Dreieck?

Das Bermuda-Dreieck. Was geht in dieser Gegend vor?

Seit Menschengedenken ist die Schiffahrt in dieser Gegend als besonders gefährlich bekannt. Im Jahre 1945 jedoch wurde die Zone ein wissenschaftliches Rätsel. Flugzeuge und Schiffe verfügten schon damals über moderne Navigationshilfen und konnten sehr gut überwacht werden. Über Funk standen sie jederzeit mit dem Festland in Verbindung. So konnte man sich nicht mehr so leicht auf offener See verirren, denn bei einem plötzlichen Unfall werden die zuständigen Stellen sofort unterrichtet. Trotz all dieser Vorkehrungen ist am 5. Dezember 1945 eine Patrouille von fünf Avenger-Jagdbombern der amerikanischen Luftwaffe spurlos verschwunden. Sie trug den Kodenamen Flight 19.

Forscher, Journalisten und Neugierige glauben, alles über Flight 19 zu wissen oder wenigstens über den Vorgang der Tragödie, denn über das Schicksal der Avenger und ihrer Besatzung ist nichts bekannt. Er taucht in allen Werken über das Bermuda-Dreieck auf und wurde ein klassischer Fall: ein Symbol.

Seine Berühmtheit beruht auf den zahlreichen Kommenta aus den letzten dreißig Jahren und auf der Tatsache, daß er als erster die Aufmerksamkeit der Forscher auf die rätselhafte Phänomene in diesem Teil der Welt richtete. Ohne das tragische Verschwinden der Bomber hätte man wahrscheinlich nie etwas vom Bermuda-Dreieck gehört und nur einige Seefahrer wüßten heute, daß im Friedhof des Atlantik, wie die Region früher genannt wurde, höchst seltsame Dinge passieren. Doch mit Flight 19 entdeckte die ganze Welt das unfaßbarste Geheimnis unserer Zeit.

Trotz Dutzender seit 1945 erschienener Berichte, Bücher und Artikel herrscht über Flight 19 immer noch Unklarheit. Vielleicht wurde auch schon alles gesagt; die Informationen sind doch so unzusammenhängend, daß bis heute niemand daran gedacht hat, die verschiedenen Faktoren in einer konstruktiven Synthese zusammenzufassen; im Zuge einer solchen Arbeit hat man festgestellt, daß mit der Lösung jedes Problems wieder ein neues auftaucht. Beginnen wir am Anfang; mit dem, was am 5. Dezember 1945 in Florida wirklich geschah. An diesem Tag sollte eine Staffel von fünf TBM Avenger US-Marine aus Fort Lauderdale in Florida zu einem Übungsflug aufbrechen. Ihr erstes Ziel war das Wrack eines Liberty-Frachters, etwas südlich der Insel Bimini in den Bahamas, in der Nähe der Inseln Hen und Chicken, 257 km vom Stützpunkt entfernt. Die fünf Maschinen sollten das Wrack zwanzig Minuten lang bombardieren, dann 64 km auf nördlichem Kurs zur Insel Great Sail Key am anderen Ende der Bahamas weiterfliegen und dort Kurs auf Südwesten nehmen, um zum Stützpunkt zurückzukehren. Insgesamt waren fünfzehn Mann für diese Mission vorgesehen; sie unterstanden dem Kommando von Leutnant Charles C. Taylor aus Corpus Christi (Texas). Vor dem Abflug bat einer der Männer, Korporal Kosnar aus Kenosha (Wisconsin), von dem Flug befreit zu werden. Da er für diesen Monat genügend Flugstunden absolviert hatte, wurde seinem Wunsch nachgegeben. Ein weiterer Mann hatte dasselbe Anliegen vorgebracht, er war jedoch unabkömmlich. Dieser Mann war Leutnant Charles C. Taylor selbst.

Aus einem unerklärlichen Grund nahm Taylor nur sehr widerwillig an der Mission teil. Als er Leutnant Arthur A.

Curtis, den Ausbildungsoffizier des Stützpunktes, bat jemanden an seiner Stelle zu bestimmen, gab er ebensowenig eine Erklärung wie am Abend zuvor, als er seine Mutter in Texas anrief und ihr sagte, er wolle an der Mission des folgenden Tages nicht teilnehmen. Nun gesellte er sich widerwillig zu den vier Piloten und ihre Besatzungen, um kurz vor dem Abflug um 18.30 Uhr die letzten Kontrollen durchzuführen. Die Piloten der anderen Maschinen waren Leutnant Joseph Bossi aus Kansas, Leutnant der Marineinfanterie Forest Gerber aus Minnesota, Leutnant der Marineinfanterie George W. Stivers aus Missouri und Hauptmann der Marineinfanterie Edward Powers aus dem Staate New York. Der TBM Avenger zählte zu den stärksten einmotorigen Propellerflugzeugen der Geschichte der Luftfahrt. Er konnte wahlweise Bomben, Wasserbomben oder Torpedos mitführen. Die Höchstgeschwindigkeit betrug 480 Stundenkilometer auf einer Höhe von 3.400 m, die Reichweite voll aufgetankt 1.610 km, die Bewaffnung bestand aus drei 12,7 mm und 7,62 mm MGs und einem 56 cm Torpedo oder 900 kg Bombenlast. Mit einer Spannweite von 16 m konnte er sowohl von Landflugplätzen als auch von Flugzeugträgern aus operieren. Einige entscheidende Siege im Pazifik-Krieg sind diesem Flugzeug zu verdanken, vor allem die Versenkung des mit 64.170 t Wasserverdrängung größten je gebauten Schlachtschiffes, der Yamato. Sie sollte das erste Schiff einer Superflotte sein, mit welcher die Japaner hofften, die Amerikaner in einer Seeschlacht vernichtend schlagen zu können.

Leutnant Taylor hatte 2.509 Flugstunden hinter sich, davon 616 als Fluglehrer und Kampfpilot im Pazifik auf Maschinen vom Typ Avenger. Er war also ein besonders erfahrener Pilot und kannte das Flugzeug in- und auswendig. Im Wetterbericht, den man den Piloten vor dem Abflug aushändigte, waren Winde von 20 Knoten an der Oberfläche mit

Windstößen von bis zu 30 Knoten und vereinzelte Wolken angesagt. Ein Wetter, dem die Avenger gewachsen waren. Um 14.00 Uhr hob Leutnant Taylors Maschine ab. Zehn Minuten später waren auch die vier anderen Flugzeuge abgeflogen. Keines von ihnen sollte den Stützpunkt je wiedersehen. Die Legende besagt, daß der Luftwaffen- und Marinestützpunkt Banana River (heute Luftwaffenstützpunkt Patrick, Nebenstelle von Cape Canaveral) um 15.45 Uhr einen angsterfüllten Funkspruch von Leutnant Taylor aufgefangen habe. „Notfall! Wir scheinen vom Kurs abgekommen zu sein. Wir können kein Land mehr sehen. Ich wiederhole: kein Land mehr in Sicht." „Ihre Position bitte", habe der Stützpunkt gefragt.

„Wir sind nicht sicher, die Instrumente sind gestört. Wir wissen nicht mehr genau, wo wir uns befinden. Ich glaube, wir haben uns verirrt." „Nehmen Sie Kurs nach Westen", riet der Stützpunkt.

„Wir wissen nicht mehr, wo Westen ist. Alles scheint abnormal, eigenartig. Wir sind keiner Richtung mehr sicher. Sogar das Meer sieht anders aus als sonst." Die meisten Berichterstatter unterbrechen hier den Dialog zwischen Taylor und dem Stützpunkt Banana River, um die gespannte Atmosphäre im Kontrollturm zu schildern. Man versuchte vergeblich, mit Taylor wieder Kontakt aufzunehmen. Den Berichterstattern zufolge gab Taylor das Kommando an Leutnant Stivers ab und mit diesem soll um 16.25 Uhr wieder eine Verbindung zustande gekommen sein. „Wir können unsere Position nicht mit Sicherheit bestimmen, soll Stivers mitgeteilt haben. „Wir müßten uns etwa 360 km nordöstlich des Stützpunktes befinden". Dann habe Rauschen die Verbindung beeinträchtigt, bis die angsterfüllte Stimme Stivers wieder zu hören war: „Es sieht so aus, als gerieten wir in die weißen Gewässer! Wir, wissen überhaupt nicht mehr, wo wir sind!“ Dann Funkstille.

Vor einigen Jahren setzte eine amerikanische Fernsehgesellschaft anläßlich eines von dem berühmten Schauspieler Vincent Price kommentierten Dokumentarfilms einen Preis von 10.000 Dollar aus. Es sollte geklärt werden, warum seit dem Verschwinden von Flight 19 so viele Schiffe und Flugzeuge im Bermuda-Dreieck verschollen sind. Lawrence David Kusche, Autor von „The Bermuda Triangle Mystery Solved“, das vorgab, das Geheimnis des Dreiecks auf „rationale“ Weise zu lösen, glaubt, diesen Preis verdient zu haben, lieferte sein Buch doch eine plausible Erklärung für jeden einzelnen Fall.

Soviel ich weiß, hat er aber diese 10.000 Dollar nie erhalten. Wahrscheinlich schienen seine Lösungen, in einer Reihe von Fällen nicht ganz überzeugend. Über den Flight 19 schreibt er, daß die Untersuchung des Zwischenfalls durch die Marine mehrere Monate andauerte und mit einem mehr als vierhundert Seiten starken Bericht endete. Er habe die Berichte mehrmals geprüft und daraus geschlossen, daß das Problem in den Funkverbindungen mit den Piloten lag. Im weiteren Verlauf seiner Ausführungen beschreibt L.D. Kusche diese Funkverbindungen, doch sie haben wenig mit dem oben Gelesenen gemeinsam. Sogar die Zeitangaben weichen stark von den allgemein bekannten ab. Doch das Geheimnis um Flight 19 ist immer noch nicht geklärt, im Gegenteil, es wird immer unfaßbarer.

Die erste von Kusche angeführte Zeugenaussage stammt von Leutnant Robert F. Cox, einem Fluglehrer in Fort Lauderdale. Am 5. Dezember 1945 befand sich Leutnant Cox alleine auf einem Routineflug in der Umgebung von Fort Lauderdale. Da hörte er auf der Frequenz von 4.805 Kilohertz, die für Übungsflüge bestimmt ist, eine Stimme, die sich an Powers wandte und fragte, was sein Kompaß anzeigt. Die Stimme fügte hinzu „ich weiß nicht, wo wir sind. Wir müssen uns bei der letzten Schleife verirrt haben."

Um 15.45 Uhr rief Leutnant Cox den Kontrollturm von Fort Lauderdale an und meldete, daß sich ein Schiff oder ein Flugzeug verirrt haben mußte. Dann sendete er folgendes: „Hier FT 74 an das Schiff oder Flugzeug, das Powers gerufen hat. Bitte melden, damit jemand Ihnen zu Hilfe kommen kann". Und so entstand eine Funkverbindung zwischen Leutnant Cox und Flight 19. Bei Powers handelte es sich um den Hauptmann der Marineinfanterie Edward Powers, der mit Leutnant Taylor in Funkverbindung stand. Als dieser die Stimme von Cox hörte, sagte er: „Meine beiden Kompasse sind gestört und ich versuche, Fort Lauderdale in Florida zu finden. Ich überfliege Land, aber es ist zerklüftet. Ich befinde mich sicher über den Keys (Inselgruppe südlich von Florida), doch ich weiß nicht, in welcher Höhe und nicht, wie ich nach Fort Lauderdale zurückkomme" und Cox gab ihm eine Reihe von Ratschlägen und bot an, ihm in Richtung Süden entgegenzufliegen. Taylors Antwort war eher entmutigend. „Ich weiß jetzt, wo ich bin", sagte er. „Flughöhe 2.800 Fuß. Kommen sie mir nicht entgegen". Cox beschloß dennoch, auf Flight 19 zuzufliegen. Vergeblich. Die Verbindung zwischen den beiden Männern blieb noch eine Weile aufrecht, doch nach einiger Zeit wurden die Nachrichten Taylors schwächer, so als hätte sein Flugzeug sich von jenem Coxs entfernt. Als die Verbindung zusammenbrach, beschloß Cox nach Fort Lauderdale zurückzukehren.

Um 16.25 Uhr konnte in Fort Everglades mit Taylor Verbindung aufgenommen werden. Er war überzeugt, daß er sich über den Keys in Florida befand. Kommandant Richard Baxter, der zweite Offizier im Büro der Küstenwacht des Distriktes Nr. 7 (Miami) meinte, daß sich die Maschine in der

Nähe der Insel Walker Key, etwa sechzig Kilometer nördlich der Great Bahama befand. Die Funkverbindung, die teilweise auch in Fort Lauderdale mitgehört wurde, wurde immer schlechter, brach um 19.04 Uhr vollends ab. Lawrence David Kusche zufolge, haben verschiedene Faktoren zum Verlust von Flight 19 beigetragen. Ausschlaggebend sei das schlechte Funktionieren des Kompasses von Taylor gewesen.

Aus dem Bericht der Marine geht hervor, daß Taylor mehrmals versucht hat, die Frequenz zu wechseln und von 4.805 Kilohertz, die von einem kubanischen Radiosender gestört wurde, auf die Notfrequenz 3.000 Kilohertz überzugehen. Taylor lehnte ab, aus Angst, den Kontakt mit seinen Flugzeugen zu verlieren. Aus diesem Grunde wurde er von den umliegenden Funkstationen nicht gehört.

Gegen 17.50 Uhr glaubte man endlich Flight 19 lokalisiert zu haben und zwar auf etwa 29° 15 N und 79° W. Fort Lauderdale erhielt diese Information telefonisch um 18.10 Uhr, von dort wurde sie um 18.36 Uhr per Telex an die Hilfsstationen weitergegeben. Zu diesem Zeitpunkt waren an der Küstenstation noch Wortfetzen von den Avengers zu hören, doch die direkte Verbindung war schon unterbrochen.

Also müssen sich die Flugzeuge irgendwo über dem Meer nördlich der Bahamas verirrt haben, während sie annahmen, sich noch im Südwesten von Florida zu befinden und nur technische Unzulänglichkeiten (schlecht funktionierende Kompasse; Ablehnung, die Frequenz zu wechseln) seien für das Verschwinden verantwortlich. Doch so einfach ist diese Affäre nicht zu lösen, vielleicht weicht die Wahrheit stark von den offiziellen Berichten ab und ist noch viel geheimnisvoller.

Doch vorerst möchte ich kurz über das Schicksal des Martin Mariner Flugbootes berichten, das zur Suche nach den fünf Avengers ausgesandt wurde und ebenfalls unter mysteriösen Umständen im Bermuda-Dreieck verschwand. Man hat versucht, diese beiden Fälle in Zusammenhang zu bringen, doch Lawrence David Kusche konnte beweisen, daß zwischen ihnen keine Verbindung besteht und das am Verschwinden des Martin Mariner nichts geheimnisvolles ist.

Um 19.27 Uhr flogen zwei Flugboote Martin Mariner PBM 5 vom Stützpunkt Banana River ab, um nach den fünf Avenger zu suchen die nicht mehr funkten. Zu diesem Zeitpunkt befanden sich schon mehrere Suchexpeditionen in der Luft. Das Seeflugzeug, mit dem wir uns beschäftigen, trug die Nummer 49. Nach Aussagen des zweiten Radiotelegraphisten Vernon D. Clary vom Kommunikationsdienst NAS, Banana River, erfolgte die Abflugmeldung des Schulflugzeuges 49 kurz vor 19.30 Uhr. Die erste Positionsangabe wurde um 20.00 Uhr erwartet. Als die Maschine Nummer 49 sich um 20.35 Uhr immer noch nicht gemeldet hatte, versucht der Funker eine Stunde lang vergeblich mit ihr Kontakt aufzunehmen.

Um 19.50 Uhr beobachtete die Besatzung des Schiffes „Gaines Mills", das sich auf 28° 59 N und 80° 25 W befand, genau der erwartungsgemäßen Position des Martin Mariner, eine riesige Explosion am Himmel und dann Flammen, die mehrere Minuten lang sichtbar waren.

Der Martin Mariner wurde wegen der großen Treibstoffmenge die er mitführte, fliegender Treibstofftank genannt. Die Ausdünstung war so stark, daß der kleinste Funke eine Explosion hervorrufen konnte. So scheint die Ursache seines Verschwindens geklärt. Die Matrosen des Schiffes „Gaines" haben am 5. Dezember 1945 mit größter Wahrscheinlichkeit gesehen, wie die Martin Mariner in der Luft explodierte. Doch zurück zum Flight 19, dem größten Geheimnis der Geschichte der Luftfahrt. Um 19.39 Uhr sandte das Schiff „Delaware" folgenden Funkspruch: „Wir haben eben fünf Flugzeuge gesehen, sie flogen in Formation und entfernten sich bei Hillsboro Lights von der Küste".

Um 19.50 Uhr, als die Flugzeuge sicher schon knapp an Treibstoff waren, sichtete der US-Flugzeugträger Salomon vier bis sechs Flugzeuge in 1.900 Fuß Höhe in Position 29° 35 N und 81° 28 W, etwa auf der Höhe der Bucht von Port Royal. Weitere Berichte über in Formation fliegende Maschinen wurden aus Brunswick (Georgia) und Jacksonville empfangen; doch die Luftraumkontrollstellen erwarteten in dieser Gegend einzig und allein Flight 19.

Merkwürdig, daß fünf Flugzeuge in Treibstoffnot die Schiffe nicht gesehen haben sollten, obwohl sie von allen ihren Besatzungen beobachtet wurden. Und wenn die Piloten die Schiffe doch gesehen haben, warum haben sie dann nicht versucht, in der Nähe zu notwassern oder auf dem US-Flugzeugträger Salomon zu landen, der ja für Maschinen des Typs Avenger geeignet war? Da sie fast keinen Treibstoff mehr hatten, ist das Zögern der Piloten völlig rätselhaft. Doch das ist noch nicht alles; es werden noch mehrere unerklärliche Faktoren dazukommen. Seit dreißig Jahren stellt eine Person in New York Nachforschungen über Flight 19 an und sammelte alle Hinweise, die damit zu tun haben könnten. Es ist Joan, die Witwe von Hauptmann Powers, die überzeugt ist, daß nicht alle Teilnehmer des Flight 19 am 5. Dezember 1945 getötet wurden. Kenneth L. Woodward, Journalist der Zeitschrift „Saga", interviewte Joan und widmete ihr einen Artikel im Bermuda Triangle Special Report 1977 (Gambi Publications, New York, 1977).

Joan arbeitet in einer New Yorker Bank und hat nichts von einer Hellseherin an sich. Gewisse Tatsachen und nicht eine obskure Eingebung haben sie auf den Gedanken gebracht, daß vielleicht nicht alle Piloten und Besatzungsmitglieder des Fluges vom 5. Dezember 1945 umgekommen sind.

Kurz nach dem Verschwinden der fünf Maschinen behauptet ein Pilot der Pan American, gegen 22.30 Uhr in den Everglades von Florida mehrere Leuchtraketen gesehen zu haben. Eine gewisse Mrs. Sonderdale aus Orlando sagte aus, auch sie habe blaue und grüne Leuchtraketen gesehen, die etwa 25 km südlich von Christmas in Florida abgeschossen worden sein müßten. Ein Autobusfahrer machte eine ähnliche Meldung über grüne Leuchtraketen in der Nähe von Fort Myers in Florida. Aus einer zivilen Luftfahrtgesellschaft verlautete die Aussage eines Piloten, der gegen 23.55 Uhr, etwa 80 km von Tampa in der Gegend von Fort Myers, vier grüne Leuchtraketen gesehen hatte.

Am 9. Dezember 1945 veröffentlichte die New York Times den Augenzeugenbericht eines Linienpiloten, der in der vorausgegangenen Nacht gegen zwei Uhr Morgens in den Sümpfen des nördlichen Florida Leuchtraketen und blinkende Lichter beobachtet hatte.

Joan wollte natürlich mehr wissen und befragte die zuständigen Ämter. Ihre Nachforschungen gestalteten sich sehr mühsam und sie stieß wiederholt auf Widerstand. Man versicherte ihr, daß alles menschenmögliche getan wurde, um Überlebende oder auch Wracks vom Flight 19 zu finden. Die junge Frau gab aber nicht auf und verlangte eine Erklärung über die Leuchtraketen, die verschiedene Leute am Abend des 5. Dezember 1945 und an den folgenden Tagen in der Gegend der Everglades gesehen hatten. Schließlich übermittelte man ihr die Aussage eines gewissen L. C. Smith, der in der Nacht mit einer Taschenlampe in den Sümpfen Frösche gejagt haben soll. Korvettenkapitän Custer der US Navy schloß daraus: „Die Aussage von Mr. Smith erklärt alles und ich hoffe, dies räumt die Mißverständnisse aus dem Weg, die aus verschiedenen Ihnen hinterbrachten falschen Informationen hervorgegangen sind."

Man wollte Joan also glaubhaft machen, daß ein einfacher Froschjäger Ursprung der von ihr gesammelten Berichte sei und daß die Piloten - besonders geschulte Beobachter - grüne Leuchtraketen mit einem doch leicht erkennbaren Flutlicht verwechselt hatten. Joan aber forschte weiter; mit der Zeit wurde ihr klar, daß man versuchte ihr etwas zu verheimlichen.

Kenneth L. Woodward berichtet in seinem Artikel er sei mit Joe Paonessa, einem der Brüder von George Paonessa, der sich am 5. Dezember 1945 in der Maschine von Leutnant Powers befunden hatte, in Verbindung getreten. 1945, als sein Bruder als vermißt gemeldet wurde, leistete Joe als diplomatischer Kurier in Washington seinen Militärdienst. Sein Vorgesetzter in der Marine schlug ihm vor, im Pentagon doch ausführliche Informationen über das tragische Ereignis anzufordern. Zu seinem Erstaunen erfuhr er, daß das gesamte Material über Flight 19 geheim war und das Zimmer, in dem sich die Akte befand, streng bewacht wurde. Am meisten beschäftigte Joe Paonessa jedoch die Tatsache, daß die Suche nach den Vermißten nach vier Tagen eingestellt worden war, obwohl es um 14 Menschenleben ging. „Heutzutage" sagt er, „wird nach einem einzigen Verschollenen wochenlang gesucht. Wieso nicht nach 14? "

1950 lernte Joe einen Offizier der Luftwaffe kennen, der ihn fragte, ob er mit George verwandt sei. Auf die Antwort, er sei sein Bruder, teilte ihm der Offizier mit, er habe zur Untersuchungskommission über den Flight 19 gehört, dürfe aber über die Ergebnisse der Untersuchung nicht sprechen, da diese noch nicht abgeschlossen sei. Wahrlich eine sonderbare Untersuchung, die 1945 beendet wurde und 1950 noch nicht abgeschlossen war.

Joan ist natürlich über alle diese Tatsachen unterrichtet. Doch auf ihre Fragen gibt es immer noch keine befriedigenden Antworten:

- Warum wollte Leutnant Taylor am Flight 19 nicht teilnehmen?

- Warum hat Leutnant Taylor Leutnant Cox gebeten, ihm nicht entgegenzufliegen?

- Warum hat man nie irgendwelche Reste der fünf Maschinen gefunden?

- Warum war die US Navy außerstande oder warum hat sie es abgelehnt, aufzuklären, wer die Leuchtraketen abgefeuert hat, die zahlreiche Zeugen nach dem Unfall sahen?

- Warum hat man den einheimischen Indianern untersagt, den Gerüchten über mögliche Überlebende in den Everglades nachzugehen?

- Warum hatten Joan und die Verwandten der anderen Verschollenen nie Zutritt zu den Akten der offiziellen Untersuchung?

- Warum führt die Luftwaffe diese Untersuchung fünf Jahre nach dem Unglück als geheim weiter?

Für die junge Frau gibt es nur eine Antwort auf diese Fragen: Die Piloten und die Besatzungsmitglieder der fünf Avenger sind am 5. Dezember 1945 nicht gestorben. Die Suche nach ihnen hat nur vier Tage gedauert, weil sie erfolgreich war. Es gibt Überlebende, doch aus irgendwelchen Gründen werden sie an einem geheimen Ort versteckt gehalten.

Nun stellt sich die beängstigendste Frage: Was haben diese Männer im Bermuda-Dreieck entdeckt? Warum sah man sich gezwungen, sie für tot zu erklären?

Kapitel 2

Der Roswell-Zwischenfall

Zwischenfall in Roswell

Lydia Sleppy, die zusätzlich zu ihren anderen Büro- und Verwaltungsaufgaben auch noch den Fernschreiber zu bedienen hatte, saß um ungefähr 16.00 Uhr vor ihrem Apparat. Man schrieb den 7. Juli 1947. Plötzlich klingelte das Telefon und die Botschaft, die es vermittelte, sollte in den nächsten Tagen einen maßgeblichen Einfluß auf die Nachrichten in der ganzen Welt ausüben; und ihre wahre Bedeutung ist bis heute vielleicht noch nicht in ihrer ganzen Tragweite erkannt worden .

Der Anruf kam von Johnny McBoyle, Reporter und Mitinhaber des Schwestersenders KSWS in Roswell, New Mexico, eines kleinen Senders, der keinen eigenen Telexanschluß besaß und deshalb häufig den der KOAT mitbenutzte, wenn es etwas Wichtiges zu berichten gab. Diesmal klang seine Stimme äußerst aufgeregt:

„Lydia, mach dich auf einen Knüller gefaßt! Das muß sofort über den ABC-Draht! Hör dir das an! Eine fliegende Untertasse ist abgestürzt... Nein, ich mache keinen Witz! Die ist in der Nähe von Roswell abgestürzt, ich bin dort gewesen und habe sie mit eigenen Augen gesehen. Sieht aus wie ein zerbeulter Kochtopf. Irgendein Rancher hat sie mit seinem Traktor unter einen Viehunterstand geschleppt. Die Armee ist da, und sie wollen sie da wegholen. Das ganze Gebiet ist jetzt hermetisch abgeriegelt. Und nun paß mal auf die reden von kleinen Männern an Bord... Fang schon mal an, das per Telex rauszusenden, während ich noch am Telefon warte."

Einigermaßen verwirrt klemmte Lydia sich den Hörer zwischen Ohr und Schulter und begann sogleich, McBoyles verblüffende Aussagen in den Fernschreiber zu tippen. Doch nachdem sie erst einige wenige Sätze geschrieben hatte, stoppte der Apparat plötzlich. Da dies - aus verschiedenen Gründen bei Fernschreibgeräten nichts Ungewöhnliches ist, war Lydia darüber nicht weiter beunruhigt, obwohl sie noch niemals mitten in einer Übermittlung unterbrochen worden war. Sie nahm den Telefonhörer wieder in die Hand und informierte McBoyle, daß der Fernschreiber sich abgeschaltet hatte.

McBoyle schien diesmal, wie Lydia Sleppy sich später erinnerte, nicht nur aufgeregt, sondern irgendwie unter Druck zu stehen; anscheinend sprach er gleichzeitig noch mit einer dritten Person. Seine Stimme klang unnatürlich. „Warte einen Moment, ich bin gleich wieder dran ... warte... ich komme sofort zurück." Aber das tat er nicht. Statt dessen setzte sich der Fernschreiber wieder in Betrieb und übermittelte eine Nachricht an Albuquerque beziehungsweise an Lydia direkt. Der Absender gab sich selbst nicht zu erkennen, und der Ton war formell und schroff: „Achtung Albuquerque nicht senden. Wiederhole diese Nachricht nicht senden. Übermittlung sofort abbrechen."

Da Lydia noch immer mit McBoyle verbunden war, erzählte sie ihm sofort, welche Weisung sie soeben per Telex erhalten hatte und fragte: „Was soll ich denn jetzt machen?"

Seine Antwort war völlig unerwartet: „Vergiß es. Du hast das nie gehört. Sieh mal, du darfst davon nichts wissen. Sprich zu niemandem darüber."

(Später erzählte McBoyle Lydia Sleppy, daß er ein Flugzeug nach Wright Field starten gesehen hatte, das das Objekt oder Teile davon an Bord hatte, daß es ihm aber auf Grund der strengen Absperrungsmaßnahmen durch schwerbewaffnete Soldaten nicht gelungen war, näher heranzukommen. Zwar hatte Lydia danach nicht mehr unmittelbar mit dem Ereignis zu tun, doch genügend Gelegenheit, darüber nachzudenken. Nach der Rückkehr ihres Chefs Merle Tucker von einer Dienstreise, wurde es zum Thema eingehender Diskussionen. Tucker machte sich nämlich Sorgen, daß sein kürzlich gestellter Antrag auf Erteilung der Lizenz für eine weitere Sendestation, die er seinem Rio-Grande-Sendernetz anschließen wollte, dadurch gefährdet wurde, daß seine Gesellschaft in diese UFO-Angelegenheit verwickelt war. Was ihn am meisten ärgerte, war die Tatsache, daß er trotz größter Bemühungen einfach nicht herausfinden konnte, ob der Zwischenfall nun tatsächlich stattgefunden hatte oder nicht.

Höchst interessant ist jedoch, daß viele der Leute die er darüber auszufragen versuchte, felsenfest behaupteten, daß das Objekt westlich von Socorro, New Mexico, heruntergekommen sei und nicht in der Nähe von Roswell und das ein Sheriff-Stellvertreter aus jener Stadt an der Absturzstelle gewesen war und das Wrack eines untertassenförmigen Objekts und eine kleine versengte Stelle am Boden gesehen hatte. „Und dann war urplötzlich nichts mehr zu sehen und wir konnten niemanden mehr finden, der darüber sprechen wollte“, erklärte er in einem kürzlich geführten Interview. Tucker selbst, der sich lebhaft an diese Vorgänge erinnerte, ließ sich nur widerstrebend zu diesem Thema interviewen und lehnte es rundweg ab, das Gespräch auf Band aufnehmen zu lassen. Der Kernphysiker und Forscher Stanton T. Friedman stieß gleichfalls gegen eine Wand des Schweigens, als er McBoyle ausfindig machte und auszufragen versuchte. McBoyle erklärte ihm kategorisch: „Vergessen Sie das ganze es ist nie geschehen.“

Wie vielen anderen Bewohnern des Gebietes und den mit der Untersuchung betrauten Fachleuten kam wahrscheinlich auch Lydia der Gedanke, daß der Zwischenfall höchstwahrscheinlich mit der vieldiskutierten Anwesenheit von „fliegenden Untertassen" (von UFOs war zu dieser Zeit noch nicht die Rede) zusammenhing, die im Juni und Juli 1947 in besonders großer Anzahl in New Mexico und Arizona beob achtet wurden. Das Ereignis fiel übrigens zeitlich mit der Sichtung der berühmten Neunerstaffel von „pie pans", von Puddingschalen, am 24. Juni 1947 über dem Mount Rainier (Washington) durch Kenneth Arnold zusammen - jener aufsehenerregenden Beobachtung, die das öffentliche Interesse für UFOs erstmals so richtig anheizte und in deren Folge sich die Bezeichnung „fliegende Untertassen" allgemein einbürgerte. Die folgenden Berichte betreffen eine rege UFO-Aktivität in New Mexico und Arizona bei Tag und Nacht. Die Begründung dafür ist wohl, daß New Mexico in den späten vierziger Jahren Schauplatz eines Großteils der Nachkriegsverteidigungsaktivitäten der USA auf den Gebieten der Kernforschung, des Flugzeug- und Raketenbaus sowie der Radarelektronik war. Los Alamos, jene ständig wachsende Gemeinde von Wissenschaftlern, die 1943 durch das Manhattan-Proiekt speziell zu dem Zweck gegründet worden war, das Personal und die Einrichtungen für den Bau der ersten Atombombe der Welt und die dazugehörigen Versuche zu beherbergen, war 1947 noch immer eine „geheime Stadt", ein streng abgeriegeltes Gebiet. Ähnlich verhielt es sich mit dem White-Sands-Raketenbau- und Versuchsgelände bei Alamogordo, wo die einzigen von westlicher Seite erbeuteten deutschen V2-Raketen aus dem Zweiten Weltkrieg wissenschaftlich untersucht wurden. Ebenfalls in New Mexico, nämlich in Roswell, war das zu jener Zeit einzige kampferprobte Atombombengeschwader der Welt stationiert

- das 509. Bombengeschwader der US-Army-Air Force. Alle diese Umstände machen es leichter begreiflich, warum in jenen Sommermonaten des Jahres 1947 in New Mexico mehr UFO-Sichtungen sowohl pro Kopf der Bevölkerung als auch pro Quadratkilometer vorkamen als in irgendeinem anderen Staat der USA. Freilich durfte man von fremden Intelligenzen, die systematisch unseren Planeten und seine Zivilisation beobachten, eigentlich auch erwarten, daß sie ihre Bemühungen auf diejenigen Gebiete konzentrieren, in denen die höchstqualifizierten wissenschaftlichen und technologischen Aktivitäten zu verzeichnen waren. Die nachfolgenden Berichte sind nicht nur typisch, sondern auch von besonderem Interesse und zwar wegen der Fähigkeit der Beobachter, genau zu beschreiben, was sie gesehen hatten (das ist gar nicht so leicht, besonders wenn es sich um nächtliche Sichtungen handelt):

25. Juni 1947: Ein untertassenförmiges Objekt, etwa eineinhalbmal so groß wie der Vollmond, wurde von dem Dentisten Dr. R. F. Sensenbaugher südlich über Silver City, New Mexico, beobachtet.

26. Juni 1947: Dr. Leon Oetinger, Arzt in Lexington, Kentucky, und drei weitere Zeugen, berichteten von einem großen, silbrigen, kugelförmigen Objekt - nachweislich kein Ballon oder Luftschiff - das sich mit hoher Geschwindigkeit am Rande des Grand Canyon entlang bewegte.

27. Juni 1945:John A. Petsche, ein Elektriker der Firma Phelps-Dodge-Corporation, und andere Zeugen berichteten von einem scheibenförmigen Objekt, das zunächst hoch über ihnen zu sehen war und dann, um etwa 10.30 Uhr, bei Tintown in der Nähe von Bisbee im südöstlichen Arizona, nahe der Grenze zu New Mexico, landete.

27. Juni 1947: Major George B. Wilcox aus Warren, Arizona, meldete die Beobachtung einer Reihe von acht oder neun in absolut regelmäßigem Abstand und mir wellenförmigen Bewegungen sehr rasch fliegender Scheiben. Er berichtete, daß diese Scheiben in Intervallen von drei Sekunden in östlicher Richtung sein Haus überflogen. Die Flughöhe schätzte er auf etwa dreihundert Meter über den Bergspitzen.

27. Juni 1947: Eine „weiße, wie eine elektrische Glühbirne leuchtende Scheibe" sah W. C. Dobbs um 3.50 Uhr über Pope, New Mexico. Minuten später wurde dasselbe oder ein ähnliches Objekt von Captain E. B. Detchmendy beobachtet, als es in südwestlicher Richtung über das White-Sands-Raketengelände flog; er erstattete seinem Vorgesetzten, Lieutenant Colonel Harold R. Turner, sofort Meldung darüber. Mr. David Appelzoller aus San Miguel, New Mexico berichtete, daß um 10.00 Uhr ein gleichartiges Objekt in südwestlicher Richtung über diese Stadt geflogen sei. Colonel Turner in White Sands reagierte sofort und ließ verlautbaren, daß von dieser Basis seit 12. Juni keine Raketen mehr gestartet seien. Später „identifizierte" er das Objekt als „Tages-Meteorit" , um keine Hysterie aufkommen zu lassen.

28. Juni 1947: Der Pilot Captain F. Dvyn sah auf einem Flug in der Nähe von Alamogordo, New Mexico, einen Feuerball mit einem blauflammenden Schweif unter seinem Flugzeug durchfliegen, der sich dann vor seinen Augen scheinbar in nichts auflöste.

29. Juni 1947: Piloten der Air Force führten eine Suchaktion nach einem Objekt durch, das Berichten zufolge um die Mittagszeit in der Nähe von Cliff, New Mexico, abgestürzt war, registrieren aber nichts als einen eigenartigen Geruch in der Luft.

29. Juni 1947: Ein Team von Raketenspezialisten der Marine unter Leitung von Dr. C. J. Zoon, das auf dem Testge-

lände von Weite Sands Dienst machte, beobachtete eine silberfarbene Scheibe bei einer Reihe von Manövern in großer Höhe über dem geheimen Raketenabschußbereich.

30. Juni 1947: Ein Eisenbahnangestellter namens Price beobachtete dreizehn scheibenförmige silbrige Objekte, die hintereinander die Stadt Albuquerque, New Mexico, überflogen. Nachdem sie zunächst in südlicher Richtung unterwegs gewesen waren, änderten sie abrupt ihren Kurs, wandten sich nach Osten und drehten dann plötzlich nach Westen ab, bevor sie verschwanden. Price alarmierte seine Nachbarn und alle eilten aus ihren Häusern, um sich in ihren Vorgärten auf den Rasen zu legen und die Manöver am Himmel zu betrachten.

30. Juni 1947: (laut Bericht der Daily News, Tucumcari, New Mexico, vom 9. Juli 1947) „Wie Mrs. Helen Hardin, Angestellte bei Quay County Abstract Co., berichtet, sah sie am 30. Juni um etwa 23.00 Uhr von der Veranda ihres Hauses aus eine fliegende Untertasse mit hoher Geschwindigkeit von Osten nach Westen fliegen. Wie sie erklärt, war der Flugkörper etwa halb so groß wie die Vollmondscheibe und leicht gelblich. Sie beobachtete etwa sechs Sekunden lang, wie er sich ziemlich tief fliegend von der Stadt zu entfernen schien. Sie hatte das Objekt zunächst für eine Sternschnuppe gehalten, dann jedoch eine drehende Bewegung wahrgenommen, als es sich dem Boden näherte; außerdem fiel es auch nicht so schnell wie eine Sternschnuppe.“

1. Juli 1947: Max Hood, leitender Angestellter der Handelskammer von Albuquerque, berichtete von einer bläulichen Scheibe, die im Zickzackkurs nordwestlich von Albuquerque über den Himmel raste.

1. bis 6. Juli 1947: Sieben voneinander unabhängige Berichte über fliegende Scheiben über dem nördlichen Mexico zwischen Meicali und Juàrez.

1. Juli 1947: Mr. und Mrs. Frank Munn berichten von einem großen Objekt, das sich um etwa 21.00 Uhr in östlicher Richtung über Phoenix bewegte.

2. Juli 1947: Mr. und Mrs. Dan Wilmot aus Roswell, New Mexico, beobachteten ein großes glühendes Objekt, das in nordwestlicher Richtung mit hoher Geschwindigkeit über ihr Haus flog. Was haben diese Leute gesehen! Bestimmt keine in White Sands durchgeführten Tests mit hochfliegenden V2-Raketen, wie Skeptiker vermuteten. Eine Prüfung der Unterlagen von White Sands ergab, daß die einzigen V2-Tests im fraglichen Zeitraum am 12. Juni und am 3. Juli durchgeführt wurden. Es ist natürlich leicht zu behaupten, daß diese Beobachtungen - so kurz nach den aufsehenerregenden und vielpublizierten Berichten über die „pie pans“ vom Mount Rainier - rein autosuggestive, optische Täuschungen waren, daß also die Zeugen den Himmel mit der Absicht abgesucht hätten, fliegende Objekte wie die in der Presse beschriebenen zu entdecken und daher von vornherein dazu geneigt hätten irgendeine Wolke, einen Vogel oder eine Luftspiegelung für ein UFO zu halten. So lauteten nämlich im allgemeinen die offiziellen Reaktionen auf UFO-Berichte und diese Tatsache trägt dazu bei, daß vermutlich Tausende von UFO-Sichtungen jährlich gar nicht gemeldet werden. Und das wird auch weiterhin so bleiben, wenn nicht konkrete Beweise - also entweder ein ganz reales UFO oder der lebende oder tote Körper eines außerirdischen Lebewesens - gefunden und Berichte darüber veröffentlicht werden. Es ist äußerst interessant, über die Möglichkeit nachzudenken, daß gleich zu Beginn des großen UFO-Booms von 1947 die amerikanische Air Force in den Besitz eines bonafide-UFOs einschließlich der Überreste seiner Besatzung gelangte und dies durch Zeugen, Pressemeldungen, Interviews und Radioreportagen belegt ist - unbeeinflußt zunächst von der Zensur, die zu spät

einschritt. Und anscheinend bemühten sich die Air Force und die amerikanische Regierung von jenem Augenblick an zu einer Entscheidung darüber zu kommen, was sie damit anfangen sollen.

Die Air Force, ein abgestürztes UFO und tote Außerirdische

Um etwa zehn vor zehn am Abend des 2. Juli 1947 saßen der Eisenwarenhändler Dan Wilmot und seine Frau auf der vorderen Veranda ihres Hauses in der South Penn Street in Roswell, New Mexico und genossen die Abendkühle nach einem jener drückend heißen Sommertage New Mexicos. Da ereignete sich, wie Wilmot erzählte, folgendes: „Plötzlich sauste ein großes, glühendes Ding von Südosten über den Himmel und raste mit enormer Geschwindigkeit nach Nordwesten (auf Corona, New Mexico, zu)". Ziemlich verblüfft rannten die Wilmots auf ihren Hof hinaus und beobachteten ein ovales Objekt, das aussah, „wie zwei an den konkaven Seiten aneinandergepreßte Untertassen". Es leuchtete gleichsam von innen heraus, flog über das Haus der Wilmots nach Nordwesten und war nach insgesamt etwa vierzig bis fünfzig Sekunden außer Sicht. Obwohl Wilmot das geheimnisvolle Objekt als völlig lautlos schilderte, sagte seine Frau später aus, sie habe geglaubt, für einen kurzen Moment einen ganz leichten, zischenden Laut zu hören, gerade als sich das Objekt direkt über ihr befunden hatte.

Aus Furcht, sich lächerlich zu machen, schwieg Wilmot, den der „„„Daily Record"" von Roswell als „einen der angesehensten und zuverlässigsten Bürger der Stadt" beschrieb, fast eine Woche lang über sein Erlebnis und hoffte, daß sich

„inzwischen jemand anderer melden würde, der das gleiche gesehen hatte". Doch Wilmot hörte nichts, was sein Erlebnis bestätigt hätte, bis der Presseoffizier der Roswell-Basis am 8. Juli eine ungewöhnliche Nachricht veröffentlichte. Wilmot hat später möglicherweise erkannt, daß er Zeuge eines Vorfalls geworden war, der sich später zu einem wohlgehüteten, noch immer ungelüfteten Geheimnis entwickelte, zumindest soweit es die Öffentlichkeit betraf. Zum Zeitpunkt des Geschehens wurde er aber noch nicht als solches behandelt. Am 8. Juli, einen Tag nach Lydia Sleppys ungewöhnlichem Erlebnis mit dem TWX-Telexapparat, ergriff Lieutenant Walter Haut, Presseofftzier der Luftwaffenbasis Roswell, aufgrund der im Stützpunkt allmählich durchsickernden Informationen in einem Anfall von Enthusiasmus die Initiative und gab die folgende Presseinformation heraus, ohne vorher die Genehmigung seines Kommandanten, Oberst William Blanchard, einzuholen - ein Versehen, das man ihm dann später zum Vorwurf machen sollte:

Luftwaffenstützpunkt Roswell, N. M. 8. Juli 1947, vormittags:

Die vielen Gerüchte über die fliegenden Scheiben wurden gestern zur Realität, als es dem Nachrichtenbüro des 509. Bombergeschwaders des Eighth Air Force District, Luftwaffenstützpunkt Roswell, glückte, mit der Unterstützung eines hiesigen Ranchers, des Sheriffs von Chaves County und seines Büros in den Besitz einer solchen fliegenden Scheibe zu gelangen. Das fliegende Objekt landete in der vorigen Woche auf einer Ranch bei Roswell. Da der Rancher kein Telefon besitzt, brachte er die Scheibe zunächst notdürftig bei sich unter, bis er Gelegenheit hatte, das Büro des Sheriffs zu kontaktieren, der dann seinerseits Major Jesse A. Marcel vom Nachrichtenbüro des 509. Bombergeschwaders benachrichtigte.

Es wurden sofortige Maßnahmen eingeleitet, um die Scheibe vom Haus des Ranchers abzuholen. Sie wurde dann im Luftwaffenstützpunkt Roswell einer ersten Untersuchung unterzogen und anschließend von Major Marcel an höhere Instanzen weitergegeben.

Diese Pressemeldung, die von der Associated Press und vom Pressedienst der NEW YORK TIMES übernommen wurde, erschien in zahlreichen Zeitungen in allen Teilen der USA sowie in einer Anzahl von ausländischen Blättern, zum Beispiel auch in der Londoner Times.

Am Tage vor der Veröffentlichung wurde mit Datum vom 7. Juli 1947 eine AP-Meldung aus San Francisco mit folgender Schlagzeile gefunkt: **Fliegende Untertassen nunmehr in den meisten Staaten gesichtet**. Sie bezog sich auf die phänomenale Zunahme von UFO-Beobachtungen in den USA in den vorangegangenen zwei Wochen und wirkte so fast wie eine Einleitung zu dem Zwischenfall, der am darauffolgenden Tag weltweite Bedeutung erlangen sollte. Der in Roswell erscheinende „„„Daily Record"""" brachte am 8. Juli 1947 einen Bericht mit der Überschrift: ARMY AIR FORCE ERBEUTET FLIEGENDE UNTERTASSE - KEINE EINZELHEITEN ÜBER FLIEGENDE SCHEIBEN ENTHÜLLT.

Der Artikel deutete einerseits auf eine Lösung in der Kontroverse über die fliegenden Untertassen hin und ließ anderseits durchblicken, daß die Militärs bereits begonnen hatten, die ganze Angelegenheit zu vertuschen. Nachstehend die diesbezüglichen Punkte des Artikels:

Das Nachrichtenbüro des 503. Bombergeschwaders verlautbarte heute mittag, daß der Stützpunkt in den Besitz einer fliegenden Untertasse gelangt ist.

Den von der zuständigen Abteilung unter Nachrichtenoffizier Major J.A. Marcel herausgegebenen Informationen zufolge, wurde die Scheibe auf einer Ranch in der Nachbarschaft von Roswell aufgebracht, nachdem ein nicht genannter Rancher dem Sheriff George Wilcox vom Fund des Flugapparats auf seinem Land berichtet hatte.

Es wird weiter berichtet, daß Major Marcel und ein Trupp seiner Abteilung sich zur Ranch begaben und die Scheibe abtransportierten. Nachdem das Nachrichtenbüro das Instrument inspiziert hatte, wurde es (per Flugzeug) zu „höheren Instanzen" geflogen.

Das Nachrichtenbüro stellte fest, daß keinerlei Einzelheiten über Konstruktion oder Aussehen der Untertasse enthüllt worden waren. In einem weiteren Artikel derselben Ausgabe des „„„Daily Record""" wird berichtet, daß der Flugunternehmer und Piloten eines privaten Flugplatzes bei Carrizozo (ungefähr acht Kilometer südwestlich der Absturzstelle von Brazel) behaupteten, ein gleichartiges Objekt im Flug beobachtet zu haben. In diesem Artikel heißt es:

Mark Sloan, der den Flugplatz Carrizozo betreibt, berichtete von einer fliegenden Untertasse, die mit großer Geschwindigkeit in einer Höhe von etwa 1.400 bis 2.000 Metern den Platz überflog. Sloan erläuterte, daß er selbst sowie der Fluglehrer Grady Warren und die Piloten Nolan Lovelace und Ray Shafer und ein weiterer Pilot das Phänomen beobachtet hätten. Er gab folgende Beschreibung des Objekts: „Als wir es um etwa zehn Uhr zuerst wahrnahmen, glaubten wir zunächst, es gleiche einer Feder, weil es vibrierte. Dann fiel uns die hohe Geschwindigkeit auf, und wir kamen zu dem Schluß, daß es eine fliegende Untertasse war. Unserer Schätzung nach flog es mit einer Geschwindigkeit von 350 bis 1.000 Stundenkilometern. Es überflog den Flugplatz fast genau von Südwesten nach Nordwesten und war alles in allem nur etwa zehn Sekunden in Sicht." Man könnte Sloan natürlich unterstellen, daß er etwas von dem Zwischenfall in

Roswell „spitzgekriegt" und benutzt hatte, um ein bißchen Werbung für seinen Flugplatz zu machen. Doch später stellte sich heraus, daß auch zahlreiche andere Zeugen etwas sehr Ungewöhnliches am Himmel über Roswell gesehen oder gehört hatten, und zwar um den Zeitpunkt der Bruchlandung des noch immer nicht identifizierten fliegenden Objekts. Vielleicht hatte das Wetter etwas mit den Sichtungen und dem angeblichen Absturz zu tun. Etwa hundertzwanzig Kilometer weiter nordwestlich ging einer der seit langem schlimmsten Gewitterstürme über der rauhen Landschaft New Mexicos nieder. Schon früher waren gelegentlich Flugzeuge im Gewitter verunglückt. Die etwas vagen Informationen, die Lieutenant Haut in seiner ersten Pressemitteilung verarbeitet hatte, reichten kaum aus, der Presse ein klares Bild über gewisse zusätzliche Einzelheiten von möglicherweise entscheidender Bedeutung zu vermitteln, die andere Zeugen - Soldaten, Rancher, ein Zivilingenieur, eine Gruppe von Archäologiestudenten und Polizeioffiziere - von zwei ganz verschiedenen Orten in der Umgebung aus beobachtet hatten und die anscheinend mit dem Absturz zu tun hatten. Dem Vernehmen nach handelte es sich dabei unter anderem um eine große fliegende Untertasse und die Überreste von etwa einem halben Dutzend menschenähnlicher Lebewesen von blasser Hautfarbe, ungefähr einen Meter zwanzig groß und mit einer Art Fallschirmspringeroveral bekleidet. Auch nicht weiter erwähnt wurde eine große Menge von höchst ungewöhnlichen Wrackteilen, hauptsächlich metallischer Natur, die offensichtlich vom selben Objekt stammten und von Major Marcel als „nicht von dieser Erde" beschrieben wurden. Die Presse gegenüber unerwähnt blieben ferner spätere Berichte von Zeugen über Kolumnen hieroglyphenartiger Schriftzeichen oder Aufzeichnungen auf einer holzähnlichen Substanz (die aber kein Holz war) und über ebenfalls unbekannte Beschriftungen auf den Armaturen der Scheibe oder fliegenden Untertasse. Daß Lieutenant Haut später mehr als genug Gelegenheit hatte, die Herausgabe selbst jener wenigen Informationen sehr zu bedauern, hat sich inzwischen herausgestellt. Über Roswell wurde fast sofort eine absolute Nachrichtensperre verhängt, während höhere Instanzen im fernen Pentagon über die nächsten Schritte entschieden. Mehrere Stunden später wurde plötzlich eine neue Meldung herausgegeben. Nunmehr hatte es den Anschein, als handle es sich bei dem abgestürzten Objekt nur um einen Wetterballon. Die meisten Zeitungen übernahmen diese Meldung, mit der bemerkenswerten Ausnahme der Washington Post, die recht anzüglich von einer „Nachrichtensperre" berichtete. In der Zwischenzeit wurde Brigadegeneral Roger M. Ramey, Kommandant des Eighth Air Force District in Fort Worth durch einen Anruf von Generalleutnant Hoyt Vandenburg, stellvertretender Chef der Air Force, darüber informiert, daß sich Teile des Objekts im Luftwaffenstützpunkt Rosweli (nunmehr Walker Air Force Base genannt) befanden. General Ramey rief sofort Oberst Blanchard an und drückte sowohl sein, als auch General Vandenburgs äußerstes Mißfallen über die von Blanchard initiierte Pressemitteilung aus. Sodann ordnete er an, die in Roswell befindlichen Teile des Wracks sofort in eine B-29 zu laden. Nachdem nun gleich zwei Generäle hinter ihm her waren, verlor Oberst Blanchard natürlich keine Zeit und befahl Major Marcel, das Material persönlich zum Hauptquartier des Generals beim Luftwaffenstützpunkt Carswell, Fort Worth, Texas, zu fliegen, wo man es kurz untersuchte, bevor es zum Wright-Patterson-Flugplatz in Dayton, Ohio, weitertransportiert wurde. Dort sollte es „weiteren Analysen" unterzogen werden, wie General Vandenburg höchstpersönlich angeordnet hatte. In einer mit Hilfe des Radiosenders von Fort

Worth hastig zusammengebastelten Ringsendung versicherte dann ein sehr nervös wirkender Ramey der Öffentlichkeit, daß die abgestürzte „fliegende Untertasse" in Wirklichkeit nichts anderes sei, als die Überbleibsel eines unplanmäßig niedergegangenen Wetterballons, und daß die ganze Angelegenheit nur auf einer falschen Identifizierung beruhe. „Der Armee ist nichts von einem solchen Apparat bekannt", erklärte er kühl und fügte dann hastig die Einschränkung hinzu: „Zumindest nicht auf dieser Ebene." Als Reaktion auf diese Sendung fragte eine Gruppe skeptischer Pressereporter an, wo sich denn die Überreste des angeblichen „Wetterballons" jetzt befänden und Ramey antwortete gereizt: „In meinem Büro, und da werden sie voraussichtlich auch bleiben." Dann wiederholte er für die Reporter noch einmal, was er kurz zuvor in der Radiosendung gesagt hatte: „Der Sonderflug nach Wright Field ist abgesagt worden, meine Herren. Das ganze war eine höchst unerfreuliche Affäre, jedoch in Anbetracht des Aufsehens, das diese sogenannten fliegenden Scheiben in letzter Zeit erregt haben, nicht allzu überraschend. Und jetzt sollten wir alle nach Hause gehen und die ganze Sache vergessen." Wenn einige der Pressereporter vielleicht auch vermutet haben, daß Ramey log, so konnten sie das natürlich nicht beweisen. Ein sehr interessanter Kommentar wurde jedoch von General Rameys damaligen Adjutanten Colonel Thomas Jefferson DuBose, nunmehr Brigadegeneral im Ruhestand, im Rahmen eines Interviews am 9. September 1979 abgegeben. Aus der sicheren Distanz von zweiunddreißig Jahren seit dem Ereignis bemerkte er, daß „Befehle von oben gegeben worden waren, das Material von Roswell direkt per Sonderflug nach Wright Field zu transportieren". Er fügte hinzu, daß die Aktion unter der alleinigen Leitung des Generals (Ramey) gestanden hatte und daß die anderen darin verwickelten Offiziere und Mannschaften „nur dessen Befehle ausführten". Dem General war sehr daran gelegen gewesen, daß man ihm die in großer Anzahl anwesenden Pressereporter „schnellstens vom Halse schaffe". Die Wetterballongeschichte war zu diesem Zweck erfunden worden und sollte darüberhinaus gleichzeitig die ganze Angelegenheit überhaupt „im Keime ersticken". DuBose erinnerte sich nicht mehr genau, wer sich die Wetterballonerklärung ausgedacht hatte, glaubte jedoch, daß es Ramey selbst gewesen sein könnte.

Colonel (jetzt General) DuBose ist übrigens der Mann neben Ramey auf einem Foto, das für die Pressefotografen gestellt wurde und die beiden zusammen mit den in aller Eile herbeigeschafften Wrackteilen eines echten Rawin-Wetterballons zeigt. Nur neun Monate später, im Mai 1948, wurde DuBose zum Stabschef des Eighth Air Force District in Fort Worth ernannt. Ein bemerkenswertes Beispiel dafür, wie Originalberichte auf höheren Befehl umfunktioniert werden können, selbst wenn das gewisse Veränderungen an der ursprünglichen Fassung erfordert, stellt der Fall des Stabsfeldwebels Irving Newton dar. Zur Zeit des Roswell-Zwischenfalls leitete Newton die Wetterstation und den Flugdienst im Luftstützpunkt von Carswell-Fort Worth in Texas. Wie Newton sich erinnert, hatte er an jenem 7. Juli vom Roswell-Zwischenfall weder etwas gesehen noch gehört. Am 8. Juli jedoch, als er abends in der Wetterstation arbeitete, erhielt er einen Anruf. Es war General Ramey, und er beorderte Newton sofort zu sich. Newton wagte es, obwohl er aus dem Ton des Generals eine gewisse Dringlichkeit heraushörte, zu erwidern, daß er an diesem Abend der einzige Diensthabende in seiner Station und daher auch zuständig für die Flugüberwachung sei. Der General antwortete in entschiedenem Befehlston: „Sie werden innerhalb von zehn Minuten Ihren Arsch hierherbewegen. Wenn Sie keinen

Wagen haben, dann requirieren Sie den nächstbesten, der ihnen über den Weg fährt - auf meine Verantwortung." Als Newton eintraf, wurde er von einem Oberst darüber informiert, daß in Roswell von einem Major irgendein Objekt gefunden worden sei; der General habe entschieden, daß es sich in Wirklichkeit um einen Wetterballon handle, der von ihm, Newton, als solcher identifiziert werden solle. Dann wurde Newton in ein Büro geführt, in dem sich Reporter und Pressefotografen drängten, und bekam ein paar Teile in die Hand gedrückt, die er sofort als zu einem Ballon vom Typ Rawin gehörig erkannte, obwohl das Material ziemlich beschädigt war. Eine Anzahl weiterer Teile war auf braunem Packpapier auf dem Boden ausgebreitet. Während der Überprüfung des Materials wurde eine Reihe Fotos von dem General und seinem Adjutanten gemacht.

In einem von William L. Moore im Juli 1979 geführten Interview sagte Newton :

„Die Sache war hieb- und stichfest. Ich habe schließlich Tausende davon aufsteigen lassen und es gibt überhaupt keinen Zweifel, daß das, was man mir übergab, Teile eines Ballons waren. Später wurde mir erzählt, der Major aus Roswell habe das Zeug als fliegende Untertasse identifiziert; der General sei jedoch von Anfang an mißtrauisch gewesen und habe mich deshalb zugezogen."

„Aber wären denn die Leute in Roswell nicht selber in der Lage gewesen, einen Ballon zu identifizieren?"

„Sicherlich hätten sie das können müssen. Es war eine ganz normale Rawinsonde. Die mußten schon Hunderte davon gesehen haben."

„Was geschah weiter nachdem Sie das Objekt identifiziert hatten?"

„Nachdem ich es als Ballon identifiziert hatte, wurde ich wieder weggeschickt."

„Können Sie den Stoff beschreiben? War er leicht zerreißbar?“

„Selbstverständlich. Man mußte vorsichtig sein, um ihn nicht zu zerreißen. Die dazugehörigen Metallteile waren wie eine extrem dünne Alcoa-Hülle, wirklich hauchdünn.“

In diesem Zusammenhang sei daran erinnert, daß Major Marcel wie auch andere beharrlich auf die große Festigkeit und Stärke der Metallteile hinwiesen, die sie gefunden hatten, und wie sie weder zerteilt noch durch wuchtige Schläge mit einem Schmiedehammer auch nur eingebeult werden konnten. Es scheint doch ziemlich klar zu sein, daß dieses Material, anders als in der offiziellen Version, nicht von einem Rawin-Ballon stammte. Ein anderer verräterischer Fehler, der Ramey beziehungsweise seinem Büro unterlief, ist in den ersten Pressemitteilungen über die Identifizierung des Wracks von Roswell als Wetterballon zu finden. Hierbei ist zu berücksichtigen, daß 1947 zwei sehr verschiedene Typen von Rawin-Geräten in Gebrauch waren - das Rawin-Target (ML-306) und die Rawin-Sonde (AN/AMT4). Wie Newton und jeder andere kompetente Wetterfachmann jener Zeit unbedingt gewußt haben muß, hatte nur eines davon, nämlich das Rawin-Traget, metallische Bestandteile. Die Rawin-Sonde hingegen bestand bloß aus einem hundert bis zweihundert Gramm schweren Neopren-Ballon, an dem ein kleiner Radiosender befestigt war. Die Pressemitteilung aus Rameys Büro jedoch, die offensichtlich geschrieben worden war, bevor Newton das Material untersucht hatte (siehe Foto von Ramey auf Seite 66, das ihn mit eben diesem Dokument in der Hand zeigt), ignoriert diese entscheidende Tatsache völlig und bezeichnet die Wrackteile als „Trümmer einer Rawin-Sonde“. In späteren Pressemitteilungen wurde dieser Fehler berichtigt, ist jedoch anscheinend der Aufmerksamkeit der Presse entgangen. Es erscheint durchaus möglich, daß die Ballongeschichte von einem Ereignis inspiriert wurde, das sich nur drei Tage vorher auf einer Farm in Circlecille, Pickway County in Ohio, zugetragen hatte. Am 5. Juli 1947 wurde auf der Farm von Sherman Campbell das aus Metallfolie und Papier bestehende Wrack eines wirklichen Rawin-Target-Gerätes gefunden. Es wurde von der lokalen Militärbehörde sofort als solches erkannt - ohne daß sich die Notwendigkeit ergeben hätte, von „höheren Instanzen“ jemanden zur Untersuchung anzufordern. Ein zweites solches Gerät wurde am 8. Juli von David D. Heffner gefunden und ebenso rasch identifiziert. In keinem der beiden Fälle erschien irgend etwas seltsam oder unerklärlich im Zusammenhang mit den Wracks. Bemerkenswerte Informationen über die Konstruktion und den Zweck von Wetter- und anderen, wissenschaftlichen Zwecken dienenden Ballons, wie sie in den späten vierziger Jahren in Gebrauch waren, brachte eine Reihe von Interviews mit C.B. Moore, Aerologe und Physiker am Institut für Bergbau und Technologie in Socorro, New Mexico, zutage. Im Sommer 1947 war Moore an einem von der New Yorker Universität geförderten Projekt mit Forschungsballons in großer Höhe beteiligt und am North Field von White-Sands in der Nähe von Alamogordo, New Mexico, stationiert. Dieses Projekt, so glaubt er, könnte „zumindest für einige der Berichte über fliegende Untertassen in dieser Gegend“ verantwortlich gewesen sein. Später, im Winter jenes Jahres, war Moore dann beim Start des ersten Skyhook-Forschungsballons der Marine in die oberen atmosphärischen Schichten dabei, der unter Leitung von General Mills von Camp Ripley bei Minneapolis, Minnesota, aus erfolgte. Moore berichtet: „Die Skyhooks sind aus dem Helios-Projekt der Navy von 1946 hervorgegangen und waren ursprünglich dazu ausersehen worden, Wissenschaftler in große Höhen zu bringen, um wissenschaftliche Messungen durchzuführen. Später wurde beschlossen, statt dessen Instrumente zu verwenden und so entstand dann das Projekt Skyhook. Anfangs war das Projekt Geheimsache, so daß die Information der Öffentlichkeit darüber unter Kontrolle gehalten werden konnte. Der erste Ballon bestand aus Vinyl-Chlorid und wurde im Sommer 1947 in New Brighton, Minnesota, mit Gas gefüllt, aber gestartet wurde er erst etwa sechs Monate später. Das Vinyl-Chlorid wurde schon bald - etwa im Januar 1948 - durch Polyäthylen ersetzt, das man dann bis zum Auslaufen des Projekts beibehielt. Diese Ballons konnten eine Nutzlast von zweiunddreißig Kilo tragen. In New Mexico wurden nur sehr wenige von ihnen gestartet und bestimmt keiner im Jahre 1947“. Auf die Frage, ob das Objekt von Roswell ein Wetter- oder anderer wissenschaftlicher Ballon gewesen sein könnte, antwortete Moore: „Auf Grund der Beschreibung, die Sie mir soeben gegeben haben, kann ich das mit Sicherheit ausschließen. Es existierte weder damals noch existiert heute ein Ballon, dessen Bestandteile über ein so großes Gebiet verstreut werden könnten oder der den Boden in ähnlicher Weise aufreißen würde. Ich habe keine Ahnung, was das für ein Objekt gewesen sein kann, aber ich glaube nicht, daß eine solche Beschreibung auf einen Ballon paßt.“

C. B. Moores Schilderung der Rawin-Target-Geräte, von denen er viele gesehen und verwendet hatte, war auch deshalb von Bedeutung, weil sie die Ansicht unterstützt, daß jeder der ein solches „zartes Folien- und Balsaholz-Material“ fände, dieses nur schwer mit irgend etwas verwechseln würde, das aus dem Rahmen des Üblichen fällt. Fast möchte man die Taktik des betreffenden Hauptquartiers bewundern, mit der das öffentliche Interesse für den Zwischenfall - oder gar eine dadurch eventuell verursachte Panik - im Keim erstickt wurde. Hätte man beispielsweise ein umfassendes Dementi veröffentlicht, dann wäre wahrscheinlich die Neugier erst recht angeregt worden; doch das Eingeständnis eines Fehlers, eine falsche Identifizierung - selbst wenn dieses Mißgeschick der Air Force passierte - rief ein gewisses mitfühlendes Verständnis hervor und die Bedeutung des ganzen Vorfalls schrumpfte wie ein wirklicher Wetterballon, aus dem man das Helium ausläßt. Und dann, am 9. Juli, erschienen überstürzte Dementis in der Presse:

„Morning News", Dallas: VERMEINTLICHE „SCHEIBE" NUR FLIEGENDER WETTERBALLON.

„The Daily Times Herald", Dallas: MILITÄR VERSUCHT „SCHEIBEN"-GERÜCHTE ZU STOPPEN. In diesem Artikel war zu lesen: „Die Leute, die schon geglaubt hatten, die für die Auffindung einer echten fliegenden Untertasse ausgesetzte Belohnung von dreitausend Dollar einstecken zu können, gingen wieder leer aus."

Der „Daily Record", Roswell, brachte über acht Spalten die Schlagzeile: GENERAL RAMEY RÄUMT AUF MIT UNTERTASSE VON ROSWELL und den Untertitel: **General Ramey sagt, Scheibe sei Wetterballon**. In derselben Ausgabe des „Daily Record" findet sich die Geschichte eines Ranchers, William Brazel, der den Sheriff in Roswell alarmierte, weil nach einer Explosion in der Luft ungewöhnlich aussehende Trümmer auf sein Land gefallen waren. Dieser Artikel trug die Überschrift: ZERMÜRBTER RANCHER DER „UNTERTASSE" FAND, BEDAUERT DEN FUND GEMELDET ZU HABEN. Brazel, der sich während des ganzen Interviews offensichtlich größte Mühe gegeben hatte, den Zeitungsleuten genau das zu erzählen was die Air Force ihm darüber zu sagen eingetrichtert hatte - nämlich wie er das Wrack entdeckte und wie es aussah - bewies zum Schluß doch etwas Selbständigkeit und Unabhängigkeit und meinte, das Wrack sei ungeachtet dessen, was er gerade gesagt hatte, doch noch lange kein Wetterballon. Er sei aufgrund früherer Erfahrungen mit Wetterballons ziemlich vertraut, bemerkte er „und ich bin absolut sicher, daß das was ich da gefunden habe, kein wie immer gearteter Wetterballon war. Aber wenn ich jemals wieder etwas finden sollte, dann werden die es verdammt schwer haben, mich dazu zu bringen, irgend etwas darüber zu sagen, außer es handelt sich um eine Bombe." Obwohl der „Daily Record" (wie bereits erwähnt) brav auf der ersten Seite General Rameys Ballongeschichte druckte, wurde auf der redaktionellen Seite klar, daß man ihm diese Story nicht so ohne weiteres abkaufte. Die Journalisten schienen aus dem, was Brazel in seinem Interview gesagt hatte, mit feinem Ohr herausgehört zu haben, daß er von der Air Force sorgfältig präpariert worden war; nachdem sie aber anderseits voraussetzen konnten, daß die Luftwaffenoffiziere einen Wetterballon erkennen würden, wenn sie einen sahen, kommentierten sie vorsichtig:

ALSO WAS IST ES DENN NUN?

Die Telefone hörten nicht auf zu klingeln und aufgeregte Stimmen schrien unserem Personal im Nachrichtenraum Fragen in die Ohren, die nicht zu beantworten waren und so wurde kurz nach Erscheinen des Record gestern nachmittag die Entdeckung gemacht, daß sich die Neugier hinsichtlich der Berichte aus vierundvierzig Staaten der Union, wonach silberne Scheiben gesehen worden seien, in Glauben verwandelt hat. Der Record war noch druckfeucht, da begann auch schon die telefonische Belagerung: Die Anrufer wollten sich vergewissern, ob sie richtig gelesen hatten oder ob sie ihren eigenen Augen nicht mehr trauen konnten. Doch die Geschichte hielt, gerade so wie die Berichte über all die erstaunlichen Dinge in dieser Zeit der wunderbarsten Großtaten und merkwürdigen Errungenschaften. Was sie nun aber ist, diese Scheibe, das ist eine andere Frage. Die Armee gibt ihre Geheimnisse noch nicht preis, so hat es jedenfalls zum Zeitpunkt dieser Niederschrift den Anschein. Vielleicht ist es ein glücklicher Zufall, vielleicht aber auch nicht. Im Moment kann jede Vermutung richtig sein. Vielleicht ist die ganze Sache wirklich nur Schwindel, wie die meisten Leute von Anfang an geglaubt haben. Etwas aber ist gefunden worden.

In einem schlau ausgeklügelten Kommentar zu der Radiosendung, mit der General Ramey die Wogen der Erregung über die erste Verlautbarung zu glätten versuchte, schreibt der Chronicle in San Francisco, daß „die mysteriösen fliegenden Scheiben über dem ganzen Land (mit Ausnahme von Kansas, das abstinent ist) gesehen wurden und wie es hieß, mit einer Geschwindigkeit von zweitausend Stundenkilometern dahin flogen". Die Technik, UFO-Berichte so darzustellen, als kämen sie von Leuten, die entweder betrunken waren oder exzentrische Phantasten sind, wurde natürlich ab 1947 von den Medien häufig angewendet.

Inzwischen ging Colonel Blanchard, den die Pressereporter weiterhin zu kontaktieren versuchten, am 8. Juli 1947 plötzlich und zweckdienlicherweise auf Urlaub, zur selben Zeit, als Major Marcel mit den von dem Absturz stammenden Trümmern nach Carswell flog. Das Kommando über den Stützpunkt wurde vorübergehend von dem stellvertretenden Kommandanten, Lieutenant Colonel Payne Jennings, übernommen. Als die Reporter in ihren Bemühungen, Colonel Blanchard zu erreichen, nicht nachließen, wurden sie davon unterrichtet, daß er „auf Urlaub sei und daher für einen Kommentar nicht zur Verfügung stehe". Obwohl keinerlei Zweifel darüber bestehen, daß Colonel Blanchard ohne zu zögern Rahmens Befehle hinsichtlich der Behandlung der angeblichen fliegenden Scheibe befolgt hätte, wäre er anderseits doch auch qualifiziert genug gewesen, um zu erkennen, ob er es mit den Überresten eines Wetterballons zu tun hatte.

Blanchard, der es später noch zum Drei-Sterne-General brachte, war 1947 bereits ein hochdekorierter Kriegsheld, nachdem er im Krieg Kommandant eines Bombergeschwaders im Pazifikraum und später Einsatzleiter des Twentieth Air Force District war. Es wußten seinerzeit nur wenige aber Blanchard wäre um ein Haar als einer der Piloten eingesetzt worden, die 1945 Amerikas erste Atombomben über Japan abwarfen. Er wurde in diesem Wettstreit nur von den beiden Fliegern geschlagen, die dann den Abwurf tatsächlich durchführten. General Blanchard lebt nicht mehr, aber seine Witwe hat in einem kürzlich von Stanton Friedman geführten Interview etwas Interessantes bestätigt: Ihr Mann habe gewußt, daß das von ihm nach Carswell gesandte Wrack nicht das eines Ballons gewesen war. „Er wußte, daß es nichts war, was von uns Amerikanern gemacht war", sagte sie und bemerkte weiter: „Zuerst glaubte er, es stamme aus Rußland, wegen der eigenartigen Symbole. Dann wurde ihm klar, daß es auch nicht russisch war." Zur gleichen Zeit begann Rameys Nachrichtenchef, Colonel Alfred E. Kalberer, bei Veranstaltungen verschiedener ziviler Organisationen in der Umgebung von Fort Worth Referate zu halten, die darauf abzielten, „der wachsenden Hysterie wegen der fliegenden Scheiben entgegenzuwirken". Den Aufzeichnungen des Luftwaffenstützpunktes Fort Worth zufolge (die ursprünglich als „geheim" eingestuft gewesen waren), besuchte am 10. Juli Colonel Irvine, Stellvertreter des Stabschefs im Hauptquartier des strategischen Luftkommandos (SAC), General Ramey in einer geheimen Mission, wobei es sicherlich auch zu einer Diskussion über die abgestürzte Scheibe gekommen sein dürfte. Lieutenant Louis Bohanon, Leiter der dritten Fotolaborabteilung in Roswell, zu deren Aufgaben das Fotografieren abgestürzter oder beschädigter Flugzeuge gehörte, verließ knapp zwei Wochen nach dem Zwischenfall den Stützpunkt. Es wäre doch anzunehmen gewesen, daß seine Abteilung dazu herangezogen würde, von einem ungewöhnlichen oder unidentifizierten Wrack in diesem Gebiet Aufnahmen zu machen. Doch es gibt keinerlei Hinweis auf derartige Aufnahmen. Leutnant Bohanon wurde am 18. Juli durch Sonderbefehl Nr. 139 seines Kommandos enthoben und nach Hamilton Field, Kalifornien, versetzt. Oberstleutnant Jennings, der nach Oberst Blanchards Abreise vorübergehend im Stützpunkt das Kommando übernommen hatte, sollte ein noch viel merkwürdigeres Schicksal erleiden. Als er nicht allzu lange nach dem Roswell-Zwischenfall mit einem Sonderauftrag nach England unterwegs war, verschwand sein Flugzeug beim Überfliegen des Bermuda- Dreiecks spurlos, ohne eine letzte Nachricht zu senden. Weder von dem Flugzeug noch von etwaigen Überlebenden wurde jemals eine Spur gefunden. Major Marcel hätte eigentlich an dem Flug auch teilnehmen sollen, wurde jedoch glücklicherweise auf Grund einer persönlichen Intervention Oberst Blanchards in letzter Minute zurückbeordert.

Nach der KSWS in Roswell hatten andere Radiostationen Berichte über die Landung einer „fliegenden Scheibe“ bereits weit verbreitet, zweifellos aufgrund der ersten Pressemitteilung und trotz der später verhängten Nachrichtensperre. Fliegermajor Hughie Green von der britischen Royal Air Force war im Juli 1947 mit dem Auto von Kalifornien nach Philadelphia unterwegs gewesen und er erinnert sich deutlich an eine Radiosendung, die er hörte, als er durch New Mexico fuhr: „Als ich von Westen kommend, in östlicher Richtung durch New Mexico fuhr, hörte ich auf den Lokalsendern dauernd diese Meldungen über eine abgestürzte Untertasse. Ich interessierte mich besonders für diese Berichte, weil ich selbst bei der Luftwaffe bin und mich aus der Kriegszeit noch gut an die damaligen Aufregungen um die sogenannten ‘Foo-

Fighters', die fliegenden Untertassen seiner Zeit, erinnern kann. Das Programm der Radiosender die ich hörte, war ganz durcheinandergeraten und die regulären Sendungen wurden immer wieder unterbrochen und über den neuesten Stand der Ereignisse berichtet. Ich bin ganz sicher, daß eine der Sondermeldungen die Tatsache kommentierte, daß der Sheriff und seine Leute sich der Absturzstelle näherten und bereits in Sichtweite des Wracks waren. Als ich über die nächste Bundesstaatsgrenze fuhr, hörte ich noch weitere Radioberichte und ich erinnere mich auch an entsprechende Artikel in der Presse. Doch als ich dann in Philadelphia ankam, war da überhaupt nichts zu diesem Thema zu finden, weder in der Presse noch im Radio. Ich fragte dann einige befreundete Reporter darüber aus, doch sie erklärten, daß die ganze Sache vertuscht worden sei. Da es aber unmöglich war, den Zwischenfall vollständig zu vertuschen, hat sich bis zum heutigen Tage die Legende - wenn es überhaupt eine Legende ist! - lebendig erhalten und es war vorauszusehen, daß innerhalb kürzester Zeit nach dem Zwischenfall ein Buch darüber erscheinen würde". Ein solches Buch - „Behind the Flying Saucers" (Holt, 1350) - schrieb Frank Scully, Schriftsteller und dem Zeitungssyndikat angehörender Kolumnist. Seine Geschichte basiert auf dem Originalbericht über einen Untertassenabsturz in der Nähe von Aztec, New Mexico und die angebliche Sicherstellung des Raumschiffes und der Leichen seiner fremdartigen Besatzung durch amerikanisches Militär. Anscheinend hatte Scully es so eilig gehabt, sein Buch herauszubringen solange das Thema noch „heiß" war, daß er es in Druck gab, ohne vorher ausreichende Nachforschungen angestellt zu haben. Wie nicht anders zu erwarten, war sein Buch zwar finanziell ein ausgesprochener Erfolg, doch in hohem Maße ungenau. Es wurde daher von der Air Force praktisch „abgeschossen", und zwar vor allem wegen der Diskrepanzen bei den Recherchen für dieses Buch und einiger unrichtiger Informationen. Außerdem fehlten Namen, es gab Irrtümer bezüglich der Gegend, in der sich jener Zwischenfall zugetragen hatte und ganz allgemein waren keine Informanten verfügbar - ein Problem, dem heutzutage besser beizukommen ist, nachdem das Gesetz über die Informationsfreiheit erlassen wurde und auch die Geheimhaltungspolitik etwas freiheitlicher gehandhabt wird. Infolge der offensichtlichen Hast, in Druck zu gehen, verlegte Scully den Schauplatz des Absturzes in die Nähe von Aztec in der äußersten westlichen Ecke des Bundesstaates, Hunderte Kilometer von Roswell entfernt, und dieser Fehler wirkt noch immer weltweit in Büchern über UFOs und andere Themen nach. Dennoch behauptet Mrs. Frank Scully, die Witwe des Schriftstellers, die im Juni und im Dezember 1979 in Palm Springs von Bill Moore interviewt wurde, standhaft, daß die eigentliche, dem Buch ihres Mannes zugrunde liegende Geschichte richtig gewesen und daß er deswegen verleumdet worden sei - besonders von J. P. Cahn, einem „äußerst skrupellosen Journalisten aus San Francisco", der möglicherweise dafür bezahlt wurde, Scullys „Hinrichtung" zu vollziehen. Es stimmt tatsächlich, daß Cahns Artikel über Scully und sein Buch von Übertreibungen und Ungenauigkeiten nur so strotzt. Unglücklicherweise richteten sich andere Journalisten nach Cahns Artikel, statt sich die Mühe zu machen, dessen Richtigkeit zu überprüfen. Auf jeden Fall war es Cahns Artikel, der den meisten Schaden anrichtete.

Cahns vernichtender Artikel über Scullys Geschichte, der erst knapp zwei Jahre nach Erscheinen des Buches gedruckt wurde, stützt sich vor allem auf die Tatsache, daß zumindest zwei von Scullys Informanten skrupellose Bauernfänger waren, die bis über beide Ohren in betrügerischen Bodenspekulationen steckten. Hinzu kamen noch die Probleme, welche

Roland Gelatt verursachte, als er zum Zeitpunkt der Veröffentlichung des Buches im Satzcrday Review Passagen daraus schlicht und einfach falsch zitierte. Und dann natürlich das vernichtende Urteil über Scullys unzureichende Nachforschungsmethoden in fast allen Buchbesprechungen! All dies trug wesentlich dazu bei, andere Schriftsteller und Journalisten davon zu überzeugen, daß die ganze Sache ein aufgelegter Schwindel war - und Scully dessen unseliges Opfer. Interessant ist aber immerhin, daß fast alle Buchkritiker sich zufrieden auf Gelatts falsche Zitate und Cahns eher fragwürdige Annahme verließen, Immobilienbetrug sei automatisch ein Beweis für den UFO-Schwindel. Obwohl diese Kritiker Scully bereitwilligst wegen seiner spärlichen und nachlässigen Nachforschungen verurteilten, war mit Ausnahme von Cahn keiner von ihnen auch nur im entferntesten dazu bereit, selbst zu recherchieren - und Cahns Nachforschungen beschränkten sich leider einzig und allein darauf, den Background von zweien der Informanten Scullys zu durchstöbern. Auf jeden Fall war der Schaden nun einmal angerichtet und Scullys Ruf litt schwer darunter. Es gibt jedoch Anzeichen dafür, daß Scullys Buch in anderen Kreisen um einiges ernster genommen wurde speziell in militärischen. Wie Mrs. Scully berichtet, bekamen sie und ihr Mann Ende 1953 einen recht sonderbaren Kommentar über das Buch zu hören, und zwar von Captain Edward Ruppelt, der zu diesem Zeitpunkt gerade sein Amt als Leiter des „Blue-Book"-Projekts zurückgelegt hatte, des dritten öffentlichen Versuchs der Air Force, mit der Flut von UFO-Sichtungen fertig zu werden, die nach den anfänglichen sensationellen Beobachtungen von 1947 weiterhin das Land überschwemmte. „Ganz im Vertrauen", sagte Ruppelt damals, „von allen Büchern, die je über fliegende Untertassen erschienen sind, war Ihres dasjenige, das uns das meiste Kopfzerbrechen bereitet hat, weil es der Wahrheit am nächsten kam". Mrs. Scully berichtete, daß ihr Mann praktisch alle seine Informationen von einem ungenannten Wissenschaftler im Staatsdienst erhalten hatte, mit dem er befreundet gewesen war. Wie sie versicherte, hat sie von diesem Mann seit Jahren nichts mehr gehört und weiß nicht einmal, ob er überhaupt noch lebt! Doch sie lehnte es kategorisch ab, den Namen des Wissenschaftlers preiszugeben, selbst gegen das Versprechen striktester Verschwiegenheit. Sie erklärte jedoch, dieser Mann hätte vor dreißig Jahren ihr und ihrem Mann enthüllt, daß einer oder mehrere Körper der bei dem Absturz getöteten fremden Lebewesen zu Studienzwecken nach Chicago ins Rosenwald-Institut gebracht worden seien. Kurz, man kann von Scullys Buch sagen, daß es der Air Force einen ausgezeichneten Vorwand bot, die ganze Geschichte als gefälscht oder bestenfalls als Produkt einer allzu üppigen Phantasie hinzustellen. „Behind the Flying Saucers" mag außerdem dazu beigetragen haben, den Erfolg anderer Bücher im Keim zu ersticken, da es hinsichtlich der Recherchen und Tatsachen jeder festen Grundlage zu entbehren schien. Dem unvoreingenommenen Betrachter könnte nichtsdestoweniger der Gedanke kommen, daß die mit der Vertuschung befaßten Behörden die Publikation dieses Buches sogar gefördert haben könnten - als Kriegslist sozusagen, um die früheren Berichte zu diskriminieren. In der psychologischen Kriegführung nennt man das „graue Propaganda". Obwohl sie zunächst dem Gegner zu nützen scheint, besteht ihr eigentlicher Zweck darin, ihn zu diskreditieren oder zu verwirren. Zu ungefähr der gleichen Zeit brachte Fletcher Pratt, Schriftsteller und führender Militärhistoriker, zusätzliche Gerüchte in der Presse in Umlauf, als er Anfang 1950 verlauten ließ, er habe durch „vertrauliche Kanäle" erfahren, daß eine fliegende Untertasse auf die Erde gestürzt sei und daß Leichen von entfernt menschenähnlichen, etwa neunzig Zentimeter großen Wesen im Wrack gefunden worden seien. Dieser weitere Hinweis auf einen Vorfall von der Art des Roswell-Zwischenfalls wurde selbstverständlich von offizieller Seite mit der gewohnten Vehemenz dementiert. Allerdings sollte man dabei nicht vergessen, daß Fletcher Pratt ein anerkannter Militärhistoriker war und als solcher Wert auf größtmögliche Informationsgenauigkeit legte. Er hätte es daher abgelehnt, von einer unzuverlässigen Quelle einen Bericht über ein hochgradig verblüffendes Ereignis zu übernehmen. Außerdem war Pratt mit den militärischen Sicherheitsvorschriften bestens vertraut und hätte daher später leicht überredet werden können, im Interesse der Sicherheit die Sache fallenzulassen, selbst wenn er von der Zuverlässigkeit seiner Quelle überzeugt war. Auf jeden Fall hat die durch die angebliche Erbeutung eines UFOs hervorgerufene Unruhe zu einer strengen UFO-Überwachung seitens der Air Force geführt. Die Berichte darüber gingen in die Tausende, und all das gipfelte 1969 im sogenannten Condon Report, einem Air-Force-Projekt, das der Universität von Colorado übertragen wurde. Laut Pressemitteilung der Air Force kam der Report zu dem Ergebnis, daß nur zehn Prozent aller untersuchten UFO-Beobachtungen anscheinend allen logischen Erklärungen widerstehen. (Eine nähere Prüfung des Berichts selbst allerdings scheint zu ergeben, daß die wirkliche Anzahl von Sichtungen, für die es an vernünftigen Erklärungen mangelte, eher bei dreißig Prozent liegt). Jedenfalls wurde, mit dem Condon Report als Vorwand, die Entscheidung getroffen, daß der mit diesbezüglichen Untersuchungen durch die Air Force verbundene Arbeits- und Kostenaufwand die Weiterführung des Air-Force-Projekts („Blue-Book“ also) zur UFO-Forschung nicht rechtfertige. Und aufgrund der Condon-Empfehlungen (die anscheinend vorher von der Air Force noch entsprechend frisiert worden waren) wurde das „Blue-Book"-Projekt am 17. Dezember 1969 gestrichen. Somit hörte die Air Force nach zweiundzwanzig Jahren auf, sich offiziell für das UFO-Phänomen zu interessieren. Einen besonders interessanten Aspekt der Untersuchungen des UFO-Phänomens durch die Air Force noch während der „Blue-Book"-Periode stellte die Air-Force-Vorschrift 200-2 vom August 1953 dar. Sie enthielt genaue Anweisungen an das Luftwaffenpersonal über den Umgang mit UFOs und unter anderem auch seitenlange Checklisten und Diagramme, die den Zeugen bei der Abfassung einer genauen Beschreibung helfen sollten. Unter diesen Vorschriften für Sichtungen von UFOs (die offiziell nicht existierten; aber hier ist die Gebrauchsanweisung für den Fall, daß du doch eines siehst!) befinden sich einige besonders sachdienliche Hinweise für Stützpunktkommandanten bezüglich der Veröffentlichung von Informationen über UFOs.

AFR 200-2, Absatz 9, lautet:

In Beantwortung entsprechender Anfragen wird die Erlaubnis erteilt, die Vertreter der Nachrichtenmedien über UFOBs (i.e. UFOs) zu informieren, wenn die betreffenden Objekte positiv als bekannte Objekte identifiziert wurden... Hinsichtlich derjenigen Objekte, für die keine Erklärung gefunden wird, darf wegen der vielen damit zusammenhängenden Unbekannten nur die Tatsache veröffentlicht werden, daß der ATIC (Air Technical Intelligence Command) die Daten analysieren wird.

Hätten also Major Marcel, Lieutenant Haut und der Stützpunktkommandant von Roswell, Colonel Blanchard, die AFR 200-2 zur Verfügung gehabt und sich an sie gehalten, wäre auch wegen des Zwischenfalls von Roswell, dessen Echo noch heute zu vernehmen ist, kein öffentlicher Aufruhr entstanden. Seit 1947 sind auf der ganzen Erde Jahr für Jahr

Tausende UFOs gesichtet worden, man hat ihnen das Verschwinden von Schiffen und Flugzeugen im Bermuda-Dreieck, die Gefangennahme und Gehirnwäsche von Menschen, die Beeinflussung des Funkverkehrs und elektrischer Systeme und in einigen Ländern den Einsatz von Strahlenkanonen gegen Maschinengewehre und Raketen angelastet. Es ist daher besonders bemerkenswert, daß einer der ersten Berichte über den UFO-Absturz von New Mexico die ungewöhnlichste Heimsuchung von allen betraf, zu der es noch dazu weniger als hundertfünfzig Kilometer von einem Luftwaffenstützpunkt entfernt kam. Da jedoch die UFO-Sicherheitsbestimmungen im Jahre 1947 noch nicht existierten, wurde dieser Zwischenfall weithin bekannt, bevor man es verhindern konnte. Wie viele andere Legenden, scheint auch diese eine außerordentlich zählebige zu sein. Sie wurde mehrfach neu belebt, so auch wie wir sehen werden, einmal auf direkte Veranlassung des Präsidenten. Außerdem sind unmittelbare Zeugen des Zwischenfalls und Leute, die als erste mit diesen Zeugen sprachen, noch am Leben und erinnern sich mit bewundernswerter Genauigkeit an Einzelheiten. Vergleichende Nachprüfungen ihrer Erinnerungen ergaben eine allgemeine Übereinstimmung mit den verschiedenen Aspekten der ersten Berichte über die abgestürzte Scheibe oder was auch immer der Flugkörper gewesen sein mag.

Kapitel 3

Das unglaubliche Erlebnis des Ingenieurs Daniel W. Fry

1950 beauftragte die Aerojet General Corporation den Ingenieur Daniel W. Fry mit der Verantwortung für die Instrumenteninstallation in den Steuersystemen von Lenkwaffen auf dem Raketenversuchsgelände White Sands bei Las Cruces in New Mexico. Später war Fry wesentlich an der Entwicklung des Leitsystems der Atlasträgerrakete beteiligt und stand dem California Institute of Technology zeitweilig als Berater zur Verfügung. Danach müßte von Fry eigentlich angenommen werden können, daß er ein Realist und kein Phantast ist. Aber was war er wirklich? Die folgende unheimliche Begegnung soll sich, seinen Aussagen zufolge, abgespielt haben: Am 4. Juli 1950 war Fry bei einem abendlichen Spaziergang in Richtung des alten statischen V-2-Versuchsstandes gelaufen. Auf dem etwa zweieinhalb Kilometer langen Weg zum Zentrum des Versuchsgeländes hatte Fry beiläufig zum Himmel aufgesehen. Dabei war ihm eine Reihe von Sternen aufgefallen, die von irgend etwas verdeckt wurden. Bei intensiverem Hinsehen erkannte Fry schließlich ein ovales Objekt, das langsam zur Erde sank und etwa 20 Meter von ihm entfernt lautlos aufsetzte. Außer dem Knakken von Ästen war nichts zu hören. Fry lief um das Objekt herum, das seiner Schätzung nach acht Meter hoch und im Durchmesser neun Meter dick sein mußte. Er konnte weder

Fugen noch Öffnungen feststellen, und eventuelle Insassen konnten das sonderbare Objekt höchstens oben oder unten verlassen. Fry näherte sich und berührte die scheinbar polierte, silbrig glänzende Metalloberfläche mit ihrem kaum wahrnehmbaren, violetten Schimmer. Sie fühlte sich ungeheuer glatt an und schien etwas wärmer als die Luft zu sein. Fry schlug leicht mit der Hand darauf und spürte umgehend ein Prickeln in der Hand und an den Fingern. Gleichzeitig kam eine Stimme sozusagen aus dem Nichts: „Die Hülle sollten Sie besser nicht berühren, mein Lieber. Sie ist noch warm." Fry erschrak derartig, daß er rückwärts stolperte und der Länge nach hinfiel. Später sagte er aus, daß ihn das korrekte Englisch des Sprechers erstaunt und er deswegen angenommen habe, ein Amerikaner sei im Spiel. Aber er hätte diesen Gedanken noch nicht einmal zu Ende gedacht gehabt, als die Stimme gesagt habe: „Nein, ich bin kein Amerikaner wie Sie. Aber aufgrund meiner derzeitigen Aufgabe muß ich mich wie ein Amerikaner verhalten. Und die Tatsache, daß Sie mich für einen Landsmann gehalten haben, spricht für den Erfolg meiner Bemühungen, Ihre Sprache und Redewendungen während der letzten zwei Jahre zu erlernen. Ich habe Ihren Planeten noch nie persönlich betreten. Bevor ich mich der irdischen Atmosphäre und Gravitation anpassen kann und gegen die Krankheitserreger der Erde gefeit bin, werden noch vier weitere Jahre vergehen. Unsere jetzige Expedition dient in der Hauptsache der Erforschung der menschlichen Anpassungsfähigkeit. Wir wollen vor allem feststellen, ob der Mensch überhaupt fähig ist, seine Gedankenwelt auf Konzeptionen einzustellen, die seiner konventionellen Denkweise weltenfern sind. Bereits unsere Vorfahren haben jahrhundertelang Expeditionen zur Erde gemacht, die leider wenig Erfolg hatten. Diesmal hoffen wir fruchtbareren Boden und einsichtigere Menschen vorzufinden. Denn wir möchten den Erdbewohnern bei ihrer fortschreitenden Entwicklung Hilfe leisten."

Fry stand erstaunt im Sand, als die fremde Stimme fortfuhr: „Ich kann mir vorstellen, daß es ermüdend sein muß, im Sand meinem Vortrag zu folgen. Vielleicht haben Sie an einer kleinen Flugreise Spaß. Diese ferngesteuerte Raumkapsel ist zwar nur als Transportmaschine gedacht, aber trotzdem sind ein paar Sitzplätze in einer kleinen Passagierkabine vorhanden. Ich selbst befinde mich in der Steuerzentrale, dem Mutterschiff, wie es auf der Erde genannt wird, 1.450 Kilometer über der Erdkugel". Bei diesen Worten glitt ein Teil der unteren Hüllenwand nach innen. Fry betrat durch diese Öffnung eine Kabine von 2,70 Meter Länge und 2,10 Meter Breite. Es waren vier mäßig große, anatomisch geformte Sessel vorhanden. Wieder meldete sich die Stimme und schlug Fry einen 30-Minuten-Flug nach New York und wieder zurück vor. Fry willigte verwundert ein, klammerte sich instinktiv an seinen Sitz und stemmte die Füße auf. Sekunden später „fiel die Erde mit unvorstellbarer Geschwindigkeit unter ihm zurück", wie er sich ausdrückte. Er spürte nicht die geringste Beschleunigung und seiner Meinung nach bewegte sich der Flugkörper überhaupt nicht von der Stelle. Daher die Ausdrucksweise, daß „die Erde zurückgefallen" sei. Schon gleich nach dem Start tauchten die Lichter der Stadt Las Cruces auf. Sie erschienen in der unteren linken Ecke der durchsichtig gewordenen Türöffnung. Fry schloß daraus, daß er in zwei bis drei Sekunden etwa 3.300 Meter gestiegen sein mußte. Aber es war ihm unbegreiflich, daß er die Beschleunigung während des Aufstiegs überhaupt nicht gespürt hatte. Auf seine Frage erhielt er zur Antwort: Die Antriebskraft, die das Flugobjekt beschleunige, gleiche in etwa einem Gravitationsfeld und wirke sich nicht nur auf jedes Atom des Raumschiffes selbst aus, sondern auch auf jedes darin befindliche Masse-Atom, Pilot oder Passagier. Die Beschleunigungsgrenze sei allein durch die maximale Antriebskraft gesetzt. Da sich diese Energie jedoch proportional zur Masse verhalte und die Gravitation der Erde unvermindert auf beides einwirke, bliebe die ursprüngliche Kraft zwischen Sitz und Körper konstant. Es gäbe nur eine Einschränkung: Diese Kraft verringere sich im selben Verhältnis, wie das Gravitationsfeld der Erde bei zunehmender Entfernung abnimmt. Bei interstellaren Reisen mit weit auseinanderliegenden Planeten und ihren Gravitationsquellen sei daher die Erzeugung eines künstlichen Gravitationsfeldes erforderlich.

„Wir sind an eine Gravitation gewöhnt, die nicht einmal halb so groß wie die der Erde ist", sagte die Stimme zum Schluß. Über New York ging das Flugobjekt auf 32.000 Meter herunter. „Aus dem bis dahin verschwommenen Lichtermeer kristallisierten sich Millionen einzelner Lichtpunkte heraus, die wie weißblaue Diamanten auf dunklem Grund aussahen", beschrieb Fry sein „Raumerlebnis". Aber der Aufenthalt über New York war nur sehr kurz und Fry wurde viel schneller nach White Sands zurückgeflogen, als die Hinreise gedauert hatte. Nach der Landung stolperte er aus dem Raumschiff und lief benommen ein paar Schritte durch den Sand, bevor er sich noch einmal umsah. Die Tür war wieder verschwunden, aber mitten um das Flugobjekt züngelte ein orangerotes Leuchten, bis es plötzlich senkrecht in den Nachthimmel emporschoß. Durch den Sog wurde Fry einige Meter vorwärts gerissen und verlor fast das Gleichgewicht. Trotzdem ließ er das Flugobjekt nicht aus den Augen. Erst als sich das orangerote Leuchten in ein dunkles Violett verwandelt hatte, entschwand es seiner Sicht. Es heißt, Fry habe das Erlebnis umgehend in einem Bericht mit allen technischen Einzelheiten festgehalten. Doch durch die besonders strengen Geheimhaltungsvorschriften, denen White Sands als militärisches Sperrgebiet unterlag, sei dieser Bericht erst nach zwölf Jahren veröffentlicht worden.

Kapitel 4

UFO-BERICHTE AUS ALLER WELT

Landung auf dem Luftwaffenstützpunkt Istrana?

Der Luftwaffenstützpunkt Istrana, dreißig Kilometer nordwestlich von Venedig, soll an einem Abend im November 1973 der Schauplatz einer UFO-Landung - komplett mit Besatzung - gewesen sein. Nach einem Zeitungsbericht beobachteten zwei Wachposten von ihrem Wachturm am Rande des Stützpunktes aus zwei weißgekleidete Wesen, ungefähr 1,50 Meter groß. Ein bißchen weiter weg konnte man ein unidentifizierbares Fahrzeug sehen.

Nachdem die Besatzung in dem Fahrzeug verschwunden war, meldeten die Wachposten den Vorfall sofort. Am Landeort wurden Spuren gefunden, behauptete die Veneto Notte und kommentierte: „Die zuständige Behörde auf dem Militärstützpunkt Istrana hat die Angelegenheit als streng geheim eingestuft und niemand ist gegenwärtig bereit, zuzugeben, daß sich überhaupt etwas ereignet hat."

Die Geschichte enthält keine Einzelheiten, aber ich habe sie miteinbezogen, da auf Militärstützpunkten in der ganzen Welt viele ähnliche Vorfälle stattgefunden haben. Sie alle werden sofort in den Schleier der Geheimhaltung gehüllt.

UFO schaltet NATO-Stützpunkt bei Aviano aus, 1977

Der wichtige NATO-Stützpunkt bei Aviano im Nordosten Italiens war in den frühen Morgenstunden des 1. Juli 1977 der Schauplatz einer dramatischen UFO-Beobachtung. Um 3.00 Uhr bemerkte der amerikanische Soldat James Blake ein seltsames, großes, helles Licht, das in einer Höhe von ungefähr 100 Metern im „Alarmbereich Victor“ schwebte, wo zwei Militärflugzeuge stationiert waren. Laut Antonio Chiumiento, der aus mehreren Quellen von dem Vorfall erfuhr, darunter auch von einem Unteroffizier der italienischen Luftwaffe, haben zahlreiche Soldaten das Objekt gesehen. Es hatte einen Durchmesser von etwa fünfzig Metern und ähnelte einem Kreisel mit einer Kuppel oben, der sich um seine eigene Achse drehte und dessen Farben sich von weiß in grün und dann in rot änderten. Man konnte ein Geräusch wie von einem fliegenden Bienenschwarm hören. Das Objekt schwebte ungefähr eine Stunde über dem Stützpunkt und verursachte einen totalen Stromausfall.

Einer der unabhängigen Zeugen war der Nachtwächter Benito Manfré, der anderthalb Kilometer entfernt beim Castello d'Aviano wohnte. Alarmiert durch das ständige Bellen seines Hundes mitten in der Nacht gelang er auf die Veranda und bemerkte, daß der NATO-Stützpunkt vollkommen verdunkelt war. So etwas hatte er noch nie zuvor gesehen. „Was meine Aufmerksamkeit besonders erregte“, sagte er, „war eine **Anhäufung** von stationärem Licht sehr niedrig über einer bestimmten Stelle auf dem Stützpunkt.“

Signor Manfré bat seine Frau, ebenfalls auf die Veranda zu kommen, aber sie war zu müde. Also blieb er allein, wie versteinert von dem Objekt, das er als eine „glühende Scheibe“ beschrieb. Nach etwa fünf Minuten entfernte sich das Objekt langsam vom „Alarmbereich Victor“ und stieg dann geräuschlos über die Berge bei Aviano hinweg. „Etwa zehn Sekunden, nachdem das mysteriöse Objekt den Stützpunkt verlassen hatte“, sagte der Nachtwächter, „gingen dort die Lichter wieder an. Ich muß auch erwähnen, daß mein Hund erst aufhörte zu bellen, als die leuchtende Scheibe das Gebiet verlassen hatte. Ungefähr eine halbe Stunde später konnte ich Fahrzeugbewegungen der amerikanischen Militärpolizei bemerken.“

Obwohl nichts über den Vorfall bekanntgegeben wurde, war er in Aviano der Gegenstand intensiver Mutmaßungen. Wie vorherzusehen war, wurde die Geschichte vom Militär mit der offiziellen Erklärung heruntergespielt, daß „das Phänomen auf eine Reflexion des Mondes von einigen niedrigen Wolken zurückgeführt werden muß.“

Wie der Mond auf eine Höhe von 100 Metern herabgestiegen war, einen scheinbaren Durchmesser von 50 Metern angenommen hatte und „höchste Alarmbereitschaft“ (das NATO-Hauptquartier in Brüssel wurde informiert) auslösen konnte, indem er auf dem gesamten Stützpunkt den Strom ausschaltete, wurde natürlich nicht erklärt. Antonio Chiumiento betont, daß die tiefste Temperatur in dem Gebiet im Verhältnis zur Luftfeuchtigkeit noch zu hoch war, um die Entstehung von Wolken in dieser Höhe zuzulassen - und auch der Mond befand sich nicht an der richtigen Stelle.

Verteidigungsministerium gibt Akte frei

Im März 1978 gab das italienische Verteidigungsministerium eine Akte mit Einzelheiten von sechs nicht klassifizierten Berichten durch Militärpersonal aus dem Jahr 1977 frei. Einer der Fälle betraf die Beobachtung eines „leuchtenden Kreises“ durch zwei Piloten am 27. Oktober über dem Militärflugplatz bei Cagliari, Sardinien, den auch andere Zeugen verfolgt hatten, einschließlich Mitarbeitern des Kontroll-Towers bei Elmas. Ein Jet wurde zu einem Erkundungsflug hochgeschickt, konnte aber das Objekt nicht abfangen.

Die Hauptzeugen waren der Pilot Major Francesco Zoppi, Chef der Ona MagRiore Staffel vom 21. Hubschraubergeschwader des leichten Heeresflieger-Corps (ALE) und sein Kopilot Leutnant Riccardelli. In einer Erklärung, die veröffentlicht wurde, bevor das Ministerium die Akte über den Fall freigab, beschrieben die Piloten ihr Erlebnis:

„Wir waren zu einem normalen Übungsflug mit den Hubschraubern gestartet, als ich in einer Entfernung von ungefähr 300 Metern vor mir einen sehr hellen orangefarbenen Kreis sah. Wir nahmen sofort Kontakt mit dem Kontrollturm auf und erhielten die Antwort, daß vom Boden aus nichts sichtbar sei. Währenddessen war der feurige Kreis noch zu sehen, direkt vor uns und bewegte sich fast genau so schnell wie wir. Dann fragte ich die anderen beiden Hubschrauber unserer Staffel, ob sie etwas sehen könnten. Einer sagte, sie könnten es sehen und würden das gleiche beobachten wie wir, während Kapitän Romolo Romani vom dritten Hubschrauber antwortete, daß sie nichts sehen könnten. Der leuchtende Kreis verschwand anschließend mit einer Geschwindigkeit, die kein Flugzeug dieser Welt erreichen kann. Der Kontrollturm teilte mir auf meine Anfrage hin mit, daß in der Zwischenzeit auch andere Menschen das Objekt gesehen und mit Ferngläsern verfolgt hatten. Aber auf Radar war es nicht geortet worden."

Am 5. Januar 1978 erklärte das Verteidigungsministerium, daß das Gesehene nichts anderes gewesen sei als „ein Flugzeug aus Sardinien auf einem normalen Flugeinsatz, das die Piloten aufgrund besonderer Beleuchtungsverhältnisse in der Abenddämmerung nicht erkannt hätten."

Ein anderer vom Ministerium freigegebener Fall, von dem vorher nichts an die Öffentlichkeit gedrungen war, fand ebenfalls in der Nähe des Stützpunktes bei Elmas statt. Am

2. November 1977 beobachteten Piloten der italienischen Luftwaffe und die Piloten zweier deutscher F104G Starfighter sowie Mitarbeiter des Towers von Elmas einen ähnlichen runden oder elliptischen „Feuerball“, der mit einer ungeheuren Geschwindigkeit flog. Diese Berichte waren Bestandteil des Materials, das der Italienischen Nationalen UFO-Forschungszentrale und einer anderen Gruppe überlassen wurde, aber versehentlich gelangte eine Kopie zu einer Gruppe, die aus zwei Jugendlichen bestand. Die beiden gaben die Notiz unüberlegt sofort an die Presse weiter.

Das Ministerium geriet dadurch in Verlegenheit und mußte wieder einmal die Beobachtungen bei Elmas herunterspielen.

Portugiesische Piloten beobachten ein UFO 40 min. lang

Am Abend des 4. September 1957 startete eine Gruppe von vier F-84 Thunder-Jets vom Luftstützpunkt Ota in Portugal zu einem Routine-Navigationsübungsflug. Es war eine klare Nacht und fast Vollmond, und die im Flug gemeldete Bodensicht betrug über 80 Kilometer. Die Piloten waren Hauptmannes Lemos Ferreira als Leiter der Flugeinheit, Feldwebel Alberto Gomes Cova, Feldwebel Manuel Neves Marcelino und Feldwebel Salvador Alberto Oliveira. Hauptmann Ferreira beginnt mit der Geschichte:

„Nachdem wir um 20.06 Uhr Granada erreicht hatten und über Backbord eine Kursänderung auf Portalegre einleiteten, bemerkte ich zu meiner Linken über dem Horizont eine sehr ungewöhnliche Lichtquelle und nach drei oder vier Minuten entschloß ich mich, es den anderen Piloten zu melden. In diesem Moment erzählte mir der Pilot zu meiner Rechten, daß er sie ebenfalls bemerkt hatte. Die anderen beiden Piloten an meinem linken Flügel hatten das Licht noch nicht gesehen. Wir begannen, über Funk Bemerkungen über unsere Entdeckung auszutauschen und entwarfen mehrere Theorien, aber keine schien eine vernünftige Erklärung für das Ding zu bieten, das wir beobachteten. Es sah aus wie ein sehr heller Stern, ungewöhnlich groß und funkelnd, mit einem farbigen Kern, der seine Farbe ständig wechselte, von dunkelgrün über blau zu gelblichen und rötlichen Färbungen."

Die Piloten kamen wieder davon ab, daß das Objekt die Venus oder ein anderer Planet, ein Ballon oder ein Flugzeug sein könnte. Hauptmann Ferreira berichtet weiter:

„Plötzlich wuchs das Ding sehr schnell und nahm das fünf- oder sechsfache seines ursprünglichen Umfangs an; es war ein unglaublicher Anblick und dann schrumpfte es wieder, genau so schnell wie es gewachsen war, verschwand fast am Horizont und wurde zu einem gerade noch sichtbaren kleinen gelben Punkt. Diese Ausdehnungen und Zusammenziehungen fanden mehrmals, aber unregelmäßig mit kürzeren oder längeren Pausen dazwischen statt. Die relative Position zwischen uns und dem Ding war immer noch die gleiche, das heißt, ungefähr 40° auf unserer linken Seite, und wir konnten nicht erkennen, ob die wechselnden Dimensionen durch sehr schnelle Annäherung und Entfernung auf einer geraden Bahn zustande kamen, oder ob die Veränderung stationär stattfand. Nach ungefähr sieben oder acht Minuten sank das Ding allmählich unter den Horizont ab und verschob sich auf eine Position von ungefähr 90° auf unserer linken Seite. Um 20.38 Uhr entschloß ich mich, den Übungsflug aufzugeben und über Backbord in die grobe Richtung von Coruche zu wenden, da ohnehin niemand von uns Aufmerksamkeit für unsere Übung hatte. Wir drehten um etwa 50° über Backbord ab, aber das Ding behielt immer noch seine relative Position von 90° auf unseren linken Seite, was bei einem stationärem Objekt nicht möglich gewesen wäre.

Mittlerweile befand sich das Phänomen ein gutes Stück unter unserer Höhe von 7.500 Metern und war anscheinend sehr nah. Es zeigte sich jetzt in hellem Rot und sah aus wie eine auf Armeslänge entfernte gebogene Bohnenschote. Nach einigen Minuten auf unserem neuen Kurs entdeckten wir einen kleinen Kreis aus gelbem Licht, das anscheinend aus dem Ding strahlte, und bevor unser Erstaunen verging, entdeckten wir auf der rechten Seite des Dings drei andere identische Kreise. Das Ganze bewegte sich, während die relativen Positionen der kleinen Kreise sich ständig, und manchmal sehr schnell änderten. Aber wir konnten trotzdem die Entfernung zwischen uns und ihnen nicht abschätzen, obwohl sie unter uns waren und sehr nah schienen. Auf jeden Fall sah das große „Ding“ zehn bis fünfzehnmal größer aus als die gelben Kreise und schien die Operationen zu leiten; die anderen bewegten sich darum herum.

„Als wir uns Coruche näherten, schien das „große Ding“ plötzlich und sehr schnell abzutauchen und dann in unsere Richtung aufzusteigen. Dann wurden alle wild und verließen fast die Formation, während sie über das UFO hinweg und vor ihm herflogen. Wir waren alle sehr aufgeregt, und ich hatte Schwierigkeiten, die Situation unter Kontrolle zu halten. Sobald wir das Ding überholt hatten, verschwand alles innerhalb weniger Sekunden, und wir landeten ohne weiteren Zwischenfall. Vom ersten Moment, als wir das UFO entdeckten, bis zu der letzten „Show“ waren genau vierzig Minuten vergangen, während derer wir hinreichende Gelegenheit hatten, jede mögliche Erklärung für das Phänomen zu prüfen. Wir sind zu keiner Schlußfolgerung gekommen. Zur gleichen Zeit, als die Piloten ihre Begegnung hatten, verzeichnete das Meteorologische Observatorium Coimbra, wie Kurvenblätter dieses Amtes zeigen, außergewöhnliche, örtlich begrenzte Veränderungen im magnetischen Feld der Erde.“

Düsenjäger der spanischen Luftwaffe begegnen UFOs, 1967

Am 9. Juni 1967 begegnete eine Lockheed T-33 der spanischen Luftwaffe in einer Höhe von 1.200 Metern über der Provinz von Extremadura einem unbekannten Objekt. Versuche, Kontakt mit dem Objekt aufzunehmen, waren erfolglos; stattdessen versagte das Funkgerät des Flugzeugs seinen Dienst, als sich das Flugzeug genau ober- bzw. unterhalb des Objekts befand, und gab nur noch atmosphärische Störungen wieder.

Das Objekt flog abwechselnd vor dem Jet her, schwebte auf der Stelle, als wolle es auf das Flugzeug warten, und flog dann wieder weg. Die Piloten benachrichtigten ihren Stützpunkt bei Talavera-Badajoz und zwei schnellere Flugzeuge starteten vom Stützpunkt Torrprjon. Nach Angaben eines der führenden europäischen UFO-Forscher, Antonio Ribera, erlebten diese Flugzeuge die gleiche Funkstörung, als sie in die Nähe des Objekts kamen. Das Objekt führte ähnliche Manöver aus, bevor es senkrecht mit einer phantastischen Geschwindigkeit verschwand.

UFOs auf spanischem Luftwaffenübungsgelände, 1975

In der Nacht vom 2. Januar 1975 zwischen 23.00 Uhr und 23.25 Uhr beobachteten sechs Militärangehörige auf dem Bombenzielwurf- und Schießübungsplatz der Luftwaffe bei Las Bardenas Reales in der Nähe des Luftstützpunktes Saragossa zwei unbekannte Objekte, von denen eines zu landen schien oder jedenfalls fünfundzwanzig Minuten lang dicht über dem Boden schwebte.

Nach dem offiziellen Bericht beobachtete der Hauptzeuge (Name gestrichen) das zweite Objekt durch ein Fernglas und beschrieb es als „geformt wie eine umgedrehte Tasse“ mit weißen Lichtern oben und unten und weißen und gelben Blinklichtern an den Seiten. Er konnte die Größe nicht genau abschätzen, meinte aber, es wäre etwa die eines Lastwagens. Als es wegflog, erleuchtete ein starkes Licht auf der unteren Seite die gesamte Gegend. Ein Geräusch war nicht zu hören.

Spanische Militärbehörden des Dritten Luftwaffenbezirkes benannten einen Sachverständigen, der den Vorfall prüfen sollte. Die offizielle Erklärung lautete damals, daß die Soldaten einer optischen Täuschung erlegen seien, aber im folgenden Jahr gab das Luftfahrtministerium einige Dokumente über den Fall frei, die diese Erklärung als falsch erwiesen. Der Luftwaffenbericht schloß: „Alle Zeugen wurden nacheinander und getrennt befragt; Widersprüche konnten nicht entdeckt werden; alle Beschreibungen stimmten überein. Aus ihren Berichten konnte die Tatsache entnommen werden, daß unbekannte Flugobjekte in geringer Höhe und mit geringer Geschwindigkeit über dem Boden flogen dann schnell hochstiegen und mit hoher Geschwindigkeit in eine nordwestliche Richtung verschwanden.“

Luftwaffengeneral bestätigt die Existenz von UFOs, 1976

Im Juni 1976 äußerte General Castro, der damalige Divisionskommandeur für den Luftraum über den Kanarischen Inseln, in einem Interview der Zeitung La Gaceta del Noute, daß UFOs auf hoher Ebene sehr ernst genommen wurden. „Als General vertrete ich die gleiche Meinung wie das Luftfahrtministerium", sagte er, „aber in meiner ganz persönlichen Eigenschaft als Carlos Castro Cavero bin ich seit einiger Zeit der Ansicht, daß UFOs außerirdische Raumfahrzeuge sind."

Der General war selbst für mehr als eine Stunde Zeuge eines UFOs über dem Dorf Sadaba in der Nähe von Saragossa gewesen. „Es war ein sehr helles Objekt", erinnert er sich, „das die ganze Zeit in einer Position verharrte und dann in Richtung Egea de los Caballeros davonschoß. Dabei legte es die Strecke von zwanzig Kilometern in weniger als zwei Sekunden zurück. Keine von Menschenhand gebaute Maschine kann solche Geschwindigkeiten erreichen."

General Castro verriet, daß dem spanischen Luftfahrtministerium etwa zwanzig Fälle vorlagen, die sich nach gründlicher Untersuchung durch Experten als mit konventionellen Vorstellungen absolut unvereinbar erwiesen hatten. Er fügte hinzu, daß Flugzeugpiloten neben UFOs hergeflogen waren, aber als sie versuchten sich ihnen zu nähern, entfernten die Objekte sich mit Geschwindigkeiten, die jede menschliche Technik weit in den Schatten stellten. Er betonte, daß viele Länder bei der Erforschung dieses Themas zusammenarbeiten und daß die Welt vielleicht informiert werden könnte, wenn definitive Ergebnisse vorlägen.

Spanisches Luftfahrtministerium gibt UFO-Akten frei

Im Oktober 1976 erhielt Juan Jose Benitez, ein Reporter der La Gaceta del Novte, eine Einladung ins Luftfahrtministerium in Madrid. Dort wurde ihm im Büro des Generalleutnants und Stabschefs der Luftwaffe eine Akte ausgehändigt, die eine Dokumentation der spanischen Regierung über zwölf ihrer ungewöhnlichsten Fälle enthielt. Die Dokumente wurden durch fotografisches Beweismaterial ergänzt, einschließlich Ausschnitte aus Filmen von MC-Kameras, die von Luftwaffenpiloten erstellt worden waren.

Man sagte Senor Benitez zwar, daß die Freigabe der Dokumente nicht auf offizieller Basis geschehe, genehmigte ihm jedoch, die Berichte zu veröffentlichen. „Die ersten zwölf Akten wurden mir am 20. Oktober 1976 im alten Gebäude des Luftfahrtministeriums in Madrid persönlich ausgehändigt“, sagte Benitez. „Die anderen beiden Akten wurden mir Ende 1978 ebenfalls von einem hohen General gegeben“. Benitez erklärte: „Wenn man diese Akten von fast 300 Seiten Umfang studiert, wird eindeutig klar, daß UFOs existieren und ganz offensichtlich ein Gegenstand großer Sorge für die Regierungen unseres gesamten Planeten sind.“

Einer der ungewöhnlichsten Fälle in den Akten des Luftfahrtministeriums ist der eines Arztes und zweier anderer Zeugen, die auf den Kanarischen Inseln einem UFO mit Besatzung begegneten. Am 22. Juni 1976 um 21.27 Uhr fuhr Dr. Padron Leon zusammen mit Santiago del Pino, dem Sohn einer kranken Frau, die er ärztlich behandeln wollte, in einem Taxi. Es war eine sternklare Nacht. Sie bogen um eine Kurve und sahen plötzlich in ungefähr sechzig Meter Abstand eine Kugel ein paar Meter über dem Boden schweben.

„Wir hatten ein schreckliches Kältegefühl“, sagte Dr. Leon in seinem Bericht beim Luftfahrtministerium. „Der Fahrer fing sogar an zu zittern, besonders als das Autoradio plötzlich ausging." Die Kugel war durchsichtig, wie eine gigantische Seifenblase und hatte den Durchmesser eines zweistökkigen Hauses. Im Innern konnte man eine Plattform, einige Schalttafeln und zwei große Wesen sehen. Wir waren über die enorme Größe der Wesen erstaunt; vielleicht 2,80 oder 3 Meter", sagte Dr. Leon. „Sie hatten schwarze Taucherhelme auf und ihre sehr enganliegende Kleidung hatte einen Rotschimmer, den ich in meinem Leben noch nie gesehen habe. Ihre Hände schienen von Kegeln eingeschlossen zu sein, ebenfalls schwarz. Die beiden Wesen standen sich gegenüber, bewegten ihre Hände hin und her und bedienten Hebel. Sie standen im Profil zu uns." Was den Arzt besonders überraschte, war die unverhältnismäßige Größe ihrer Hinterköpfe (vielleicht wegen der Helme?) und ihre relativ kurzen Beine. Als der Taxifahrer die Scheinwerfer einschaltete, begann die Kugel aufzusteigen. Die Zeugen bemerkten dann, daß ein bläuliches Gas aus einem durchsichtigen Rohr auszuströmen schien. Es blähte die Kugel auf bis zur Größe eines zwanzigstöckigen Gebäudes! Die Wesen, Schalttafeln und die Plattform behielten jedoch ihre ursprüngliche Größe.

„Wir waren zu Tode erschrocken", sagte Dr. Leon, „wendeten, fuhren zu naheliegenden Häusern und betraten eines davon. Die Menschen dort erzählten uns, daß soeben ihr Fernseher ausgefallen sei." Dr. Leon und die anderen blieben im Haus und beobachteten das Objekt weiterhin durch ein Fenster. Als die Kugel aufhörte sich auszudehnen, wurde das Gas oder die Flüssigkeit, die sich im Inneren hin und her bewegte, plötzlich bewegungslos. Mit einem hohen Pfeifton schoß das Objekt in Richtung Teneriffa davon. Seine Form schien sich dabei in eine von einem weißen Hof umgebene Spindel zu verwandeln.

Der berichtende Justiziar der Luftwaffe gab in seinem Kommentar zu dieser und weiteren Beobachtungen, darunter ein Bericht von einer spanischen Marineeinheit bei den Kanarischen Inseln aus der selben Nacht, schließlich zwar keine außerirdische Erklärung, folgerte jedoch: „Wenn wir die drei bis jetzt vorliegenden Berichte Nr. 1/75, 1/76 und 2/76 gemeinsam betrachten, sehen wir uns ernstlich der Notwendigkeit gegenüber, möglicherweise die Hypothese zu akzeptieren, daß ein Raumfahrzeug unbekannten Ursprungs und angetrieben von einer ebenfalls unbekannten Energie sich über den Kanarischen Inseln frei bewegt hat."

UFO-Sichtungen über NATO-Hauptquartieren und Bundeswehrstützpunkten in Deutschland

12. Mai 1974: NATO-Stützpunkte im Niederrheingebiet (Moers, Rheinberg, Larbruch). Mehrere Polizeistreifen beschreiben zwei leuchtende Flugobjekte über Polizeifunk (Tonbänder liegen vor). Der britische Luftwaffenstützpunkt Larbruch wird in Alarmbereitschaft versetzt.

Juni 1974: NATO-Hauptquartier Mönchengladbach. Ein Zeuge fotografiert eine leuchtende Scheibe, die acht Minuten lang über dem Hauptquartier schwebt.

16. April 1976: Bundeswehrtruppenübungsplatz Hilwartshausen (bei Hannoversch Münden). Drei Zeugen beobachten die Landung eines kegelförmigen Leuchtobjektes auf Heeresgelände.

13./14. Januar 1980, 22.00-6.00 Uhr:

Ort: Luftraum um die NATO- und Bundeswehrstützpunkte nördlich von Bremen.

Ablauf:

22.00 Uhr, Achim: Acht Zeugen, darunter ein Fluglotse, beobachten aus etwa 500 bis 1.000 Metern Entfernung das als „so groß wie eine Frachtmaschine" beschriebene Objekt, das in einer langgezogenen Linkskurve Richtung Norden zeigt.

23.30 Uhr, Garlstedt: Zahlreiche Zeugen informieren die Polizei über das Objekt, das jetzt in etwa 100 Meter Höhe über der Garlstedter Heide schwebt.

1.30 Uhr, Osterholz-Scharmbeck: Polizei-Funkstreifenwagen nehmen die Verfolgung des Objektes auf, bis es auf der Höhe von Ihlpohl in östliche Richtung verschwindet. Mittlerweile sind bei der Polizei 50 Zeugenberichte eingegangen.

4.00 Uhr, NATO-Stützpunkt Garlstedt: Ein US-Militärpo-lizist meldet, er sei auf der B6 von einem größeren und drei kleinen Objekten verfolgt worden. Das „Mutterschiff" schwebt zu diesem Zeitpunkt noch immer über dem Stützpunkt und kann von acht Militärpolizisten und Offizieren beobachtet werden. Sofort versetzen die Amerikaner sämtliche NATO-Basen und US-Flugabwehreinrichtungen in der Bundesrepublik, den Niederlanden und Dänemark in Alarmbereitschaft!

4.20 Uhr, Brockszeldo, Niederlande: Der niederländische NATO-Stützpunkt Brockszeldo startet eine aus zwei F-15 bestehende Abfangstaffel Richtung Garlstedt - da verschwindet das UFO plötzlich.

5.45 Uhr, Garlstedt: Eine Funkstreife der Polizei meldet das UFO. Zur selben Zeit berichtet ein Landwirt der Polizei, er hätte die Scheibe fotografiert. Die Aufnahme wird sofort beschlagnahmt.

Nachdem Pressesprecher Vogel vom Bundesverteidigungsministerium das große Interesse der Bundeswehr an den Vorfällen zunächst bestätigt hatte, „schließlich sind die

UFOs ja über Heeresterritorium, dem Truppenübungsplatz Garlstedt, gesichtet worden“, erklärte man kurz darauf offiziell, es habe sich bei dem UFO lediglich um eine Luftspiegelung gehandelt. Dazu ein Journalist, der damals vor Ort recherchierte: „Identifiziert werden konnte das UFO weder von der US-Armee noch von deutschen Behörden. Doch verursachte das UFO auf beiden Seiten große Aufmerksamkeit. Die offizielle Darstellung, es habe sich um *Luftspiegelung* oder gar das Nordlicht gehandelt, ist nach meinen Recherchen falsch, da nach Auskunft der Wetterwarte zu diesem Zeitpunkt beides nicht zutreffen konnte.“

Belgische Luftwaffe bestätigt Existenz von UFOs, 1990

Seit Oktober 1989 haben in der Gegend von Eupen mehr als zweitausend Zeugen, darunter belgische Militärpiloten, Fluglotsen und Luftfahrtexperten über Sichtungen von großen, meist dreieckigen UFOs berichtet, die oft sehr niedrig über dem Boden flogen. Beispielsweise beobachteten in der Gegend um Wavre achtzehn Polizisten sowie die Piloten von zwei F-16-Jägern in der Nacht vom 30. auf den 31. März 1990 ein großes dreieckiges Objekt. Mithilfe der Angaben der Polizisten vom Boden aus gelang es den Piloten, das Objekt zu umkreisen. Nach wochenlanger Computerauswertung der Radardaten meldete das belgische Luftwaffenhauptquartier dem belgischen Verteidigungsministerium, daß fünf verschiedene militärische Radaranlagen (die zwei in den F16-Jägern und drei Bodenstationen) gleichzeitig unidentifizierte Ziele an derselben Stelle geortet hätten, die auch von den Augenzeugen am Boden angegeben worden war. Die belgische Luftwaffe arbeitete mit der Polizei und UFO-Forschern zusammen. Sie stellte der belgischen UFO-

Forschungsgruppe SOBEPS (Société Belge d'Etude des Phénoménes Spatiaux) sogar ein Flugzeug für Filmversuche zur Verfügung. Im Juli 1990 bestätigte Oberst Wilfried de Brouwer auf einer Pressekonferenz, daß der am 30./31. März geortete Flugkörper innerhalb von fünfzehn Sekunden von 280 auf mehr als 1.800 Stundenkilometer beschleunigt hatte. De Brouwer stellte fest, das UFO habe Flugmanöver ausgeführt, zu denen kein bekannter Flugkörper in der Lage sei.

Es gibt auch UFO-Opfer!

Bei UFO-Sichtungen Ende 1980 erlitten drei Menschen aus Texas Verletzungen, die schweren Strahlenschäden glichen. Deuten die Ereignisse darauf hin, daß der Kontakt mit Außerirdischen gefährlich sein kann?

Eine nahe Begegnung mit einem UFO kann nicht nur ein aufregendes, sondern auch ein gefährliches Erlebnis sein. Dies zeigte der Fall Betty Cash, Vickie Landrum und Colby Landrum, die schwere Verletzungen davontrugen und immer noch an den Folgen leiden.

Als die Opfer aus ihrem Wagen stiegen, um das UFO zu beobachten, befand sich dieses kaum 50 Meter von ihnen entfernt. Es strahlte so viel Hitze ab, daß sie Hautverbrennungen erlitten. Das grelle Licht gefährdete ihre Augen, schrilles Piepen und dröhnende Feuerstöße belasteten ihre Nerven. Aber das war nur der Anfang.

Nach ihrem Renkontre klagte Vickie: „Ich habe Kopfschmerzen, mir ist übel." Um Mitternacht ging es ihr noch schlechter. Die Symptome bei ihr und Colby ähnelten denen bei schweren Sonnenbränden. Sie fühlten sich fiebrig und mußten sich übergeben. Später kam noch Durchfall hinzu, der mehrere Tage anhielt. Außerdem hatten sie schwere Kopfschmerzen. Vickie versuchte, ihre Verbrennungen mit

Babyöl zu behandeln, aber erst nach mehreren Tagen ließ der größte Schmerz nach. Doch Durchfall und Kopfschmerzen hielten an. Nach drei Wochen war das Schlimmste vorbei, aber die Krankheitserscheinungen kehrten im folgenden Jahr wieder. Seit ihrer Begegnung mit dem UFO leiden Vickie und Colby permanent an Hauterkrankungen und es scheint, als seien sie jetzt anfälliger für Infektionen als vorher. Die folgenschwerste Verletzung war jedoch die Schädigung der Augen. Die Lider entzündeten sich und heilten nie völlig. Dreimal brauchte Vickie eine neue immer stärkere Brille. Ihr Sehvermögen läßt ständig nach, periodisch treten Augeninfektionen auf. Sie hat Angst, eines Tages blind zu werden. Auch Colby hat ähnliche Schwierigkeiten. Innerhalb weniger Wochen nach dem UFO-Kontakt verlor Vickie etwa ein Drittel ihrer Haare. Das Nachwachsende war allerdings von anderer Beschaffenheit. „Es ist kräuselig", sagt sie „aber es liegt besser". Colby büßte nur an einer kleinen Stelle Haare ein, die aber bald wieder nachwuchsen.

Bettys Verletzungen erwiesen sich als noch schwerer. „Die Kopfschmerzen, die ich nach etwa einer Stunde bekam, waren so entsetzlich, daß ich dachte, ich müßte sterben", sagte sie. Auch sie fühlte sich wie nach einem schweren Sonnenbrand. Große Wasserblasen bedeckten ihr Gesicht, die Kopfhaut und den Hals, die zum Teil so groß wie Golfbälle wurden. Eine überzog ihr rechtes Augenlid und noch ein Stück der rechten Schläfe. Außerdem hat sie seither eine heftige Aversion gegen warmes Wasser, Sonnenlicht und alles, was heiß ist.

Zuvor war Betty eine vitale Frau. Noch zwei Jahre nach dem UFO-Schock war sie körperlich völlig erschöpft. Sie lag fünfmal im Krankenhaus, davon zweimal auf der Intensivstation. In den ersten vier Wochen hatte sie mehr als die Hälfte ihrer Kopfhaare verloren. Sie wuchsen zwar langsam nach, waren aber ebenfalls von anderer Beschaffenheit. Auch Betty leidet unter Hautveränderungen, die teilweise Münzengröße erreichen und dauerhafte Narben hinterlassen.

Die Ärzte sind ratlos, schließen aber einen Zusammenhang dieser Symptome mit einer früheren Herzoperation aus. Sie konnten nur vermuten, daß die Krankheitserscheinungen aller drei Augenzeugen durch eine Art elektromagnetischer Wellen ausgelöst wurden. Betty, Vickie und Colby erlitten nicht nur körperliche Verletzungen, sondern trugen auch schwere seelische Störungen davon. Colby hatte noch wochenlang schwere Alpträume, bekam sogar einmal, als Forscher die Situation nachstellten, sofort hohes Fieber. Keine der beiden Frauen ist wieder arbeitsfähig. Die daraus resultierende Einkommenseinbuße hat verheerende Folgen. Selbst wenn sie nicht durch ihre Sehschwäche und ihre schlechte Allgemeinverfassung behindert wären, könnten sie doch wegen ihrer Hauterkrankungen nicht mehr in der Gastronomie tätig sein. Für die Ärzte ist es nicht abzusehen, wann sich ihr Zustand bessern wird.

Betty, Vickie und Colby hatten eigentlich verabredet, niemandem von ihrem Erlebnis zu berichten, da sie Angst hatten, man würde sie für verrückt halten. „Es war einfach zu ungeheuerlich, um es jemandem zu erzählen“, sagte Vickie. „Aber damals wußten wir noch nicht, daß wir Verletzungen davon getragen hatten“. Schließlich brachen sie ihr Schweigen aber doch, um den Ärzten reinen Wein einzuschenken. Vickie lag viel daran herauszufinden, was an jenem verhängnisvollen Abend wirklich geschah, damit Colby medizinisch richtig behandelt werden konnte. Von den anderen UFO-Sichtungen um die betreffende Zeit, will sie nichts wissen. Betty interessiert sich schon eher dafür, aber ihr permanenter schlechter Gesundheitszustand hindert sie daran, die volle Bedeutung dieser Geschehnisse überhaupt zu begreifen. Es steht außer Zweifel, daß diese drei Menschen am Abend des 29. Dezember 1980 einem hell erleuchteten Flugobjekt und einer großen Zahl Hubschrauber begegneten und das sie als Folge dieser Kontakte alle dauerhafte körperliche und seelische Schäden davontrugen. Früher hatten sie darüber gelächelt, wenn Leute behaupteten, UFOs gesehen zu haben. Heute sind sie zwar noch immer skeptisch, aber das Lächeln ist ihnen vergangen.

F-14 umkreist UFO, aufgenommen am 9. Mai 1988 in Cabo Rojo, Puerto Rico, vo
Amaury Rivera

Kapitel 5

Das UFO-Phänomen aus wissenschaftlicher Sicht gesehen.

Die physischen Erscheinungsformen der UFOs: Der Versuch einer Erklärung

In Frankreich beschäftigen sich Journalisten schon seit vielen Jahren mit dem Thema UFOs.

Immer wieder versuchte man Experten zu interviewen und das Material in einer Französischen Sendereihe über UFOs auf France-Inter zu senden. Einer dieser Experten ist Jean Goupil ein Mann, Jahrgang 1933. Im Jahre 1955 machte er sein Diplom als Ingenieur am Nationalen Institut für angewandte Radioelektrizität. Er ist Major der französischen Armee.

Er trat als Ingenieur in das Atomforschungszentrum Saclay ein, wo er bis zum Jahre 1963 Forschungen über Überwachungssysteme in Reaktoren betrieb und sich anschließend mit Raumexperimenten der Gammaastronomie befaßte. 1963 wurde er zum technischen Leiter einer Gesellschaft ernannt, die elektronische Systeme für die Informatik ausarbeitet und fertigt.

Als man bereits ein Interview mit Jean Goupil aufgenommen hatte, das ausgestrahlt werden sollte ist etwas Unglaubliches ist geschehen. Man hat die Aufzeichnungen gestohlen! Die Tonbänder waren in einem Metallschrank in der Redaktion von France-Inter aufbewahrt. Alle Bänder, bis auf diejenigen, die schon gesendet waren, sind verschwunden! Wer konnte ein Interesse daran haben, diese Aufzeichnungen verschwinden zu lassen? Man kann hierfür keine Antwort finden, aber der Vorgang ist das schönste Kompliment für diese Sendereihe. Wenn man zu Gangstermethoden greifen muß, um die Ausstrahlung der Wahrheit über die UFOs zu verhindern, kann es nur ein Zeichen für die Qualität dieser Sendungen sein. Denn es beweist, daß kein einziges stichhaltiges Argument gegen die UFOs existiert.

Jean Goupil war nicht das einzige Opfer des Raubes, den man seinerzeit schweigend überging. Der Astronom Pierre Kohler, Kardinal Danielou, Doktor Hynek und Doktor Saunders konnten nicht in dieser Sendereihe zu Wort kommen, weil auch ihre Interviews gestohlen worden waren! Unglücklicherweise haben die Reporter vom französischen Fernsehen nicht in allen Fällen Gelegenheit gehabt, neue Aufnahmen zu machen. Jean Goupil war trotz seiner zahlreichen Verpflichtungen bereit, das, was er im Interview gesagt hatte, noch einmal schriftlich zu geben. In den Vereinigten Staaten konnte Michel Anfrol, der die Originalbänder noch behalten hatte, den Schaden wiedergutmachen. Unglücklicherweise war es nicht möglich, zu Pierre Kohler, Kardinal Danielou, zu mehreren schweizerischen und belgischen Augenzeugen und Wissenschaftlern rechtzeitig noch einmal Kontakt aufzunehmen.

Hier also die Gedanken, die Jean Goupil zum UFO-Problem niedergeschrieben hat:

Das Unglaubliche und das Unmögliche

Durch die UFOs findet sich unsere Wissenschaft zum erstenmal in der Geschichte der Menschheit den Zeugnissen einer Zivilisation gegenübergestellt, die im technologischen

Bereich viel weiter fortgeschritten ist als wir. Darauf war sie nicht vorbereitet und verfügt über keine brauchbare Methodologie. Die Wissenschaftler, die sich mit dem Problem beschäftigen, sind im allgemeinen verwirrt oder wagen sich überhaupt nicht an die Frage heran, weil ihnen die Tatsachen die sie aus den Zeugenaussagen kennen, gar zu unwahrscheinlich vorkommen. In der Tat sind die physikalischen Äußerungen dieser eigenartigen Objekte ganz besonders unglaubhaft: Sie fliegen selbst bei Überschallgeschwindigkeit völlig lautlos, haben eine atemberaubende Beschleunigungsfähigkeit, können im rechten Winkel abbiegen, sind manchmal unsichtbar und senden Lichtstrahlen aus, die Menschen und Gebäude durchdringen. Was die Passagiere betrifft, die so häufig beschrieben werden, so können sie fliegen, sind unempfindlich gegen Geschosse, lähmen die Augenzeugen und sind manchmal selbst leuchtend oder lichtdurchlässig. Daß unsere augenblicklichen Kenntnisse nicht ausreichen, diese Phänomene zu erklären, ist ganz offensichtlich. Daraus ergibt sich von selbst, daß wir uns der Sache gar nicht unter konventionellen wissenschaftlichen Aspekten nähern können. Sollen wir denn Jahrhunderte warten, bis unsere eigene Wissenschaft ein vergleichbar hohes Niveau erreicht hat, um den Mechanismus dieser scheinbaren Phantasmagorie zu analysieren! Es ist gut möglich, daß unser Intellekt für immer unfähig bleibt, die Funktionsweise dieser Maschinen (falls man sie als solche bezeichnen kann) zu begreifen und die Absichten ihrer Erbauer zu durchschauen. Wir haben aber nicht das Recht zu solchem Pessimismus, solange wir überhaupt nicht versucht haben, die Grenzen unserer Verständnisfähigkeit zu erkennen - falls es diese Grenzen gibt.

Das abstoßende Kräftefeld

Wir wollen dies mit einem Beispiel veranschaulichen: mit der Hypothese des „abstoßenden Kräftefeldes".

Nehmen wir an, es sei möglich mit Hilfe eines hypothetischen Generators ein abstoßendes Kräftefeld zu erzeugen. Dieses in seiner Reichweite begrenzte Feld muß man sich so vorstellen, daß jede Masse M in Richtung vom Generator weg abgestoßen wird. Nehmen wir weiter an, daß die Energie die möglicherweise an die abgestoßenen Massen abgegeben wird, dem Feldgenerator seinerseits geliefert werden muß und da er nach dem Gesetz „aktiv gleich reaktiv" einer Kraft unterliegt, die der Resultanten der auf das umgebende Medium ausgeübten Kräfte gleich und entgegengesetzt ist (Vektordiagramm der Kräfte).

Welche praktischen Anwendungsmöglichkeiten bietet dieser Generator? In erster Linie die Beschleunigung. In der Umgebung schwerer Massen, erzeugt bereits ein sehr schwaches Feld beträchtliche Kräfte. So würde zum Beispiel in einem Erdkubus von 10 Metern Kantenlänge die Schaffung eines Feldes, das einem Hundertstel der Erdschwerkraft entspräche, eine Abstoßungskraft von 20 Tonnen erzeugen. Dann wären die UFOs in der Lage, beim Aufsteigen stärker zu beschleunigen (abstoßende Kraft der Erde) als beim Landen (abstoßende Kraft der Atmosphäre). Hier hätten wir eine mögliche Erklärung für die atemberaubenden senkrechten Starts und die immer wieder beobachteten schwebenden Landungen.

Die zweite Anwendungsmöglichkeit bezieht sich auf die Aerodynamik. Man könnte unseren hypothetischen Abstoßapparat verwenden, um Luftmoleküle aus der Flugbahn der UFOs zu schleudern. Dies würde bedeuten, daß sich die Maschine in einer Blase partiellen Vakuums fortbewegt. Dies hat zwei wesentliche Konsequenzen. Zunächst erklärt sich dadurch, daß weder Lärm noch Druckwellen entstehen, denn die aufeinanderfolgenden Luftschichten gehen kontinuierlich ineinander über, es gibt keine Reibung zwischen Maschine und der umgebenden Luft, was wiederum zur Folge hat, daß keine Wärme entsteht und daher Geschwindigkeiten erreicht werden können, die oberhalb der technologischen Grenze liegen, die uns als „thermische Mauer" bekannt ist. Wir können allerdings diese Untersuchung noch weiter treiben. Man kann rechnerisch nachweisen, daß die rationellste Form einer Maschine, die mit einem Atmosphärenabstoßapparat ausgerüstet ist, genau derjenigen entspricht, die am häufigsten beschrieben wird (ein Kegelstumpf, der einer umgestülpten Untertasse ähnelt, auf der eine Kuppel oder ein Mast auf gesetzt ist). Vom Standpunkt der klassischen Aerodynamik gesehen, bietet diese Form keinerlei Vorteil. Eine weitere, sehr bemerkenswerte Folgerung: Man kann beweisen, daß die jeweilige Grenzgeschwindigkeit, die ein bestimmtes abstoßendes Feld erlaubt, und die Größe des partiellen Vakuums in einem bestimmten Verhältnis zueinander stehen, wenn man annimmt, daß das gleiche Feld auch wirksam ist, wenn sich die Maschine nicht bewegt. Dieses Verhältnis ist völlig unabhängig von dem Gesetz der Abnahme des Feldes mit der Entfernung. Die Berechnung ergibt folgende Werte: Für eine Grenzgeschwindigkeit von zum Beispiel 3.600 Stundenkilometern (1 km/s) beträgt das Vakuum 1,9 Torr, für 4.200 Stundenkilometer fällt es auf etwa 0,2 Torr. Im übrigen hat man beobachtet, daß die UFOs ziemlich intensive elektromagnetische Strahlungen aussenden. Nun ist aber bekannt, daß derartige Strahlungen in einem Vakuum von etwa zwei Torr ein rotes Leuchten hervorrufen können und in einem Vakuum von 0,2 Torr ein blaues Leuchten. Das stimmt genau überein mit einer großen Anzahl von Aussagen, die darauf hinweisen, daß die UFOs von einem roten Licht umgeben sind, das sich in Blau verändert, sobald sich die Geschwindigkeit steigert.

Die Unsichtbarkeit der UFOs

Nennen wir zuletzt noch eine letzte Konsequenz aus der Anwendung des Atmosphärenabstoßapparats, die uns noch zu denken gibt. Wir haben gesehen, daß ein derartiger Apparat die Bildung einer Vakuumblase in der Umgebung der Maschine zur Folge hat. Es besteht also ein unterschiedlicher Brechungsindex zwischen der Atmosphäre und dem Teilvakuum, das in der Umgebung der Maschine vorhanden ist. Diese Bedingung ist hinreichend für das Auftreten der Spiegelungen, die schon jeder im Sommer auf sonnenüberhitzten Straßen feststellen konnte: Die Wasserflächen, die man in der Entfernung zu sehen meint, sind in Wirklichkeit ein Stück Himmel, dessen Strahlen durch den Unterschied der Brechungsindizes zwischen überhitzter Luft auf der Straßenfläche und der dichteren Luft darüber gebrochen wurden. In der Umgebung der UFOs ist die Differenz der Brechungsindizes viel stärker, und dadurch verstärkt sich dieser Effekt. Man kann sagen, daß es je nach der Form der Vakuumblase und nach dem Standort des Beobachters durchaus möglich ist, daß die Maschine in dem Augenblick, in dem ihre atmosphärischen Abstoßkräfte in Aktion treten, unsichtbar wird. Umgekehrt kann es auch sein, daß beim Versuch, ein UFO anzuleuchten (beispielsweise mit einem Autoscheinwerfer), solange sein Abstoßapparat in Aktion ist, das Lichtbündel abgelenkt wird und auf diese Weise nicht in der Lage ist, das Objekt zu beleuchten. Genau dies wird in einer ganzen Anzahl von Zeugenaussagen geschildert.

Atemberaubende Beschleunigung

Wir haben also eine Maschine vor uns, die erstaunliche Leistungen zu vollbringen vermag, diese aber nur dann voll ausnutzen kann, wenn seine Insassen die starke Beschleunigung auch ertragen. Die Beschleunigung wird in g gemessen ($g = 9{,}81\ m/s^2$). Ein trainierter menschlicher Organismus erträgt höchstens 10 g und auch das nur für eine kurze Zeitdauer. Wodurch ist die Grenze gesetzt? Ganz einfach dadurch, daß man von der Zeit der Ochsenkarren bis ins Zeitalter der Apollokabine keinen Fortschritt in der Art der Beschleunigung erzielt hat. Noch immer teilt sich die Beschleunigung dem Körper durch den Sitz mit, was zunächst schmerzhaft, bei einer Steigerung aber auch gefährlich wird. Es sieht ganz anders aus, wenn wir auch hier das abstoßende Kräftefeld einsetzen. Nehmen wir an, daß man im Rücken des Passagiers ein Mosaik von kleinen Generatoren einbaut die in dem Raum, den die Gestalt einnimmt, ein Feld schaffen, das in Stärke und Ausrichtung homogen ist und das diese Stärke je nach Bedarf zu regeln ist. Solange die Geschwindigkeit der Maschine gleichbleibt, muß das Feld gleich null sein, insbesondere beim Stillstand. Erst in der Phase der Beschleunigung tritt es in Aktion. Dabei muß man dann die Stärke so regeln, daß der Passagier in gleichbleibendem Abstand von der Fläche des Mosaiks gehalten wird. Was wird sich nun unter diesen Bedingungen abspielen? Bei jeder Beschleunigung wird der Passagier buchstäblich in ein gleichbleibendes Feld fallen, das auf jeden Punkt seines Körpers gleichmäßig einwirkt, ohne den geringsten Schmerz hervorzurufen. Die einzige Grenze, die der Maximalstärke des Feldes gesetzt ist, ist technologischer Art. Damit sind Beschleunigungen bis zu 1.000 g vorstellbar.

Eine einfache Rechnung zeigt, daß sich ein unbewegliches UFO das dieser Beschleunigung unterworfen wird, nach einer Sekunde um fünf Kilometer fortbewegt hat. In einer halben Sekunde, der Dauer eines Augenzwinkerns, erreicht die durchmessene Entfernung bereits 1.250 Meter, so daß die visuelle Wirkung tatsächlich einem plötzlichen Verschwinden der Maschine gleichkommen muß. Nimmt man nun an, daß die eingebauten Abstoßmechanismen eingesetzt werden, um Zentrifugalkräfte zu kompensieren (wobei das Mosaik vorher auf das Zentrum der zu beschreibenden Kurve gerichtet werden muß), so kann man auch die Zeit berechnen die benötigt wird, um im rechten Winkel abzubiegen. Bei einer Geschwindigkeit von einem Kilometer pro Sekunde (3.600 km/h) tritt eine Zentrifugalbeschleunigung von 1.000 g bei einem Kurvenradius von nur 100 Metern auf. Dabei benötigt das UFO nur 0,16 Sekunden, um einen Viertelkreis zu durchfliegen, also im rechten Winkel abzubiegen.

Das wichtigste ist die Unverwundbarkeit

Stellen wir uns die unbewegliche Maschine mit den Abstoßapparaten in Aktion vor. Das erzeugte Feld ermöglicht eine gewisse begrenzte Geschwindigkeit v (z. B. 1 km/s). Das bedeutet, daß jedes Geschoß, das mit einer Geschwindigkeit die gleich oder geringer als v ist, abgestoßen wird und sein Ziel nicht erreichen kann.

Wenn Sie sich also entschließen mit einem Gewehr auf ein UFO zu schießen, müssen Sie sich im klaren sein, daß dies aller Wahrscheinlichkeit nach ein sinnloses Unterfangen ist. Vorsicht vor Querschlägern!

Falls es tragbare Abstoßapparate gibt, so spricht alles dafür, daß die Passagiere mit derartigen Apparaten ausgerüstet sind, woraus sich auch insbesondere die äußerst merkwürdige Landung in Kelly (Kentucky, USA) am 21. August 1955 erklären ließe. Damals schienen kleine Humanoide in der Luft zu schweben, und die Schüsse, die von Augenzeugen auf sie abgegeben wurden, hatten keine andere Wirkung, als daß sich die Männchen um ihre eigene Achse drehten.

Lichtphänomene

Wenn unsere erste Hypothese zutrifft, so erklärt sie auch die Veränderungen der UFOs, die so unverständlich erscheinen, daß manche darin den Beweis für die Nichtexistenz oder die nichtmaterielle Beschaffenheit der UFOs sehen wollen, während andere daraus auf die Möglichkeit von Reisen in den Hyperraum oder in der Zeit schließen.

Die Lichtphänomene sind besonders verwirrend für uns. So hat man häufig beobachtet, daß UFOs, die nicht in Bewegung waren, eines oder mehrere Lichtbündel aussandten, die irgendwo im Raum plötzlich aufhörten. Diese Lichtröhren haben einen Durchmesser zwischen einigen Zentimetern und mehreren Metern und eine veränderliche Länge, die zwischen einigen Metern und mehreren Kilometern variiert. Es sieht so aus, als ob sie aufmerksam die Umgebung absuchten und dabei allmählich ihre Länge veränderten. Ihre Leuchtkraft bleibt unverändert, ähnlich wie die einer Leuchtröhre. Aber eigenartigerweise können sie Hindernisse durchdringen (Wände, Mauern, Augenzeugen), so daß sie niemals einen Schatten werfen.

Ein Mensch, der von einem derartigen Lichtbündel erfaßt wird, empfindet im allgemeinen eine große Hitze. Manchmal verläuft das Bündel auch in einer Krümmung.

Hier noch ein ganz besonderer Fall: Ein Wagen, den ein von einem UFO ausgehendes Lichtbündel erfaßt hatte, wurde durchsichtig. Der Zeuge konnte durch das Armaturenbrett seinen Motor sehen und erkannte, nachdem er geflohen war, angeblich jede Einzelheit des Fahrzeuges durch die Karosserie hindurch. Nachdem das Licht erloschen war, wurde alles wieder normal. Vielleicht können wir in die gleiche Kategorie die Geisterjäger einordnen, eine Art ganz offensichtlich ferngesteuerter glänzender Kugeln, die während des letzten Krieges Flugzeuge begleiteten (wobei es sich nicht um Kugelblitze handelte).

Teilchen von modulierbarer Interaktion

Mit diesen Überlegungen sind wir zu einer neuen Hypothese gelangt, und zwar der von der modulierbaren Wechselwirkung.

Wir wissen, daß die moderne Physik etwa zweihundert Elementarteilchen entdeckt hat. Im allgemeinen treten diese Teilchen in Wechselwirkung mit der Materie, wobei die Wahrscheinlichkeit dieser Wechselwirkung abhängt von der Art des Teilchens, seiner Energie, der Beschaffenheit des Targets und seiner spezifischen Masse. Ein Teilchen, das Neutrino, nimmt durch die geringe Wahrscheinlichkeit einer Wechselwirkung eine besondere Stellung ein. Für Neutrinos sind Sterne und Planeten durchsichtiger als eine Glasscheibe für einen Lichtstrahl. Es ist also nicht zu weit hergeholt, wenn man sich vorstellt, daß ein uns noch unbekanntes Teilchen (oder eine Gruppe von Teilchen) in der Lage ist, im Wasser oder in einem Stoff ähnlicher Dichte einige Meter zurückzulegen. Und hier unsere Hypothese: Unter der Einwirkung einer bestimmten Kraft kann die Wechselwirkungswahrscheinlichkeit dieses Teilchens in einer bestimmten Materie stark zunehmen. Worum könnte es sich bei dieser geheimnisvollen Kraft handeln? Es ist noch zu früh, um Aussagen darüber zu machen, aber aufgrund der Darstellung nehmen wir einmal an, es handle sich um eine Welle eventuell um eine elektromagnetische Welle. In diesem Fall gibt es dann ohne Zweifel einen Mindestwert für die ausgestrahlte Intensität, die die vermutete Wechselwirkungsmodulation zustande bringen könnte. Betrachten wir nun die praktischen Auswirkungen.

Was geschieht, wenn wir kleine Mengen dieser Teilchen ausstoßen, die zuvor alle auf die gleiche Geschwindigkeit beschleunigt wurden (monoenergetische Teilchen)?

Jede dieser Mengen von geringer Reichweite (weniger als 30 Zentimeter für eine Laufzeit von einer Nanosekunde) wird sich mit einer Geschwindigkeit fortbewegen, die zwangsläufig geringer ist als die Lichtgeschwindigkeit. Nehmen wir zum Beispiel einen Wert von 150.000 km/s. Eine Mikrosekunde nach der Aussendung der Menge findet sich diese also 150 Meter von ihrer Quelle entfernt. Genau in diesem Augenblick wird die Modulationswelle ausgesendet. Eine Mikrosekunde später hat diese Welle, die sich mit 300.000 km/s fortbewegt, die Teilchen eingeholt, und zwar 300 Meter von deren Quelle entfernt. Nun treten die Teilchen in Wechselwirkung mit der Materie, die sie gerade durchqueren. Diese Wechselwirkung äußert sich in einer Energieumwandlung, die Hitze, Strahlung und Sekundärteilchen erzeugt.

Wenn die Teilchenmengen in einem genügend raschen Rhythmus folgen, wird man diese Erscheinung als eine gleichbleibende Leuchtkugel wahrnehmen.

Jede Veränderung der Phase zwischen der Aussendung der Teilchen und der Welle wird augenblicklich eine Längenveränderung bewirken. Die Folgerung aus unserer Hypothese ist also, daß diese Leuchterscheinung auch durch eine Wand hindurch erzeugt werden kann, sofern die Modulationswelle von dieser nicht vollständig absorbiert wurde. Was spricht für eine solche Annahme? Sie erlaubt es, jedes Objekt gründlich zu erforschen, denn die Analyse der Strahlen und Teilchen, die am Ort der Wechselwirkung ausgesendet werden, erlaubt es, die innere Struktur dieses Objekts zu erkennen. Darüber hinaus steht nichts im Wege, das gleiche Vorgehen auch an lebenden Wesen anzuwenden, da die beteiligten Strahlungsmengen sehr genau lokalisiert und darum gering gehalten werden können.

Dieser Mechanismus kann also zwei Resultate bringen: zunächst die genaue Lokalisierung des Standorts eines Zeugen, dann die mögliche Lähmung durch selektive Einwirkung auf gewisse motorische Zentren. Auch der Gedanke an therapeutische Anwendungen ist nicht von der Hand zu weisen, denn in der Tat finden sich unter den Zeugenaussagen auch zwei, die im Zusammenhang mit den UFOs von Heilungen sprechen. Können wir auf gleiche Weise auch gewisse „Zaubergeschichten" aufklären, in denen heftige Verbrennungen bei Menschen geschildert werden, die sich ganz allein in einem Raum aufgehalten haben! Um die am Ort der Wechselwirkung ausgesandten Strahlen analysieren zu können, muß man über eine genaue Kenntnis der Materien verfügen, die sich zwischen dem analysierten Punkt und der Strahlungsquelle befinden, denn sie beeinflussen die Absorption der zu analysierenden Strahlungen. Man muß also ständig den ganzen Raum erforschen, der zwischen dem Prüfenden und dem Prüfobjekt liegt. Dies gelingt durch die wiederholte Veränderung der Phase zwischen den ausgesandten Teilchenmengen und den Modulationswellen bei gleicher Geschwindigkeit.

Die äußere Erscheinung ist dann nicht mehr die einer Leuchtkugel, sondern eines diffusen Lichts, das Mauern durchdringt, keinen Schatten wirft und im durchquerten Medium eine gewisse Energie freisetzt. Das Vorgehen bei der Untersuchung des umgebenden Raumes, der eine unterbrochene oder gebogene Lichtröhre hervorruft, läßt sich durch Kombination von Phasenveränderungen zwischen horizontalen und vertikalen Reflexionen der Teilchenaussendung vorstellen. Es bleibt noch das Problem der Durchsichtigkeit der bestrahlten Objekte zu klären. Möglicherweise wird im Augenblick der Wechselwirkung eine gewisse Menge der Teilchen reflektiert, das heißt, zurückgeschickt, nachdem sie einen Teil ihrer Energie verloren hat. Wenn die Modulationswelle nur von kurzer Dauer ist, können diese zurückgestrahlten Teilchen aus dem Medium, auf das sie eingewirkt haben, wieder austreten, ohne eine erneute Wechselwirkung auszuüben. Die nächste Modulationswelle wird sie dann treffen, wenn sie sich außerhalb des Untersuchungsobjekts befinden. Das ausgesandte Licht wird also vom Zeugen wahrgenommen, wie wenn es direkt vom Punkt der ersten Wechselwirkung ausginge, das heißt, wie wenn das untersuchte Objekt durchsichtig oder zumindest leicht durchlässig wäre.

Kapitel 6

Auch die Astronauten haben UFOs gesehen

Professor Allen Hynek leitete die Abteilung für Astronomie und Astrophysik an der North Western University in Chicago, die als eine der angesehensten Universitäten der Vereinigten Staaten auf dem Gebiet der Naturwissenschaften gilt. Mehrere Jahre lang war Professor Hynektechnischer Berater in der amerikanischen Flugzeugindustrie, und zwar während der Zeit, in der diese den Bereich unbekannter Flugobjekte zu erforschen suchte. Dabei handelte es sich um das berühmte „Blue-Book"-Proiekt, das inzwischen aufgegeben wurde. Allen Hynek hatte zehn Jahre lang Zugang zu allen offiziellen amerikanischen Dokumenten und war mit allen geheimgehaltenen Fakten vertraut, von denen niemand sonst eine Ahnung hatte. Die Gedanken, die er heute äußert, sind das Ergebnis fünfzehnjähriger Forschungsarbeit. Michel Anfrol hat ihn darüber befragt.

„Wie kommt es, daß das „Blue-Book"-Projekt abgebrochen wurde, obwohl der Forscher Nummer eins, der spezielle Berater der Amerikanischen Luftwaffe, durch seine Forschungsarbeit zu positiven Schlußfolgerungen gekommen ist?"

„Der Luftfahrtminister hat das Projekt, insbesondere auf Anraten der Condon-Kommission, abgebrochen. Das war bekanntlich eine von der militärischen Luftfahrt eingesetzte Kommission, die den Auftrag hatte, eine unabhängige Untersuchung über die UFOs durchzuführen. Sie haben bereits die Forschungen erwähnt, die die militärische Luftfahrt unternehmen sollte. Es fällt mir schwer, hier von Forschung zu sprechen, denn es wurde beispielsweise kein einziger Versuch unternommen, die Fakten einem Computer einzugeben, ebensowenig wie man Überprüfungen durchführte oder Berichte ihrer Bedeutung nach einzustufen versuchte. Das Material wurde lediglich chronologisch geordnet. Mit anderen Worten: Es wurde nicht der geringste Versuch gemacht, wirklich wissenschaftlich vorzugehen. Nun könnten Sie natürlich einwenden, daß ich selbst als der wissenschaftliche Berater ja doch in der Lage gewesen wäre, etwas zu unternehmen. Ich war tatsächlich der Berater, aber sehr häufig wurden meine Ratschläge nicht einmal ernsthaft in Betracht gezogen. Ich habe mehrmals angeregt, die erhaltenen Informationen auf Tonband aufzunehmen oder in Computern zu speichern und ich habe auch die Erstellung von Statistiken empfohlen.

Das sogenannte „Blue-Book"-Projekt wurde Ende 1969 zu den Akten gelegt und nach der Veröffentlichung des Condon-Reports Anfang 1970 waren sich Zeitungen, Radio und Fernsehen darin einig, daß nach Abschluß der Forschungen von seiten der Militärluftfahrt und nach Erstellung des Condon-Reports die ganze Angelegenheit abgeschlossen sein müsse. Das Thema sollte nicht mehr zur Sprache kommen. Aber natürlich ließ sich das nicht so einfach anordnen und in der Tat hört man weiterhin viel darüber. Im Jahre 1971 zunächst recht wenig, dann 1972 schon mehr und 1973, insbesondere gegen Jahresende, kam eine Welle von Berichten aller Art auf uns zu, insbesondere Beobachtungen aus der Nähe, bei denen es sich nicht um eine ferne Lichterscheinung handelt, sondern um wirklich ganz naheliegende Dinge. Auf diese Weise haben wir also im Jahre 1973 mehr Berichte erhalten als irgendwann zuvor, was natürlich in völligem Widerspruch zu den Voraussagen der meisten Leute stand.

Aus diesem Grunde habe ich mich an hervorragende Persönlichkeiten der Wissenschaft aus den verschiedensten Teilen des Landes gewandt. Vertreten sind die Universität von Kalifornien in Los Angeles, Stanford, Chicago etc.

Wir haben ein Institut zur Erforschung der UFOs ins Leben gerufen. Drei Gründe waren es, die uns dazu bewegt haben. Erstens, daß es keinen Ort gibt, wo man irgend etwas über die UFOs in Erfahrung bringen kann, keine Zeitungen oder Zeitschriften und am allerwenigsten ernst zu nehmende wissenschaftliche Zeitschriften - sie weigern sich einfach, sich mit dem Problem zu befassen. Aus diesem Grunde dachten wir, daß man etwas unternehmen müsse. Darüber hinaus gibt es auch keine wissenschaftliche Einrichtung, der die Zeugen ihre Beobachtungen und Berichte mitteilen können, ohne befürchten zu müssen, daß sie sich der Lächerlichkeit preisgeben und schließlich, was am allerwichtigsten ist, gibt es keinen Ort, wo die ganze Sache auf wissenschaftliche Weise untersucht wird.

Wir haben also unser Institut zur Erforschung unbekannter Flugobjekte als Unternehmen ohne kommerzielle Zielsetzung gegründet, was uns natürlich erlaubt, Spenden in Empfang zu nehmen, die voll von der Steuer absetzbar sind. In der Tat habe ich vor nicht allzu langer Zeit einen Scheck über 100 Dollar von einer Dame in Paris erhalten, die von unserem Institut gehört hatte und es finanziell unterstützen wollte. Angesichts der Tatsache, daß wir keinen festen Standort haben, sondern auf mehrere Universitäten verteilt sind, besteht unser Institut in erster Linie aus Menschen und Ideen. Ich glaube, daß dies für Ihre Hörer von großem Interesse ist - oder ich hoffe es zumindest. Das Zentrum hat sich vier Hauptziele gesteckt: Das erste besteht darin, Einzelinformationen zu sammeln. Wir verfügen glücklicherweise über eine telefonische Sonderleitung, die es jedermann erlaubt, uns von jedem beliebigen Ort aus zu erreichen. Wir haben unsere Nummer Tausenden von Polizisten, Sheriffs, Zivilschutzorganisationen und der Luftfahrtverwaltung mitgeteilt. Wenn also jemand glaubt, er habe ein UFO entdeckt, braucht er es nur einem Polizisten, einem Sheriff oder einem Luftfahrtbeamten zu sagen, der seine Aussage zu Protokoll nimmt.

Auf diese Weise habe ich heute abend, gerade bevor Sie kamen, einen Anruf von einem Luftstützpunkt in Florida erhalten. Dort wurde eine Beobachtung gemacht, von der ich jedoch glaube, daß sie sich auf ganz natürliche Weise erklären läßt: Es muß sich in diesem Fall um einen ganz besonders leuchtenden Meteor gehandelt haben. Aber Sie sehen, die Tatsachen sprechen für sich, man hat uns angerufen und ich kann sogar sagen, daß kaum eine Nacht vergeht, ohne daß wir Berichte aus den verschiedensten Gegenden unseres Landes erhalten.

Was also tun wir in diesen Fällen? Nehmen wir an, es ereignet sich etwas in Kansas und wir haben einen unserer Leute dort in der Nähe. Dann rufen wir ihn an und bitten ihn, sich die Sache einmal näher anzusehen. Wir verfügen über eine Art Netz, an dem mehrere Organisationen beteiligt sind, die sich für die Erforschung der UFOs einsetzen. Durch ihre Zusammenarbeit ist sichergestellt, daß diese Informationen zu unserem Institut gelangen.

Eine weitere Tätigkeit des Instituts besteht selbstverständlich in der Aneinanderreihung und Analyse der Einzelinformationen. Hierfür stehen uns Computer zur Verfügung. Auf diese Weise hat beispielsweise Doktor Saunders, der unserem Institut angehört, mehr als 50.000 Fälle in seinem Computer gesammelt. Außerdem gibt es das Untersuchungslabor und auch da dürfen wir bedeutende nationale Forschungsanlagen benutzen. So konnten wir beispielsweise eine chemische Untersuchung durchführen, als man uns die Landung eines UFOs in Kansas meldete, das einen leuchtenden Ring aus einem unbekannten Stoff hinterlassen hatte; wir stellten bei dieser Gelegenheit sehr bezeichnende Veränderungen am Boden fest.

Natürlich nutzen diese Dinge nichts, wenn unser Forschungsgegenstand und die Ergebnisse unserer Arbeiten nicht veröffentlicht werden. Aus diesem Grund beziehen wir auch die Fortbildung in unser Programm mit ein. Wir hoffen, daß wir bald in der Lage sein werden, eine vierteljährlich erscheinende Zeitschrift herauszugeben, die nicht nur unsere Arbeit bekannt machen, sondern auch über mögliche Gefahren und Auswirkungen aufklären soll. Wir haben die Absicht, ernstzunehmende wissenschaftliche, authentische Untersuchungen zu veröffentlichen und zwar nicht wegen ihres Sensationseffekts oder um der Unterhaltung willen, sondern wegen ihres wissenschaftlichen Wertes. Wenn alles so läuft, wie wir uns das vorstellen (und ich habe den Eindruck, daß wir auf dem besten Wege sind), werden wir mit unseren Informationen immer mehr Leute erreichen. Ich hoffe beispielsweise, daß wir von einigen Stiftungen Forschungsstipendien erhalten werden, die wir dringend benötigen, um unsere Arbeit fachgerecht fortzuführen."

„Es gab einmal eine Zeit, in der 99,9 Prozent aller Astronomen jeden Gedanken an UFOs total ablehnten. Sie betrachteten die Berichte als wilde Fabeln, denen sie um nichts auf der Welt Glauben geschenkt hätten."

„Ganz genau. Sie haben über all das nur gelacht. Heute sind das die Leute, die in aller Ernsthaftigkeit auf mich zukommen, um darüber zu reden. Auch in der großen Öffentlichkeit vollzieht sich ein sehr interessanter Wandel. Eine Umfrage aus jüngster Zeit ergab, daß 15 Millionen Amerikaner bereits ein UFO gesehen hatten, daß 51 Prozent an ihre tatsächliche Existenz glauben. Bei den Personen, die uns ihre Beobachtungen mitteilen, handelt es sich im allgemeinen um glaubwürdige Leute, deren Aussagen zweifellos unter beliebigen anderen Umständen auch von jedem Gericht voll anerkannt würden. Es sind Linienpiloten, Fluglotsen, Radaringenieure, Polizisten, Lehrer. Es wird also immer schwieriger, all diese Leute einfach als Lügner oder Phantasten abzutun. Das bedeutet, daß das Interesse der Öffentlichkeit an diesen Phänomenen steigt.

„Um noch einmal auf die interessantesten Zeugenaussagen zu sprechen zu kommen: Welche davon erschienen Ihnen am beunruhigendsten?"

„Da fallen mir auf Anhieb zwei ein. Beide sind unglaubliche Geschichten, die von anscheinend glaubwürdigen Personen erzählt werden. Aime Michel hat das UFO-Phänomen als „Spielweise des Absurden" bezeichnet, und ich halte diese Definition für so gut, daß ich mich ihr anschließen will. Die Beobachtungen sind unglaubhaft, wenn man sie mit den Normen unseres Alltagslebens mißt. Sie sind ebenso unglaubhaft, wie es das Fernsehen noch vor einigen Jahrhunderten war. Einer der Fälle, an die ich gerade denke, mit dem ich mich persönlich an Ort und Stelle beschäftigt habe, ereignete sich in Missouri. Beteiligt war ein Mann, der als Tierpfleger am biologischen Institut der dortigen Universität arbeitete. Er bewohnte außerhalb der Stadt einen Wohnwagen mit seiner Frau, seiner sechzehnjährigen Tochter und einem dreijährigen Sohn. Die Frau ist Krankenschwester und hat häufig Nachtdienst. Wenn sie nicht da ist, holt die Tochter oft Milch aus dem Kühlschrank, um ihrem kleinen Bruder für ein Uhr eine Flasche zurechtzumachen. An diesem Abend war sie also, wie auch sonst häufig, am Kühlschrank und warf dabei einen Blick durch das Fenster. Sie sah ein Licht näher kommen.

Ich habe selbst an der Stelle gestanden und mich genau umgesehen: einige Bäume, Felder, hohes Gras, keine Straße - nichts, was sich auf normalem Wege aus dieser Richtung nähern könnte. Das Leuchten war sehr stark und beschrieb einen großen Winkel. Das Mädchen bekam Angst und weckte ihren Vater. Er stand auf, sah kurz zum Fenster hinaus, verriegelte die Tür und lud zwei Gewehre. Seine zwei sehr scharfen Jagdhunde lagen unter dem Wohnwagen und kamen nicht hervor. Als sich das Licht näherte, funktionierte auch das Telefon nicht mehr und zwar genau in dem Moment, in dem der Vater die Polizei anrief. Danach ereigneten sich ganz seltsame Dinge. Das Licht wurde so stark, daß er völlig geblendet war. Die Bäume, die dem Objekt am nächsten waren, begannen heftig zu schwanken, als stünden sie im Zentrum eines Hurrikans. Die andern Bäume standen jedoch völlig unbeweglich, da die Windstärke an diesem Abend nicht mehr als fünf Meilen pro Stunde betrug. Die Nacht war hell, und während sich die Bäume heftig krümmten, war ein lautes Krachen zu hören, ähnlich einem Donnerschlag. Als die Polizei einige Zeit später eintraf, um die Umgebung zu inspizieren, fand sie abgebrochene Äste von etwa sieben Zentimetern Durchmesser. Ich erreichte den Ort einige Tage später und kann bestätigen, daß die Bruchstellen noch frisch waren. Besonders erwähnenswert erscheint mir die Tatsache, daß die Blätter dieser und der benachbarten Äste auf eine eigenartige Weise zusammengefegt waren, für die ich keine Erklärung sehe.

Dieser Mann hatte nicht den geringsten Grund, eine derartige Geschichte zu erfinden. Er genießt großes Ansehen, hat eine gute Stelle bei der Universität und hatte durch diese ganze Geschichte nichts zu gewinnen. Ich möchte noch einen anderen Fall erwähnen, mit dem ich mich kürzlich zu befassen hatte: mit der Hubschraubermannschaft für Armee-

Rettungsdienste des Hauptmanns Cohen. Die Mannschaft kehrte von Columbus, Ohio, zurück, wo sie eben den alljährlichen Test ihrer körperlichen Leistungsfähigkeit hinter sich gebracht hatte. Alle waren also in bester Verfassung. Auf halbem Wege zwischen Columbus und Cleveland, in der Nähe einer kleinen Stadt namens Mansfield, entdeckte ein Mann der Besatzung ein rotes, sehr stark glänzendes Licht, das sich rasch näherte. Ich bin selbst nach Cleveland gefahren, habe die Mannschaft interviewt und mich dann auf die verschiedenen Plätze des Hubschraubers gesetzt.

Der Kapitän wiederholte für mich alle Manöver, die er an diesem Tage durchgeführt hatte. Es ist eine gänzlich unglaubliche Geschichte. Dieses intensive Rotlicht war so stark wie der Landungsscheinwerfer einer Boeing 727, aber nicht weiß, sondern rot; es ging von einem zylindrisch geformten Objekt aus, das seine Geschwindigkeit verlangsamte, als es sich direkt über ihnen befand, um sie der ihrigen anzupassen, die bei etwa 160 Stundenkilometern lag. In diesem Augenblick erhellte ein intensiver grüner Lichtstrahl das Innere der Kabine. Der Kapitän versuchte, Funkkontakt mit Mansfield aufzunehmen. Es gelang ihm für kurze Zeit, doch dann setzten plötzlich alle Funkgeräte aus. Er versuchte mehrmals, wieder einen Kontakt herzustellen, aber da ereignete sich das Eigenartigste dieser ganzen Geschichte. Er zeigte mir, wie er versucht hatte, den Hubschrauber rasch auf eine niedrigere Flughöhe hinabzudrücken. Anstatt jedoch an Höhe zu verlieren, begann der Hubschrauber zu steigen, und er konnte an seinem Höhenmesser ablesen, daß er von 700 auf 3.800 Fuß gestiegen war. Alle Versuche, an Höhe zu verlieren, waren erfolglos, bis das UFO sich plötzlich entfernte und nach Westen verschwand. Es hatte ein weißes Rücklicht und beschrieb einen Winkel von 45 Grad.

Wir haben also vier Männer mit großer Flugerfahrung, die uns eine vollkommen unglaubliche Geschichte erzählen. Niemand kann erklären, wie es möglich ist, daß ein Hubschrauber, den man auf eine niedrige Höhe bringen will, statt dessen steigt.

Ich vermute, daß Sie von dem Fall der zwei Fischer aus Mississippi gehört haben. Sie ist beschrieben in dem Buch Beyond Earth von Ralph Brown. Ich bin in Begleitung von Doktor Harper von der Universität von Kalifornien dorthin gefahren. Die beiden Männer, von denen einer fünfundvierzig, der andere etwa neunzehn Jahre alt ist, arbeiteten beide in einer Schiffswerft. Sie sind begeisterte Fischer und waren am Ende der Mole beim Fischen, als sie ein leuchtend blaues Licht auftauchen sahen, das sich ihnen näherte und das sie alsbald für ein UFO hielten. Dieses UFO landete nicht. Zwei groteske Gestalten traten heraus, die wie Roboter wirkten. Beine und Arme wie Zangen und Hände wie künstliche Greifwerkzeuge. Sie entstiegen also der Maschine und nahmen die beiden Männer am Arm. Einer sagte, daß sie nicht emporgehoben worden seien, sondern auf geheimnisvolle Weise an Bord schwebten. An der Seitenwand des Raumes schwebten sie, ohne die geringste Stütze ausgestreckt. Sie befanden sich im Zustand absoluter Schwerelosigkeit, genau wie die Astronauten. Dann glitt ein großes, eigenartiges Instrument, das sie nicht besser beschreiben können als durch den Vergleich mit einem Riesenauge, mehrmals über ihren Körpern hin und her. Danach waren sie wieder frei. Der junge Mann war derartig von Entsetzen überwältigt, daß er ohnmächtig wurde und geraume Zeit ohne Bewußtsein blieb. Zusammen mit Doktor Harper, der ein sehr guter Hypnotiseur ist, habe ich lange an dem Fall gearbeitet. Wir dachten, daß das Bewußtsein blockiert und daher nicht in der Lage sei, sich an Einzelheiten zu erinnern. Doktor Harper versuchte in der Hypnose, das Unbewußte zu zwingen, das zu entdecken, was es wußte, aber es gelang ihm nicht. Während er Charlie und den andern Mann hypnotisiert hatte, ging alles gut, solange er nur versuchte, über wirkliche Erinnerungen aus ihrem Leben mit ihnen zu sprechen. Sobald er aber versuchte, sie auf ihre jüngste Erfahrung hinzulenken, zeigten sich Schweißtropfen auf Charlies Stirn, und er verkrampfte sich augenblicklich total. Doktor Harper beendete die Hypnose, weil er die schwersten Folgen befürchten mußte. Der Sheriff inszenierte übrigens bei dieser Gelegenheit sein privates Watergate: Während die beiden Männer sich selbst überlassen blieben, ließ er ein verborgenes Tonband laufen. Ich habe es abgehört, und es erbringt auch nicht den geringsten Hinweis darauf, daß die beiden eine abgekartete Geschichte aufgetischt hätten. Sie befanden sich vielmehr in einem echten Schockzustand. Ich gelangte 48 Stunden nach dem Ereignis an Ort und Stelle. Man bat mich, zusammen mit Charlie in der Dick-Cavett Show mitzuwirken. Ich bestand darauf, daß man ihn an den Lügendetektor anschloß. Der andere Mann war nicht dabei, weil er unter einer schweren Depression stand. Charlie bestand den Lügendetektortest ohne jede Schwierigkeit. Ich hatte in meiner Pressekonferenz gesagt, daß diese Männer ein wirklich angsterregendes Erlebnis gehabt hatten. Beide waren normalerweise typische Südstaatler, ruhig, ausgeglichen, etwas langsam, mit einer großen Begeisterung für die Fischerei - einfache, ehrliche, intelligente Menschen, ohne allzu viel Bildung. Und dann passiert so etwas. Was soll man da machen? Dies also waren einige der ungewöhnlichen Fälle. Ich möchte auch noch darauf hinweisen, daß ich einer Jury angehöre. Sie besteht aus fünf Professoren aus verschiedenen Teilen des Landes. Ich nehme an, Sie kennen die Zeitschrift National Enquirer. Sie führt auf unserem Gebiet so etwas wie eine Reportage durch und hat eine Belohnung von 50.000 Dollar ausgesetzt für den Beweis, daß die UFOs aus dem fernen Raum kommen. Aber dieser Beweis ist natürlich sehr schwer zu führen, und überdies bleibt dann noch die Schwierigkeit, fünf Professoren über einen Punkt zu einer einheitlichen Meinung zu bringen. Da können Sie sich vorstellen, wie es um die Chancen des UFO-Beweises steht. Bis dieser Beweis einmal erbracht sein wird, haben wir einen Preis von jährlich 5.000 Dollar ausgesetzt für die beste Zeugenaussage von wissenschaftlichem Wert und für den interessantesten Fall. Übrigens steht der diesjährige Preis gerade in diesen Tagen zur Entscheidung an, und es wird uns nicht leichtgemacht, denn es war ein sehr ergiebiges Jahr.

Die Leute wundern sich übrigens immer, wenn man ihnen sagt, daß sich UFOs auch in Frankreich, Spanien und Lateinamerika zeigen. Sie glauben, daß sich derartige Dinge nur hier in den USA ereignen, und entdecken nun, daß dem nicht so ist. Es scheint, daß sich die interessantesten Fälle in sehr abgelegenen Gegenden ereignen, was auch genau den Feststellungen entspricht, die Claude Poher in Frankreich machen konnte. Für Landungen und Begegnungen scheinen mit Vorliebe einsame Gegenden, keine städtischen Regionen gewählt zu werden. Ein Fall ereignete sich in einer ländlichen Kleinstadt mitten im Staate Kansas, wo sich nie etwas ereignet. Ein achtzehnjähriger Junge war dabei, seine Schafe zu hüten, als er plötzlich eine glänzende, leuchtende Maschine vom Himmel hinabschweben sah. Sie landete nicht, sondern blieb schwebend etwa einen halben Meter über dem Boden. Nach einigen Minuten verschwand sie wieder. Der total verängstigte Junge rief seine Eltern, die gerade noch rechtzeitig kamen, um die Maschine in der Ferne verschwinden zu sehen. Die Mutter ist Krankenschwester. Das UFO hatte beim Wegfliegen einen glänzenden, etwa drei Meter breiten Ring hinterlassen. Der Sheriff erzählte uns, daß auch die Rinde am Fuß der Bäume glänzte, und er zeigte sogar eine Fotografie, die dies verdeutlichte. Die Mutter besitzt eine Polaroidkamera, und obwohl ein Farbfilm für Tagesaufnahmen eingelegt war, war das Leuchten so stark, daß es den Film belichtete. Es ist eine der interessantesten Aufnahmen, die wir besitzen. Wir haben Rindenstücke von den Bäumen zur Untersuchung abgeschält. Der Boden, auf dem dieser glänzende Ring lag, ist bis auf den heutigen Tag absolut wasserundurchlässig. Man kann Wasser daraufgießen, soviel man will, es bleibt stehen und dringt nicht in den Boden ein, wohin gegen es wenige Zentimeter weiter, neben dem Ring, von der Erde aufgesogen wird wie von einem Schwamm. Dann haben wir versucht, Pflanzen auf diesen Ring zu setzen, ohne jedoch ein positives Ergebnis zu erzielen. Dieser Fall ist wirklich sehr interessant. Er hat den Preis in Höhe von 5.000 Dollar erhalten. Ich wiederhole aber noch einmal, daß es sich um einfache Bauern handelte, von denen ich nicht glaube, daß sie ein derartiges Täuschungsmanöver aufziehen würden. Dieser Fall bietet ein gutes Beispiel für die physikalischen Spuren, und diese Art von Beobachtungen interessiert uns in unserem UFO-Institut ganz besonders. Wir versuchen, uns auf die Fälle zu konzentrieren, an denen etwas Konkretes zu untersuchen ist: Fotografien, beschädigte Autos oder sonst irgend etwas, was in einem Labor untersucht werden kann."

„Herr Dr. Hynek, welche Erklärungen können Sie als Wissenschaftler anbieten und welche Schlußfolgerungen ziehen Sie aus diesen Aussagen?"

„Die wahrscheinlichste Erklärung ist die, daß wir Besuch von außerirdischen Intelligenzen erhalten, und es besteht nicht der geringste Zweifel, daß die Zeichen, die uns gegeben werden, intelligenzgesteuert sind. Es ist für mich als Astronom sehr schwierig, daraus den Beweise abzuleiten, daß wir von außerirdischen Wesen besucht werden. Wenn man sich vor Augen führt, daß der Stern, der uns außer der Sonne am nächsten ist, hundert Millionenmale weiter entfernt ist als der Mond, dann erkennt man, daß es ein ungeheures Unternehmen darstellt, dorthin zu gelangen. Das schaffen wir mit unserer Technologie nicht. Man kann aber andererseits sagen, daß wir immerhin schon in weniger als siebzig Jahren vom Flugzeug der Gebrüder Wright bis zum Mond gekommen sind und daß wir kaum mehr als hundert Jahre für die Entwicklung vom Wagen zur Boeing 747 gebraucht haben. Es gibt Sterne, die Millionen Jahre älter sind als die Sonne. Sehr viel spricht dafür, daß es auch Zivilisationen gibt, die älter sind und zwar nicht nur hundert, sondern Millionen Jahre, und sie müssen gewiß über Kenntnisse verfügen, die wir nicht haben. Ich lehne den Gedanken des Besuchers aus dem Weltall nicht ab, aber ich glaube, daß wir auch in anderen Richtungen nach einer Erklärung suchen sollten. Aber in welcher Richtung?! Wir wissen nicht, was wir zuerst erforschen sollen.

Ein Beispiel soll dies klarmachen: Jeder weiß, wer Benjamin Franklin war. Nehmen Sie einmal an, jemand wurde Benjamin Franklin, der in seinem Fach ein sehr guter Wissenschaftler war, die Frage stellen: „Ben, wie kommt es denn, daß die Sonne leuchtet?“ Bei all seinen physikalischen und wissenschaftlichen Kenntnissen hätte er nicht vermutet, daß es sich bei der Sonne um eine Art Atomreaktor handelt. Wie hätte er wissen können, was die Sonne zum Leuchten bringt? Vielleicht befinden wir uns hinsichtlich der UFOs in einer vergleichbaren Lage. Wenn es keine Außerirdischen Wesen gibt - was dann? Wir sind in einem Bereich angelangt, der uns ebenso fremd und unerklärlich ist, wie es die Atomenergie für Benjamin Franklin war. Nun ist allerdings ein interessantes Paradoxon festzustellen. Manchmal stelle ich mir vor, daß ich eines Tages keine Wissenschaftliche, sondern Sciencefiction-Romane schreiben würde. Nehmen Sie an, wir würden eines Tages entdecken, daß es etwas gibt wie den Geist, der die Materie beherrscht, wie es ja parapsychologische Forschungen heute anzudeuten scheinen. Nehmen Sie an, daß wir in einer Million Jahren lernen würden (was eine irgendwo im Weltraum angesiedelte Zivilisation vielleicht schon gelernt hat), wie man von hier zum Mars einen Gedanken anstatt einer physikalischen Maschine aussenden kann. Stellen Sie sich vor, wir würden einen Gedanken aussenden, der dort in die Wirklichkeit umgesetzt werden könnte. Ich kann mir überhaupt nicht vorstellen, was dann alles geschehen würde. So wie ich nicht die geringste Vorstellung darüber habe, wie die Wissenschaft in einer Million Jahren aussehen wird. Ganz gewiß wäre ein Mensch unserer Tage, der plötzlich Millionen Jahre weiterversetzt würde, völlig perplex und könnte überhaupt nichts verstehen - genau wie ein Pygmäe aus Afrika, der unvermittelt hierher versetzt würde, Augen und Ohren beim Anblick eines Fernsehapparates aufreißen würde. Wie wollen Sie zum Beispiel jemandem erklären, daß gerade in dem Augenblick, in dem wir miteinander sprechen, ganze Fernsehbilder den Raum durchqueren? Wenn Sie versuchen, das einem Eingeborenen zu erklären, wird er schlicht erklären, Sie seien verrückt und redeten Unsinn. Es ist aber kein Unsinn! Und bei den UFOs verhält es sich ähnlich. Manchmal denke ich, an die Wirklichkeit nichts anderes als eine vieldimensionale Kontinuität ist und die physikalische Welt, die uns umgibt, nur eine Augenblicksaufnahme dieser viel umfassenderen Wirklichkeit, von der sich eine andere Facette zum gleichen Augenblick in einer anderen Welt zeigt. Vielleicht gibt es mehrere Universen, die in enger Verbindung miteinander stehen. Vielleicht handelt es sich bei den UFOs um Äußerungen einer anderen

Welt. Es war schon häufig die Rede vom Zeittransfer. Das heißt: Wir befinden uns gerade in der Gegenwart, aber man kann sich vorstellen, daß eine andere Welt zehn Minuten später oder eine Million Jahre früher dran ist als wir. Wir sind nicht in der Lage, diese Unterschiede zu überbrücken, ebensowenig, wie wir uns in einem Augenblick von diesem Zimmer in ein ähnliches in San Francisco versetzen könnten, selbst wenn wir wüßten, daß es existiert. Aher stellen Sie sich zwei Punkte um den selben Ort vor, die nicht mehr durch den Raum, sondern durch dir Zeit getrennt sind, wie ein Zug, der zehn Minuten später abfährt als ein anderer und die gleichen Ortschaften durchquert... Vielleicht wird es uns einmal möglich sein, diesen Abstand zu überbrücken und einen Blick in jene andere Welt zu tun."

„Alle Zeugen erwähnen Phänomene, die sich entweder direkt am Boden oder in sehr geringer Höhe abspielten. Aber haben jemals Astronomen erklärt, daß sie während ihrer Himmelsbeobachtungen fliegende Objekte entdeckt hatten?"

„Die Antwort ist eindeutig positiv, aber keiner von ihnen war bereit, seinen Namen in Zusammenhang mit einer solchen Beobachtung nennen zu lassen. Ich habe ausgezeichnete Berichte erhalten, aber alle unter dem Siegel absoluter Verschwiegenheit und Anonymität. Dieses in seiner Unerklärlichkeit geradezu unheimliche Problem zwingt uns, unsere Betrachtungsweise gewisser Dinge zu revidieren. Als die klassischen Regeln der Physik nicht ausreichten, die atomaren Spektren zu erklären, mußten wir uns der Quantenmechanik zuwenden, und als die herkömmlichen Gesetze der Physik nicht in der Lage waren, gewisse andere Dinge zu erklären, mußten wir einen großen Sprung machen und endeten bei der Relativitätstheorie. George Bernard Shaw sagte: „Jede große Idee erscheint zuerst als Ketzerei." Wir versuchen immer noch, zunächst eine natürliche Erklärung für alle Dinge zu finden. Eines der bekanntesten Beispiele hierfür bietet die französische Akademie der Wissenschaften, die versuchte, das Vorhandensein der Meteoriten zu bestreiten und darin nur Steine zu sehen, die vom Blitz getroffen waren - ganz einfach, weil es ihr mit der Vernunft nicht vereinbar schien, daß Steine vom Himmel fallen. Und dennoch ist es so. Wenn Sie als Arzt vor zwanzig Jahren von Akupunktur gesprochen hätten, wären Sie eine Zielscheibe des Spotts für die Ärztevereinigungen der ganzen westlichen Welt geworden. Heute beginnt man diese Wissenschaft ernst zu nehmen. Niemand weiß ganz genau über die Wirkungsweise Bescheid, aber dennoch ist sie anerkannt. Das gleiche gilt für die Hypnose, die als eine Art Hokuspokus von jedem ernsthaften Wissenschaftler abgetan wurde. Dennoch findet die Hypnose heute ihre Anwendung und ist als eine medizinischthernpeutische Technik anerkannt. Wenn wir an alte Zivilisiationen denken, wie zum Beispiel die ägyptische oder babylonische, so stellen wir uns die Menschen ziemlich beschränkt vor und fühlen uns aufgrund unseres Wissens, unserer Technik und des heutigen Fortschritts über sie erhaben. Was wir dabei leicht vergessen, ist die Tatsache, daß die Wissenschaft sich in fünftausend Jahren sehr viel weiter entwickelt haben wird und daß die Menschen dieser Zeit von uns mit der gleichen Herablassung sprechen werden wie wir jetzt über die Ägypter. Vielleicht werden sie sagen: „Das waren ja ganz ordentliche Leute, aber besonders schlau waren sie nicht, die wußten ja noch nicht einmal, was ein UFO ist!"

„Die Astronauten der NASA haben bei ihren ersten Raumflügen mit Mercury oder Geminikapseln erstaunliche Beobachtungen gemacht. Seit mehreren Jahren scheint es jedoch, daß Ihnen die NASA nicht mehr er-

laubt, von allen ihren Eindrücken uneingeschränkt zu berichten. Haben Sie von den Astronauten irgendwelche Informationen erhalten?“

„Man könnte sogar beweisen, daß man ihnen verboten hat zu sprechen. Viele UFO-Forscher haben sich mit einigen Astronauten unterhalten, zum Beispiel mit McDivitt, und es steht inzwischen mit Sicherheit fest, daß Collins und Aldrin (Apollo XI) auf ihrer Reise zum Mond ein eigenartiges Objekt gesichtet haben, das ihnen in der Nähe des Mondes vorausflog. Die ganze UFO-Diskussion ist aber so kontrovers, ein so „heißes Eisen“, daß man eigentlich gut verstehen kann, daß die NASA nicht mit hineingezogen werden will. Die NASA ist bezüglich ihres Budgets vom Kongreß abhängig, und wenn erst einmal das Gerücht auftauchen würde, daß sie sich nicht um ihre eigenen Angelegenheiten kümmert, sondern sich für fliegende Untertassen interessiert, könnte ihre Finanzierung in Frage gestellt werden. Wenn ich Direktor der NASA wäre, würde ich mich genauso verhalten.

Herr Dr. Hynek, hat vor Jahren eine Weltreise gemacht, auf der er Informationen und Zeugenberichte gesammelt hat. Er wollte herausfinden ob Unterschiede bestehen, zwischen dem, was er in den Vereinigten Staaten erfahren, und dem, was in besonders entlegenen Teilen der Erde an Beobachtungen berichtet wird - beispielsweise auf den Inseln des Pazifischen Ozeans. Hören wir uns einmal an was er so zu berichten hat:

„Ich wollte mir auf dieser Reise darüber klarwerden, ob die Erscheinungen die sich in Australien ereignet hatten, anders waren als die, von denen mir hier berichtet wurde. Und ich habe festgestellt, daß keinerlei Unterschied besteht. Hier wie dort werden dieselben Merkmale erwähnt, und ein Hauptgrund für meine Reise war, die alte anglikanische Mission von Bonai in Neuguinea zu besuchen. Dort hat im Jahre

1959 Pater Guil zusammen mit dreißig anderen Zeugen die bedeutendste Beobachtung gemacht, wie sich eine Maschine der Erde nähere, auf der Gestalten erkennbar waren wie auf der Kommandobrücke eines Schiffes. Der Priester machte ihnen Zeichen und sie gestikulierten zurück. Das gleiche wiederholte sich noch einmal. Sie landeten jedoch nicht, sondern gewannen wieder an Höhe und verschwanden in den Wolken. Ich bin nach Bonai gereist, um selbst den Ort zu sehen an dem sich dieses Ereignis abgespielt hat. Ich habe Fotos gemacht, Karten gezeichnet und sechs der Zeugen ausfindig gemacht, Eingeborene, die sich noch heute an dieses Ereignis erinnern. Der Priester selbst ist nicht mehr dort, aber da ich erfuhr das er inzwischen in Melbourne wohnt, bin ich auch dorthin geflogen und habe ein sehr langes Gespräch mit ihm geführt. Er ist ein äußerst gebildeter Mann und ganz gewiß jemand, der sich nicht dazu herablassen würde eine Lügengeschichte zu konstruieren, und so bleibt auch dieser Fall, ebenso wie der von Soeorro in Neumexiko und der von Valensole, von einem Geheimnis umgeben.“

Ein parallel existierendes Universum!

David Saunders ist Professor für Psychologie an der Universität Colorado in Boulder, in der Nähe von Denver. Diese Universität hatte von der amerikanischen Regierung einen Auftrag zur Erforschung der UFOs und zur Erstellung eines detaillierten Berichts erhalten. Der mit der Schlußredaktion betreute Professor Condon war zu dem Ergebnis gekommen, daß es keine UFOs gebe. David Saunders hatte jedoch heftig Einspruch erhoben. Sein Protest hatte mindestens ebenso starke Reaktionen in der Öffentlichkeit ausgelöst wie die

Ergebnisse des Forschungskomitees selbst. Aus diesem Grunde hat Michel Anfrol ein Gespräch mit ihm geführt.

„Herr Professor Saunders, was hat Sie veranlaßt, sich den Thesen Ihres Kollegen Condon entgegenzustellen?“

„Ich glaube, dafür gibt es viele Gründe. Nach einer gewissen Zeit erschien es mir offensichtlich, daß das **Condon-Projekt** nicht den gesammelten Dokumenten und den Beweisen, die sich anhäuften, gerecht wurde. Ich war nicht der einzige, der erkannte, daß es gar nicht um das Ergebnis unserer Forschungsarbeit ging, sondern daß von vornherein feststand, in welchem Sinne das Untersuchungsergebnis veröffentlicht werden sollte.“

„Wie erklären Sie sich die Ergebnisse, zu denen Professor Condon in Abweichung von den Schlüssen der meisten Wissenschaftler und Forschungsmitarbeiter gelangte?“

„Professor Condon hatte in erster Linie einen politischen Auftrag. Er war Wissenschaftspolitiker, wenn man so sagen kann, denn er hatte ja ganz unzweifelhafte wissenschaftliche Erfolge zu verbuchen. Aber seine Rolle in diesem Forschungsauftrag war meiner Meinung nach die eines Mannes, der ein politisches Ziel verfolgte und das Verhalten, das er im Verlauf unserer Arbeit an den Tag gelegt hat, ist unter diesem Aspekt leicht verständlich.“

„Wie haben Sie sich seitdem verhalten?“

„Ich habe zunächst im Rahmen dieses Forschungsauftrages begonnen, alle realistischen Angaben zu sammeln, und zwar in der Absicht, eine Computeranalyse zu erstellen. Ich habe diese Informationen weiter gespeichert, so daß ich mittlerweile über 60.000 UFO-Berichte verschiedenster Art verfüge. In letzter Zeit schließlich habe ich angefangen, aus diesen Grundgegebenheiten einige allgemeine Schlüsse zu ziehen.“

„Ordnen Sie all das in verschiedene Kategorien von Beobachtungen und Zeugenaussagen ein?"

„Ja, die besondere Systematisierung, die ich gebrauche, umfaßt neun Kategorien. Sie beginnen mit Typ 1, daß heißt, laut der Anzeige, daß etwas gesehen wurde, was sich nicht bewegte, bis zum Typ 2, zu dem die Berichte gehören, wo der Zeuge einen Vorgang beschreibt, der greifbare Spuren hinterlassen hat - eine körperliche Verletzung oder sonst irgend etwas, das nicht zugleich mit dem UFO wieder verschwindet. Etwa 80 oder 90 Prozent aller Fälle sind schon so etwas wie Routineangelegenheiten, wenn man im Zusammenhang mit UFOs überhaupt von Routine reden kann. Die interessanten Fälle machen etwa so 20% Prozent aus. Aber das sind doch mehrere tausend Fälle. So ist zum Beispiel sicher jeder Fall, der im „Blue-Book"-Projekt als unerklärbar bezeichnet wurde, ein guter Fall, für den ganz offensichtlich lächerliche Erklärungen abgegeben wurden, die einzig und allein dazu dienten, die allgemeine Unsicherheit zu verstärken. Ein Fall, der von ernst zu nehmenden, qualifizierten und glaubwürdigen Zeugen klar dargestellt wird und schwer erklärbare Elemente enthält, ist mit Gewißheit sehr interessant. Und das gilt besonders für die Fälle, in denen ein Zeuge erklärt, daß sich ihm ein UFO bis auf kurze Entfernung genähert habe und er das Gefühl hatte, daß irgendeine Art von Verständigung oder Austausch zwischen ihm und dem UFO stattgefunden habe."

„Was haben denn die anderen Mitglieder des Condon-Komitees getan? Haben sie sich neutral verhalten oder Stellung für Condon oder für Sie bezogen?"

„Dieses Condon-Komitee bestand aus einer Gruppe von Individualisten; es fanden sich nie zwei Leute, die zu allen Fragen den gleichen Standpunkt hatten. Ich persönlich glaube, wenn am Ende des Condon-Projekts eine Abstimmung stattgefunden hätte, wäre die Mehrheit der Meinung gewesen, daß es mit dem Problem tatsächlich etwas auf sich habe und das dieses Gebiet durchaus eine genauere Untersuchung verdiene. Ich hätte es gern gesehen, wenn zumindest eine entsprechende Stellungnahme veröffentlicht worden wäre."

„Ihr Fachbereich hier an der Universität Colorado ist die Psychologie. Wie können Sie denn Ihre psychologischen Kenntnisse in einer Untersuchung über nichtidentifizierte Flugobjekte einbringen?"

„Nun, die Psychologie kann mehrere Aufgaben erfüllen. Sie kann sich zum Beispiel mit der Wahrnehmungspsychologie befassen, von der häufig die Rede ist. Auch die Hypnose bietet einige psychologische Aspekte, die zu sehr ergiebigen Untersuchungstechniken führen können. Die Psychologie bietet auch die Möglichkeit, die Personen, die durch ihre UFO-Berichte nur Aufmerksamkeit auf sich lenken wollten, von solchen zu unterscheiden, die tatsächlich die Wahrheit sagen. Ganz gewiß gibt es unter denen, die in den Bereich meiner Forschungen gehören, auch Geistesgestörte, aber ich glaube, daß ich dank meiner psychologischen Kenntnisse und Erfahrung sehr wohl in der Lage bin, eine Unterscheidung zu machen."

„Sind Sie durch Ihre Forschungen zu gewissen Schlüssen bezüglich der Herkunft der UFOs gekommen?"

„Von *Schlüssen* kann man nicht sprechen. Es scheint, daß es mehrere Möglichkeiten gibt.

Am verbreitetsten ist die sogenannte außerirdische Hypothese, die besagt, daß es fremden Wesen gelungen ist, von einem anderen Planeten zu uns zu gelangen, indem sie die uns bekannten physikalischen Gesetze weiterentwickelt haben. Diese Hypothese kann man meiner Meinung nach nicht ausschließen. Eine andere Theorie, die viel für sich hat, spricht von Leuten, die zu uns gekommen sind, indem sie eine sehr kurze Entfernung durchmessen haben und sich in einer Dimension bewegten, die wir nicht kennen. Ich weiß nicht, wie ich sie benennen sollte, denn wir wissen nicht, was sich dahinter verbirgt, aber sagen wir einmal, daß es sich um ein parallel existierendes Universum oder um eine Art psychischer Dimension handeln konnte."

„Diese Idee scheint immer mehr Anhänger zu finden."

„Man widmet ihr relativ große Aufmerksamkeit in den Veröffentlichungen der verschiedenen UFO-Studiengruppen. Mit Sicherheit wird sie gefördert von der Zeitschrift Flying Saucer, die ich für die beste auf ihrem Gebiet halte. Es gibt gewiß Forscher, die bei der Beschäftigung mit der Frage in erster Linie diese Hypothese vor Augen haben, und auch ich möchte sie nicht von der Hand weisen."

„Haben Sie mit vielen Leuten gesprochen, die eine UFO-Erscheinung gesehen haben?"

„Ich habe nicht viele persönlich sprechen können. Es erscheint mir auch für meine Arbeit besser, eine gewisse Distanz zu den Zeugen zu wahren. Ich glaube, daß ich damit einen besseren Gesamtüberblick behalte. Ich bin mehrmals eingeladen worden, mich an Nachforschungen zu beteiligen und habe eigentlich immer dazu geneigt, abzulehnen. Gewiß wenn ich eines Tages selbst einem UFO gegenüberstehen würde, so würde es bestimmt einen anderen Menschen aus mir machen."

„Die große Mehrzahl der Wissenschaftler, die sich mit dem UFO-Problem beschäftigen, haben selbst noch nie ein fliegendes Objekt am Himmel gesehen. Aber kann man bei den Leuten, die eine fliegende Untertasse gesehen haben, tatsächlich eine Verhaltensveränderung feststellen?"

„Wir haben in der Tat zahlreiche Berichte, aus denen hervorgeht, daß sich die Verhaltensweise, die Ansichten, die Lebensauffassung und sogar die Fähigkeit, ganz alltäglichen Geschäften nachzugehen, in gewisser Weise verändern. Von solchen Berichten gilbt es Dutzende. Ich halte mich lieber etwas in der Entfernung, um einen größeren Überblick zu haben, und lasse mich nicht in eine Lage bringen, die mich zwingt, einen bestimmten Fall zu beurteilen."

„Wie viele Zeugenaussagen haben Sie in Ihrem Computer?"

„Ich verfüge über 60.000 Zeugenaussagen in meinen Unterlagen, von denen sich 40.000 auf verschiedenartige Ereignisse beziehen, und 4.000 äußerst interessante Fälle darstellen, die sich auf dem Erdboden selbst oder in nur sehr geringer Höhe abgespielt haben. 4.000 ist eine gute Zahl für eine Statistik, aber wenn man anfängt, in die Einzelheiten zu gehen und diese 4.000 Berichte einzuordnen, je nachdem, ob elektromagnetische oder physiologische Wirkungen festgestellt wurden, ob Erinnerungsverlust des Zeugen auftrat und so weiter, so stellt man schließlich fest, daß man doch nur sehr wenige Fälle hat, die in jede Kategorie passen, und das bringt die Statistiker in eine schwierige Lage, weil sie schließlich mit einer ganz geringen Materialmenge auskommen müssen. Ich habe die Zeugenaussagen nach den Wochentagen geordnet, an denen die Beobachtung gemacht wurde. Ich tat das eigentlich nur zum Spaß und erwartete nicht, auf irgendeine Erkenntnis zu stoßen. Ich war also eher überrascht, als ich entdeckte, daß nicht jeder Wochentag die gleiche Menge von Beobachtungen erbrachte und daß nicht die Wochenenden die meisten Berichte einbrachten, sondern die Werktage. Mit andern Worten: Es ließ sich damit die Vorstellung widerlegen, daß es sich bei den Zeugen eben doch häufig um Leute handelte, die trinken oder aus einer

Laune heraus sich einen Witz erlauben. Ich habe die Berichte auch nach Distrikten eingeordnet, um zu sehen, in welchen Regionen sich die größte Anzahl von Berichten nachweisen ließ. Natürlich spielt in diesem Bereich die Bevölkerungsstruktur auch eine Rolle. Und da stellte sich erstaunlicherweise heraus, daß es in jeder Gegend eigentlich die Leute mit der breitesten Schulbildung sind, von denen die meisten Berichte kommen. Das ist eigentlich leicht zu verstehen, wenn man sich vor Augen führt, daß man ja doch über gewisse Kenntnisse verfügen muß, um zu erkennen, daß es sich bei dem Ding, das sich da am Himmel bewegt, nicht etwa um ein Flugzeug oder einen Hubschrauber handelt. Es ist ja auch wichtig, unter welchen Bedingungen eine Beobachtung gemacht wird und vor allem, daß es einen Ort gibt, wo man eine Aussage machen kann."

„Erhalten Sie auch direkt Berichte, die noch nicht in Zeitungen veröffentlicht worden sind?"

„Das ist äußerst selten. Ich bin auch nicht so an die Öffentlichkeit getreten, daß ich die Leute dazu ermuntert hätte. Und außerdem leistet ja Doktor Hynek mit seinem Institut eine so außerordentlich gute Öffentlichkeitsarbeit."

„Können Sie aus der großen Anzahl der Ihnen vorliegenden Fälle Orientierungslinien ableiten, die es Ihnen erlauben, die Genauigkeit und den Wahrheitsgehalt einer neu eingehenden Information zu überprüfen?"

„Den Wahrheitsgehalt kann ich nicht überprüfen. Ich kann aber einen Vergleich mit den Aussagen anstellen, die ich schon kenne, beispielsweise mit dem, was sich im gleichen Zeitabschnitt oder in der gleichen Gegend abspielte, oder kann überprüfen, ob von dem gleichen Zeugen bereits andere Berichte vorliegen und wenn ja, ob der Inhalt des neuen Berichts Ähnlichkeiten mit dem des früheren aufweist. Aber ich glaube nicht, daß wir heute schon weit genug sind, um zu beurteilen, ob ein Bericht der Wahrheit entspricht."

„Gibt es Gegenden, aus denen schon mehrfach interessante Beobachtungen gemeldet wurden oder zeigt sich die Erscheinung jedesmal an einem anderen Ort?"

„Ich glaube, es gibt einige Orte oder sagen wir besser, einige Gegenden, die sich geographisch eingrenzen lassen. In der Tat gibt es Gegenden, aus denen in bestimmten Zeiten interessante Dinge gemeldet werden. Ich versuche zu erforschen, bei welchen Orten dies der Fall ist und warum. Es wird dann interessante, Folgerungen aus den Ausgangshypothesen zu ziehen. So wäre beispielsweise die These, daß sich in der näheren Umgebung von Atomkraftwerken eine höhere Anzahl von Berichten ergaben, eine interessante Hypothese. Aber es gibt keine genügende Anzahl derartiger Orte, um die Forschungen, die ich betreibe, ausreichend abzusichern. Ich wünschte, ich könnte sagen, welches die interessantesten oder die unerwartetsten oder die außergewöhnlichsten Orte sind, und dies begründen."

„Herr Professor Saunders, welche Vorstellungen haben Sie von dem Weg, den Sie einschlagen müssen, um die Ihnen noch fehlenden Informationen zu erlangen?"

„Was für meine Arbeit am wichtigsten wäre, ist die Schaffung einer neuen Informationsquelle. Vielleicht werden Herr Doktor Hynek und das Institut für UFO-Studien uns etwas Derartiges bieten können. Ich wünsche mir eine Möglichkeit, mehr über diese Ereignisse zu hören und zu erforschen, und zwar insbesondere über die, die nicht in den Zeitungen erwähnt werden. Ich möchte hierfür einen Weg finden, indem ich die öffentliche Meinung erforsche, ähnlich wie es bei Meinungsumfragen geschieht und dabei Zeugen ausfindig mache, die noch niemals von ihren UFO-Erlebnissen berichtet haben. Ich weiß nicht, ob uns dies neue Erkenntnisse bringen würde, aber es wäre trotzdem sehr wichtig, einen entsprechenden Versuch zu machen."

In diesem Interview war mehrfach von Professor Hynek die Rede. Zu dem Zeitpunkt des Gesprächs mit Professor Saunders lebte Professor Hynek noch. Er ist leider 1995 verstorben.

Kapitel 7

Von Außerirdischen entführt!

US-Wissenschaftler Professor Dr. John E. Mack (Professor für Psychiatrie und Pulitzer-Preisträger) von der Harvard-Universität untersuchte in einer umfangreichen Studie Aussagen von 76 Menschen zu Begegnungen mit Lebewesen aus dem All und behauptet nun, daß wir unsere Vorstellung von der Welt total ändern müßten. Das Phänomen „fliegende Untertasse“:

Seit Beginn des Raumfahrtzeitalters hofft die Menschheit auf Beweise für die Existenz von Außerirdischen. Auch 1947, als in der Wüste von New Mexico ein unidentifiziertes Flugobjekt zerschellte. Die Überreste des UFOs und seiner Passagiere hält der US-Geheimdienst versteckt. Hunderttausende Menschen behaupten, in Kontakt mit Außerirdischen gewesen zu sein. Alles nur Wirrköpfe mit Halluzinationen? Anfangs war auch Professor Dr. John E. Mack mißtrauisch. Doch seitdem der US-Professor 76 Betroffene einer wissenschaftlichen Studie unterzogen hat, steht für ihn fest: „Wir leben nicht allein im Universum.“ Die Schilderungen seiner Testpersonen unter Hypnose, die detailgenau mit ihren Aussagen im wachen Zustand übereinstimmten, überzeugten den bisherigen Skeptiker. Hier drei seiner spektakulärsten Fälle:

Juli 1961, Nebel lag über der Küste nördlich von Portland (Maine/USA). Ed, 16, verbrachte die Nacht im Auto, als er plötzlich von einem starken prickeln im Nacken wach wurde. Er lag nicht mehr im Auto - er befand sich in mitten einer glasigen Kapsel. Direkt auf den Klippen, hundert Meter vom Wagen entfernt. Er sah die Brandung, hörte das Brausen des

Windes. Er war nicht allein. Bei ihm eine weibliche Gestalt mit langen, silberblonden Haaren. Ihre dunklen Augen sahen direkt in ihn hinein. Das Prickeln wurde stärker. Ed meinte zu schweben. Unter ihm zogen Häuser vorbei - atemberaubend und schnell. Auf einem Landvorsprung tauchte eine kuppelförmige Kapsel auf. Eine unheimliche Kraft zog den Jungen hinein. Innen bläulich-silbernes Licht. Ein halbes Dutzend Wesen erwartete ihn in einer Art Chirugenpraxis. Metalltische, Geräte mit vielen Schläuchen. Und wieder war die Frau da. Wieder schaute sie in ihn hinein. Ed hatte das Gefühl, völlig ausgeschaltet zu sein. Wie durch dicken Nebel spürte er noch, daß sich die Außerirdischen mit Apparaten an ihm zu schaffen machten, ihn untersuchten - und wurde bewußtlos. Als er zu sich kam, lag er wieder im Auto. Es war gerade eine Stunde vergangen. Fazit von Professor Mack: Die medizinische Untersuchung in Ed's Fall ist charakteristisch für nahezu alle Entführten. Immer kommt ein OP-ähnlicher Tisch vor, auf dem der menschlich Körper mit Hilfe verschiedener Apparate analysiert wird. Die Außerirdischen haben scheinbar ein enormes Interesse an unserer Anatomie und wollen genau wissen, wie wir funktionieren.

Zentral-Pennsylvania (USA) - eine klare Sommernacht 1992. Um zwei Uhr kam Dave, 38, nach, Hause. Seine Frau schlief schon, doch er wälzte sich schlaflos im Bett umher, als er ein lautes knarren hörte. Einbrecher? Am Fenster sah er ein weibliches Wesen in einem schwarzen Kleid. Es starrte ihn mit schräggestellten, spitz zulaufenden Augen an, hypnotisierte ihn. Die Frau führte Dave zum Raumschiff, das auf einer Lichtung 50 m vom Haus entfernt parkte. Das runde Ding hatte eine Kuppel und einen Durchmesser von ca. 18 m. Die Frau führte ihn hinein. Es roch erdig. Weißliche Zwerge, gerade mal einen halben Meter hoch, zwangen ihn auf einen Tisch. Dave wollte sich wehren, doch er konnte sich nicht rühren. Mit einem 1,20 m langen Instrument stach ein Zwerg durch seine Bauchdecke. Es rumorte in seinem Inneren. Er spürte es im ganzen Körper - wie eine Sonde. Die Wesen schienen mit der Untersuchung zufrieden.

Die Frau lobte ihn sogar. Dann brachten sie ihn nach Hause und legten ihn ins Bett - zurück blieb eine sichelförmige Narbe auf Daves Bauch. - Fazit von Professor Mack: Etliche Entführte bemerken plötzlich Narben auf ihrem Körper, deren Herkunft sie nicht erklären können. Auch Daves Eltern können sich nicht an eine tiefe Verletzung z.B. in seiner Kindheit erinnern.

Außerdem: Dave durchlebte in meiner Hypnosesitzung seine Entführung in großer Erregung, mit Angst und Zorn. Solche heftigen Reaktionen wären unmöglich, wenn er dies alles nicht vorher wirklich erlebt hätte.

Ostern 1990: Carlos, 53, machte einen Ausflug auf der Hebriden-Insel Iona. Er suchte Steine am Strand, als er einen Zwang fühlte, aufzuschauen. Und da sah er das Unfaßbare: Eine große pfirsichfarbene Lichtsäule reichte vom Wasser bis zu den Wolken. Tausende Funken sprangen übers Wasser. Wie Wunderkerzen. Der Lichtstrahl tanzte, fiel auf Carlos, hüllte ihn ein. Wie im Tunnel wurde er in ein Raumschiff gehoben. Rasend schnell. An Bord kleine, weiße Kreaturen mit haarlosen Köpfen. Faszinierend war ihre Augenfarbe, sie wechselte ständig. Carlos wurde in einen Kuppelsaal geführt. Rundherum bunte Monitore und Schaltpulte. Plötzlich erschien etwas, das ihm große Angst machte: Mit einem riesigen Insektenkörper aus Leder und Metall und einem scheußlichen Reptiliengesicht kam ein Monster direkt auf ihn zu. Es packte ihn auf einen Tisch und holte ein pyramidenförmiges Instrument hervor, innen leuchtete ein kalter Laserstrahl. Das Licht schnitt in seinen Kopf - wie eine riesige Nadel, die sich in sein Gehirn bohrte. Carlos hatte heftige Schmerzen. Er wurde ohnmächtig.

Fazit von Professor Mack: Typisch in Carlos Fall ist die Untersuchung, die einer Gehirnoperation gleicht. Die fremden Wesen wollen nicht nur herausfinden, wie unser Körper aufgebaut ist, sondern auch, wie wir denken.

Ich könnte noch von unzähligen Geschichten dieser Art berichten, aber ich möchte dieses Kapitel nicht zum Hauptthema meines Buches machen, sondern es nur mal kurz anschneiden.

Kapitel 8

UFOs in der Sowjetunion

Das UFO-Phänomen war nicht nur der westlichen Welt vorbehalten. Auch unsere Östlichen Nachbarn hatten ähnliche Erlebnisse. Die russische Doktorin Marina Popowitsch hat sich auch mit UFO-Sichtungen beschäftigt Marina Popowitsch wurde in Welish im Gebiet von Smolensk unweit der belorussischen Grenze geboren. 1954 beendete sie die Fliegerschule. 1968 die Flugakademie in Leningrad und erwarb die Doktorwürde (Dr. Ing.). In ihrer Zeit als Testfliegerin stellte sie 101 Weltrekorde auf. 1975 wurde ihr die Auszeichnung als Testfliegerin der ersten Klasse zuerkannt, sowie der Titel einer verdienten Meisterin des Sports verliehen. Heute fungiert sie als Präsidentin der weltweiten Assoziation der Wissenschaftlerinnen als Präsidentin der mittelasiatischen und kirgisischen Kommission zur Untersuchung außergewöhnlicher Erscheinungen (Sakkufon) und als Vizepräsidentin der Assoziation zur Erprobung von Luftschiffen. Marina Popowitsch. die auch Mitglied des Journalisten Verbandes der UdSSR ist, hat sieben Bücher mit einer Gesamtauflage von über einer Million Exemplaren geschrieben. Sie ist Mutter von zwei Töchtern. In den folgenden Seiten berichtet sie über UFO-Sichtungen und Augenzeugenberichte in den Sowjetrepubliken:

Die Permer Zone

Der Artikel von Pawel Muchortow in der lettischen Zeitung „Sowjetskaja molodjosch" verursachte viel Wirbel. Er hieß „Das M-Dreieck oder Fremde gibt es hier nicht“ und wurde im August 1959 in sechs Fortsetzungen in der Zeitung veröffentlicht. Die Ereignisse, die dort beschrieben wurden, fanden in der Nähe der Ortschaft Molebka im Gebiet von Perm im Ural statt. Diese Vorkommnisse als ungewöhnlich oder phantastisch zu bezeichnen, wäre nicht zutreffend: Die Wirkung der Veröffentlichung kam einer Schocktherapie gleich.

Alexander Sytschenko hatten auch früher schon ähnliche Themen sehr interessiert und die Lektüre des Artikels weckte in ihm das Verlangen, selbst den Ort der beschriebenen Vorfälle zu besuchen. Wie sich später herausstellte, war nicht nur beim ihm dieser Wunsch wach geworden:

„Ich setzte mich telefonisch mit Batschurin, dem Entdekker der sogenannten Permer Zone und Organisator jener Expedition, die im Zeitungsartikel beschrieben worden war, in Verbindung und erfuhr, daß er für Ende September eine neue Expedition in das „M-Dreieck“ vorbereitete. Wir vereinbarten meine Teilnahme an diesem Unternehmen. Dann saß ich in Batschurins Arbeitszimmer im Institut. Unser Gespräch wurde häufig durch Telefonanrufe aus verschiedenen Städten der Sowjetunion unterbrochen und ständig schauten Bekannte bei ihm herein. Die Gespräche drehten sich hauptsächlich um die letzten Ereignisse, die sich in dem Gebiet zugetragen hatten. Die Vorfälle ereigneten sich in verschiedenen Bezirken des Gebietes und waren in der Tat verblüffend. Mitglieder der Permer Gruppe der Kommission zur Untersuchung außergewöhnlicher Erscheinungen hatten sich bemüht, in den Besitz der Aussagen der zahlreichen Zeugen zu kommen, die UFOs und deren Besatzungen gesehen hatten. Ich erhielt wahrlich eine Unmenge von Informationen, die in keine traditionellen Denkmuster paßten. Auf Fotografien, die während der letzten Expedition gemacht worden waren, waren deutlich Gegenstände unserer unauffälligen „Besucher“ zu erkennen. Das waren Kugeln, die auf den Fotos ausgehöhlten Energiegeflechten glichen. Sie wurden an verschiedenen Orten auf Bildern festgehalten: über Zelten und Bäumen, in der Nähe der Expeditionsteilnehmer. Es wurde vornehmlich nachts mit Blitzlichtgeräten fotografiert. Mich setzte vor allem ein Foto in Erstaunen, auf dem vor dem Hintergrund des wolkenverhangenen und vom Mond beschienen Himmels die Flugbahn eines vor dem grellen Licht des Blitzes fliehendes Objekt zu sehen war. Während der kurzen Zeit des Blitzens - und das sind nur einige Zehntel einer Sekunde - zog die erschreckte Kugel am Himmel eine gekrümmte Flugbahn von ungefähr zwei bis drei Kilometer Länge. Man kann sich die Reaktionszeit und die ungeheuerliche Beschleunigung bei solch einer Flucht - wahrscheinlich Millionstel einer Sekunde - nur schwer vorstellen. Nun, die Fotografen bezahlten später ihre Neugierde mit dem Aussetzen des Blitzgerätes oder dem Nichtfunktionieren der Fotoapparate. Zumindest waren bei der Entwicklung der Filme keinerlei Aufnahmen entstanden, die Filme waren sauber und durchsichtig. Ein Teil der Filme wurde zur Untersuchung in ein Labor geschickt; dort wurde festgestellt, daß die lichtempfindliche Emulsion des Films auf unerklärliche Weise entfernt war“. Eine erstaunliche Sache. Aber noch phantastischer war die Geschichte, die sich in der Nacht des 16. September 1989 in der Stadt Perm ereignete. Über der Kama, die durch die Stadt fließt, entbrannte in der Nähe des Hafens ein Luftkampf zwischen fliegenden Untertassen. Hunderte von Hafenarbeitern und -angestellten wurden Zeugen des Ereignisses, dessen Beschreibung in der UFO-Literatur eine Seltenheit darstellt. Sechs außerirdische Flugobjekte jagten ein siebentes und versuchten, es zum Absturz zu bringen. Dieses Flugobjekt versuchte, der Verfolgung durch die anderen zu entkommen und malte in den Himmel und über den Fluß unvorstellbare Figuren, die weit die Höchstleistungen bei Kunstflügen übertrafen.

Im Hafengelände brach zu dieser Zeit die Stromversorgung zusammen, blieben alle elektrisch getriebenen Maschinen stehen, kamen alle Krane im Hafen zum Stillstand, setzten alle Motoren aus. Am Abend jenes Tages gelang es mir, die Sitzung der Permer Gruppe zur Untersuchung außergewöhnlicher Erscheinungen zu besuchen. Die Versammlung war öffentlich und viele Menschen waren gekommen. Die Teilnehmer eines Seminars über außergewöhnliche Erscheinungen, das in Petrosawodsk am Onega-See stattgefunden hatte, berichteten, wie die dortige Veranstaltung abgelaufen war und erwähnten kurz die Themen der Vorträge. An den Bericht darüber, was sich in Tbilissi, der Hauptstadt Georgiens, zugetragen hat, kann ich mich gut erinnern. Über dem dortigen Gelände der Akademie der Wissenschaften Georgiens schwebte eine fliegende Untertasse, die die Akademiemitglieder in große Aufregung versetzte. Über Ziele und Absichten des unbekannten Flugobjekts wurde nichts bekannt.

In Tbilissi war es auch zu einer Begegnung der dritten Art gekommen (so werden die Kontakte der Erdbewohner mit Vertretern höherer Zivilisationen genannt). Ein siebenundzwanzigjähriger Georgier, dessen Vorname David war, setzte sich eines Morgens in sein Auto, um zur Arbeit zu fahren. Als ihm plötzlich sehr warm wurde, drehte er sich um und erblickte zwei Außerirdische. Es waren ein Mann und eine Frau, die Menschen sehr ähnlich sahen, ungefähr zwei Meter groß waren und silbern glänzende Anzüge trugen. Das erste Treffen war nur kurz, sie sprachen georgisch. Nach einiger Zeit kam ein zweites Treffen auf ebensolche Art zustande, aber diesmal war es von längerer Dauer. Das Gespräch drehte sich um unsere Art zu leben, darum, was in unserer Gesellschaft schlecht sei. Sie warnten vor einer möglichen Katastrophe, falls sich die Menschen nicht ändern würden. David klagte darüber, daß er seit dem ersten Treffen unter Schlaflosigkeit litte. Der Mann erklärte, daß sie ihm helfen würden und zog einen kleinen Gegenstand hervor. Es schien, als brannte er damit in Davids Hals ein tiefes Loch in der Nähe der Schlagader. Am selben Tag noch verheilte die Wunde - es blieben keinerlei Spuren zurück - und David erfreute sich wieder eines ruhigen und gesunden Schlafes. Während des dritten Treffens untersuchten sie seinen Arm und machten mit demselben Gegenstand, mit dem sie ihm das Loch in den Hals gebrannt hatten, einen fast 20 Zentimeter langen Schnitt. Die Wunde sah furchtbar aus. Diesmal konnte der Heilungsprozeß von Wissenschaftlern und Medizinern beobachtet werden. Bereits 44 Stunden nach der Inzision blieb auf dem Arm nur eine Narbe zurück. Mitten in der Sitzung traf eine Gruppe des Permer Fernsehens ein, die buchstäblich am selben Tag aus der sogenannten anomalen Zone des Permer Gebietes zurückgekehrt war. Die Fernsehkorrespondenten erzählten viel Interessantes. In der Pause hörte ich beiläufig einen erregten Streit in einer Gruppe von Frauen. Eine von ihnen stand mit erschrockenem Gesicht in der Mitte und rief: „Wie entsetzlich, man muß den Zutritt zu dieser Zone augenblicklich verbieten; denn da kann alles Mögliche passieren. Haben Sie gelesen, was Batschurin in seinem Artikel geschrieben hat?“ Und tatsächlich verfehlte der Artikel mit der Überschrift: **„Betretet nicht die Zone oder Unterstützung für Stalker“** nicht seine Wirkung. Im Artikel wurde eine Liste von Krankheiten, einschließlich der Beschreibung ihrer Symptome, aufgeführt, die ein Mensch beim Besuch einiger gefährlicher Stellen der Zone oder bei starkem Einfluß von Außerirdischen während des Kontakts mit ihnen bekommen kann. Dabei ist gut möglich, daß der Mensch zunächst nichts spürt und die Krankheit erst später ausbricht. Dem Autor des Artikels kann man in diesem Punkt vollkommen vertrauen: Im Laufe der Erforschung der anomalen Zone machte er fast die gesamte Reihe von Krankheiten, die er in seinem Artikel beschrieben hatte, selber durch: von hohem Fieber bis zu einer Blutkrankheit, bei der die Menge an Prothrombin alle Grenzwerte überschreitet und die Beine immer wieder anschwellen. Aber auch dieser Artikel konnte die Unerschrockenen nicht aufhalten. Nach der Veröffentlichung Muchortows begannen sie, aus allen Städten in Gruppen oder einzeln, auf Veranlassung von Instituten oder Zeitungsredaktionen oder einfach aus eigenem Interesse in die Zone zu reisen. Ein kleines Waldgelände, das früher fast unbewohnt war, verwandelte sich so in einen dichtbesiedelten Flecken. Es gab Zeiten, in denen sich dort auf engem Raum bis zu zweihundert Personen befanden. In der Zone ist es üblich, nachts ohne Licht umherzugehen, um Außergewöhnliches sehen oder fotografieren zu können. Stellen Sie sich die Verfassung eines Menschen vor, der vollgepfropft ist mit Erzählungen über Außerirdische, die sich dort hinter jedem Busch aufhalten können, und des Nachts allein durch den Wald geht; ganz abgesehen von der Tatsache, daß es dort auch wilde Tiere gibt.

Als wir die Reise antraten, war uns das Wetter nicht wohlgesonnen, den ganzen Tag nieselte es. Zum Fluß Sylwa, hinter dem die Zone beginnt, kamen wir erst gegen Abend. Nachdem wir den breiten, aber seichten Fluß erfolgreich überquert hatten, blieben wir dennoch mit den Autos in der ersten Vertiefung auf dem Waldweg stecken. Wir sprangen auf den Boden und begannen, beide Expeditionswagen hinauszuschieben. Schließlich gelangten wir bis zu einer langen, steilen Steigung, die die Autos nicht bewältigen konnten. Wir beschlossen, dort zu übernachten, zumal uns keine andere Wahl blieb. Ein Teil der erfahreneren Teilnehmer, die sich schon mehrmals in der Zone aufgehalten hatten, machten sich auf den Weg zum nächsten Rastplatz. Wir machten Feuer, bereiteten das Essen zu und aßen unser Abendbrot. Dann begannen wir mit unseren Beobachtungen. Schon näher gegen Morgen sichteten einige Teilnehmer, die sich am Lagerfeuer aufhielten, eine fliegende Untertasse. Sie erinnerte an ein Vieleck mit mehreren Lichtern an der Bordseite. Wir waren der Meinung, daß sich in dieser Nacht wohl nichts Außergewöhnliches mehr ereignen würde, doch da irrten wir uns gewaltig. Einer unserer Expeditionsteilnehmer hatte während der Episode mit den steckengebliebenen Autos und am Lagerfeuer Aufnahmen mit Blitzlicht gemacht. Wie sich erst später herausstellte, waren auf den Fotos die Mitglieder der Gruppe in unmittelbarer Nähe von seltsamen Objekten zu sehen, die um sie herum schwebten. In ihrer Form glichen sie Ellipsen, die wie Kronleuchter in der Senkrechten ein wenig in die Länge gezogen waren. Der zweite Typ der Objekte erinnerte an bombenähnliche Vielecke, von denen eines in Bewegung fotografiert war. Es war also verfrüht gewesen, sich über fehlende Aufmerksamkeit uns gegenüber zu beklagen.

Der Morgen des nächsten Tages war sonnig. Wir begaben uns zu unserem Rastplatz, und nachdem wir dort angekommen waren, erfuhren wir eine ganze Menge Neuigkeiten. Zwei Personen aus der Gruppe, die nachts unterwegs gewesen war, waren mit unbekannten Wesen in Kontakt gekommen. Nach den Worten der Augenzeugen sahen sie nach dem Erklimmen der Anhöhe einen leuchtenden Punkt, der rot flimmerte und seinen Standort leicht veränderte. Sie baten ihn, näherzukommen, er erfüllte ihre Bitte und erreichte die Größe einer Apfelsine. Sie fragten, ob er ihnen nicht Schaden zufügen würde, worauf er ein Blinkzeichen gab. Sie stellten noch einige Fragen, die er jeweils mit Lichtzeichen beantwortete. Dann sagten sie: „Jetzt gehen wir!“ Als Antwort erhielten sie wieder ein Lichtsignal. „Begleitest du uns?“ Er blinkte erneut, folgte ihnen ein wenig und verschwand im Wald.

An jenem sonnigen Tag erkundeten wir das Gelände in unserer näheren Umgebung, packten unsere Rucksäcke aus, bauten die Zelte auf. Unseren Standort, in dessen Nähe sich ein Brunnen mit Quellwasser befand, hatten wir ungefähr einen Kilometer vom Fluß Sylwa entfernt ausgesucht. Am Flußufer inmitten der Tannen machten wir das Lager eines Fernsehteams aus Swerdlowsk ausfindig, bei dem sich seltsame „Dinge“ ereigneten.

Nachts erschienen bei ihnen an den Zeltwänden Zeichen, die Formeln ähnelten. Ein Mitglied der Gruppe sah die Zeichen deutlich, andere sahen sie vage. Alle waren sehr betroffen, konnten aber keine plausible Erklärung dafür finden und beschränkten sich auf die Beschreibung des Gesehenen.

Eines Tages saß ich allein am Lagerfeuer, als der Regisseur eines Fernsehteams aus Norilsk sich zu mir gesellte. Wir kamen ins Gespräch. Am Ende unserer Unterhaltung äußerte er sein Bedauern darüber, daß sein Aufenthalt in der Zone zu Ende gehe, ohne daß er wenigstens ein kugelförmiges Flugobjekt gesehen hatte. Nach einigem Nachdenken riet ich ihm, nachts ohne Licht allein durch den Wald zu gehen und dort, wo wenige Menschen seien, unbefangen und ohne Furcht sich der umgebenden Natur gegenüber zu verhalten. Am nächsten Morgen erfuhren wir von ihm erstaunliche Einzelheiten seines nächtlichen Abenteuers. Nach unserem Gespräch hatte er sich entschlossen, meinen Rat zu befolgen, und nachts zusammen mit einem Kameramann einen Beobachtungsposten in der Nähe eines kleinen, unbewohnten Gehöftes bezogen. Der Ort ist vor allem nachts recht unheimlich, aber es gelang den beiden, einmalige Bilder auf Videofilm festzuhalten. Eine rot- bis rosafarbene Kugel, etwas größer als eine Apfelsine, schien aus dem Stamm einer Birke herauszuschweben. Sie war durchsichtig, hing eine Zeitlang an einer Stelle und schwebte dann am Stamm entlang nach oben. Irgendwo, bereits in Höhe der Baumkrone, blitzte sie auf und verschwand aus dem Blickfeld. Als die beiden nächtlichen Beobachter zum Lager zurückgingen, gab die Zone ihnen zu verstehen, daß sie ein heimliches Ausspähen ihrer Geheimnisse nicht liebte. Als sie auf dem Weg zu ihrem Lager voranschritten, durchlebte der Regisseur einen sehr unangenehmen Moment. „Mein Eindruck war“, berichtet er später, „als wäre ich in einen Brunnen gestürzt und fiele in die Tiefe. Fügt man dem noch hinzu, daß mich ein schreckliches Gefühl des Grauens gepackt hatte, ergibt dies ein vollständiges Bild meines Zustandes.“

Als sich auch unsere Expedition dem Ende zuneigte, beobachteten wir eines Abends am Himmel ein seltsames Leuchten. Der dunkle Himmel nahm plötzlich in einer Breite von 50 Grad über dem Horizont eine hellblaue Farbe an. Es entstand der Eindruck, als wäre fern hinter dem Wald eine sehr starke Lichtquelle eingeschaltet worden. Das Leuchten dauerte ungefähr fünf Minuten an und verschwand dann. Spät nachts kam einer unserer Leute aus einem Dorf zurück, das in der Nähe der Zone lag, und erzählte, daß zu der Zeit, als wir das Leuchten beobachtet hatten, ein riesiges UFO langsam über das Dorf geflogen war. Nach Auskunft der Augenzeugen ähnelte es der Form nach einem Luftschiff. Die Farbe der breiten Spur, die sich hinter dem UFO ausbreitete, war silbrig und hatte eine gelbe Schattierung. Das UFO selbst schimmerte in orangeroten Tönen. Als wir in Perm ankamen, erfuhren wir, daß dasselbe UFO zur fraglichen Zeit dort ebenfalls gesichtet worden war. Erstaunlicherweise war das UFO auch auf den Radarschirmen gesichtet worden. Es wurde in einer Höhe von 6.500 Metern ausgemacht. Die Länge des Objektes betrug, wie Radarmessungen ergaben, ungefähr 850 Meter. Während des Fluges von der Stadt bis zur Zone erreichte das Luftschiff eine Geschwindigkeit von 5.000 Kilometern pro Stunde. In Perm erfuhr ich noch von einem weiteren interessanten Fall. In einer Erdölchemiefabrik waren die Arbeiter der Nachtschicht nicht schlecht erstaunt, als sie ganz oben auf der Kräckanlage eine eindeutig nicht zu ihren Kollegen zählende Gestalt entdeckten. Dort thronte ein Subjekt, das nächtlichen Besuchern in der Zone ähnlich sah: Die Figur erinnerte an einen Rumpf ohne Kopf und Arme und mit kurzen Beinen.

Als die von den Arbeitern herbeigerufene Feuerwehr eintraf und sich schon daranmachte, ihn mit einem Wasserstrahl zu verscheuchen, verwandelte sich der Fremdling in ein dreieckiges Prisma, dann in einen Würfel, danach in eine Kugel und flog davon.

Nun, auch auf mich wartete zu Hause in Kasachstan, in meiner Heimatstadt Semipaltinsk, eine Überraschung. Bei der Entwicklung eines Films stellte sich heraus, daß von ihm ungefähr acht Bilder „ausradiert" waren. Sie waren an der interessantesten und gefährlichsten Stelle der Zone, im Gebiet der Pyramiden, aufgenommen worden. Zum Trost war mir nur ein Bild geblieben, das ebenfalls dort entstanden und auf dem nichts Außergewöhnliches zu sehen war. Nikolaj Porsew und Anatoli Dschapakow wollten selbst die ungewöhnlichen Ereignisse, die aus der anomalen Zone im Permer Gebiet berichtet wurden, untersuchen. In Perm sammelten sie noch weitere Informationen:

Vor uns saß ein Mensch, der mit außerirdischen Zivilisationen Kontakt aufnehmen konnte: Emil Batschurin. Von

Beruf war er Geologe und arbeitete in einem Forschungsinstitut für Umweltschutz. Die Beschäftigung mit dem UFO-Problem und das Studium außerirdischer Zivilisationen sind für ihn nicht bloßes Hobby, sondern Lebensinhalt. Schon lange hat er seine Dissertation geschrieben, aber: „...In Harvard könnte ich sie verteidigen, hier nicht", bemerkte er sarkastisch. Schon seit mehreren Jahren hat er Kontakte zu Vertretern anderer Welten. Der Frage nach dem Inhalt der Gespräche mit Außerirdischen wich Batschurin aus und sagte, daß das zu phantastisch sei und wir es sowieso nicht glauben würden. Dafür sprach er gern davon, daß es auf den fliegenden Untertassen gute und schlechte Wesen gäbe. Aber der Kontakt sowohl mit den einen als auch mit den anderen sei gefährlich: sie töteten Menschen, denen es gelungen sei, zu viel herauszubekommen. Nachdem Batschurin erfahren hatte, daß wir von Perm aus zum geheimnisumwitterten Wald am Fluß Sylwa unweit der Grenze zwischen dem Permer und dem Swerdlowsker Gebiet im Ural aufbrechen wollten, fragte er: „Wissen Sie, daß man von dort einen Mann aus Riga mit den Füßen voran fortgetragen hat?" Seine ganzen Erzählungen waren mit rätselhaften Todesfällen gespickt. Es schien, als wolle er uns einen Schrecken einjagen. Noch phantastischer schienen die Publikationen in der lettischen Zeitschrift „Sowjetskaja Molodjosch" mit dem Titel „UFO-Realität". Der Autor, Pawel Muchortow, Journalist der Zeitung, beschrieb darin einen Kontakt mit fremden Wesen. Nach seinen eigenen Worten sind die Außerirdischen davon überzeugt, daß sich die Menschheit „nicht richtig" entwickle und daher für das Weltall eine Bedrohung darstelle. Man wolle uns noch zehn Jahre Zeit geben, uns zu „bessern", wenn jedoch nichts geschähe, würden wir vernichtet. Nachdem wir das gelesen hatten, riefen wir Muchortow in Riga an und fragten, ob es sich bei seinem Artikel um einen

Scherz handele. „Nein“, versicherte er, „es ist alles wahr.“ Und jetzt bestätigte uns Emil Batschurin, in Perm die höchste Autorität in Sachen Kontakte mit Außerirdischen, daß es mit dieser Erklärung seine Richtigkeit habe. Deshalb machten wir uns auf den Weg in jenes Gebiet, nachdem wir die für das Leben im Wald notwendige Ausrüstung beisammen hatten. Wir hatten vereinbart, nichts auf Treu und Glauben anzunehmen, an allem zu zweifeln und alles zu überprüfen. Unsere Begleiter waren der Physiker und Mathematiker Aleksej Ditschenko und der Physiker Wiktor Gromow.

In jener ersten Nacht am Fluß Sylwa begannen auch die Wunder. Wir waren an jenem Tag sehr müde und schliefen sofort ein - alle außer einem von denen, die diese Zeilen geschrieben haben. Am Morgen war er schweigsam, wirkte zerstreut, gab auf unsere Fragen unpassende Antworten und sagte schließlich: „Ihr werdet wahrscheinlich lachen, aber ich habe auf der Zeltwand *einen Film* gesehen.“ Zuerst waren ihm zwei hellblaue Sterne erschienen, aus denen dann ein kleiner rechteckiger Bildschirm wurde. Die Farbe des Bildschirms war mit nichts zu vergleichen, auch der Ton war ganz anders. Es tauchte eine Straße auf, die auf den Betrachter zukam und verschwamm. Dann sah er vier Gesichter, von denen drei ihn wohlwollend ansahen, während das vierte wutverzerrt war. Niemand begann zu lachen, auch deshalb nicht, weil Ditschenko, der mit ihm in einem Zelt schlief, auf der Stelle mitteilte, daß er genau das gleiche gesehen habe, aber mit geschlossenen Augen im kurzen Moment zwischen Wachen und Träumen. „Das kam von der Müdigkeit“, sagten wir und dachten im stillen, daß es beiden nur so vorgekommen war. Der Ort, an dem wir uns aufhielten, wird in der Publikation der Zeitschrift „Sowjetskaja Molodjosch“ als „Zone“ bezeichnet, deshalb werden auch wir ihn so nennen. Die Zone war stark bevölkert. Hier kann niemand etwas vor den anderen verbergen. Wir verließen unser Zelt ohne die geringste Befürchtung, daß etwas verloren gehen könnte, ließen Fotoapparate, Tonbandgeräte und Radios auf Baumstümpfen oder an Ästen zurück und fanden sie nach unserer Rückkehr von einem Spaziergang dort auch wieder vor. Muchortow schrieb, daß in ihrer Expedition auf rätselhafte Weise Gegenstände abhanden gekommen waren, bei uns gab es keine derartigen Fälle. Die einzelnen Gruppen, die sich in der Zone aufhielten, statteten sich gegenseitig Besuche ab und teilten alles, was sie hatten, einander mit. Sie tauschten auch Informationen aus, die die verschiedenen Rätsel der Natur, das Ungewöhnliche, auf das wir überall in der Zone stießen, erklärten. Wir erlebten dort folgendes: Während unserer nächtlichen Streifzüge durch den Wald und die Felder erblickten wir nicht nur einmal helle, leuchtende Flecken von der Größe eines Fünf-Kopekenstückes und etwas größer. Wenn sie näherkamen und sich wieder entfernten, zeichneten sie vor dem dunklen Hintergrund der Waldkette komplizierte Linien. Jedesmal wenn wir näher an sie herangehen wollten, liefen sie vor uns weg und verschwanden. Aufgrund dieses Verhaltens gaben wir ihnen den Namen „Koketten“. Diese Bezeichnung machte in der Zone schnell die Runde.

Eines Tages sahen wir auf einem umgepflügten Acker einen großen gelblich-orangefarbenen Fleck, der langsam seine Form änderte. Zwei Männer aus Riga begleiteten uns auf unserem Streifzug. Einer von ihnen ging voraus, wobei der Fleck verlosch. Als der Mann zurückgekehrt war, erzählte er uns, daß er beim Überschreiten der Stelle, an der sich der Fleck befunden hatte, einen Stoß wie von einem elektrischen Stromschlag verspürte und sah, daß sich der Fleck vor ihm schnell entfernte, während wir ihn ruhig hinter seinem Rükken hatten liegen sehen. Fünf Leute sahen diesen Fleck deutlich und beschrieben ihn sich gegenseitig vollkommen gleich. Eines Tages stießen wir auf die Gruppe aus Riga, die sich in der Nähe ihres Lagers aufhielt, und trafen alle mit starken Kopfschmerzen an. Bei ihrem Umherwandern in der Zone waren sie zu einer Stelle gekommen, wo alle plötzlich gleichzeitig Schmerzen empfanden, die nach einigen Stunden wieder vergingen. Natürlich begaben auch wir uns zu jener Stelle, die sie uns beschrieben hatten, aber wir fühlten absolut nichts.

Bereits gegen Ende unseres Aufenthaltes in der Zone unternahmen wir am Tage zu zweit einen Spaziergang. Uns begleitete Sergej Kasanzew, der verantwortliche Sekretär der Zeitschrift „Uralski Sledopyt". Plötzlich spürte er einen deutlichen Schlag an den Zehen des rechten Fußes. Er dachte, er sei auf einen Stein getreten, aber unter seinen Füßen war der Boden eben, und es war weiter nichts zu sehen. Sergej blieb stehen, zog einen Notizblock hervor und begann, seine Empfindungen aufzuschreiben, wobei er laut vor sich hinsprach, damit auch wir es hören konnten: „Die Fußsohle wird gefühllos; der Unterschenkel; die Hand; der Arm bis zum Ellenbogen. Die Gelenke schmerzen beträchtlich. Die Erstarrung reicht bis zu den Schultern". Er beschrieb seine Empfindungen bis zu dem Moment, in dem der Schmerz in den Gelenken unerträglich wurde. Das Bein gestreckt haltend, verließ er diesen verfluchten Ort und schleppte sich zum Lagerfeuer. Wir stellten uns der Reihe nach auf jene Stelle des Weges. Bei einem wurde der Arm bis zum Ellenbogen gefühllos, der zweite spürte nichts. Sergej litt schon seit vielen Jahren an der Bechterewschen Krankheit und hatte von Zeit zu Zeit schwere Anfälle. War es möglich, daß seine Gelenke besonders empfindlich auf Energie reagierten, die in der Zone ungleichmäßig verteilt war? Sie war an bestimmten, doch anscheinend wechselnden Stellen in hoher

Konzentration vorhanden. Sobald Sergej sich von diesen Stellen entfernte, verspürte er sofort Erleichterung.

Die Beschreibung all dessen, was wir in der Zone erlebten, würde zuviel Platz einnehmen. Deshalb beschränken wir uns auf die Aufzählung, ohne in Einzelheiten zu gehen. Einige Male sahen wir „Leuchtsäulen", als wäre unter den Bäumen eine Lichtquelle versteckt, deren Strahl nach oben gerichtet war. Es war kein grelles Leuchten, so daß es sich fast nicht vom Hintergrund abhob. Manchmal sprangen um uns leuchtend rote Funken herum. Einer von uns sah ständig ein orangefarbenes Licht, das das Gesicht seines neben ihm gehenden Kameraden anstrahlte und dessen Quelle sich irgendwo hinter seinem Rücken zu befinden schien. Wandte er sich jedoch um, sah er nur die Schwärze der Nacht. Erwähnt sei noch eine unangenehme Stelle im Wald, wo auf einer großen runden Fläche von 30 bis 40 Metern Durchmesser die dicken Stämme von riesigen Espen in Höhe der Körpergröße eines Menschen oder höher abgebrochen waren. Die Wipfel der beschädigten Bäume waren alle in eine Richtung gefallen. Man hatte den Eindruck, als ob die Bäume einen Schlag von oben rechts und leicht von der Seite bekommen hätten und als ob von einem Orkan eine Schneise in den Wald geschlagen worden wäre. Aber hier handelte es sich um eine Fläche, auf der die Baumstämme umgeknickt waren. Muchortow schrieb in der „Sowjetskaja Molodjosch", daß bei ihrer Expedition fortwährend Fotoapparate, Blitzlichtgeräte und Radios aussetzten, Quarzuhren stehenblieben und mechanische nachgingen. Wir prüften ständig unsere Uhren, aber sie gingen genau. Wie dem auch sei, in langen Streitgesprächen am Lagerfeuer erklärten die Physiker, die in der Zone zahlreicher vertreten waren als andere Berufssparten, fast jedes der Phänomene im einzelnen; aber dennoch konnte niemand eine Erklärung für die hohe Konzentration von „Wundern" auf einer verhältnismäßig kleinen Fläche von drei bis vier Quadratkilometern finden. Die Mehrheit - zu der auch wir gehörten - verband das dort Gesehene nicht mit fremden Wesen oder mit UFOs.

Wir schreiben nur über das, was wir selbst gesehen oder erlebt und einer sorgfältigen, genauen und kritischen Analyse unterzogen haben. Wir lassen vieles unerwähnt, was uns unklar schien oder nur einem zugestoßen war, der sich in seinen Gefühlen getäuscht haben könnte. Einen kleinen Teil dessen, was in der „Sowjetskaja Molodjosch" beschrieben war, können wir durch unsere Beobachtungen bestätigen, für den Rest möge das Gewissen des Autors geradestehen. Wir sind der Meinung, daß für die Enträtselung des „Phänomens der Zone" keine Sonderlinge oder zu außersinnlichen Wahrnehmungen befähigte Menschen vonnöten sind, nicht interessierte Müßiggänger, sondern eine komplexe wissenschaftliche Expedition. Bisher strömten viele ganz unterschiedliche Menschen in die Zone. Wir beobachteten, wie Kasachen, Udmurten, Touristen aus dem nördlichen Kaukasus und aus vielen verschiedenen Städten der Sowjetunion in großen Gruppen oder einzeln eintrafen. Im Wald war plötzlich das Gezeter von Betrunkenen zu hören, vollkommen gesunde Bäume wurden zu Brennholz zerhackt. Auf den Waldwiesen am Fluß heulten die Motoren von Lastwagen auf, und alles ringsum wurde von Abgasschwaden eingehüllt. Die Ankömmlinge, alles zerstörend, begannen, sich durch den Wald zu schlagen, und erschreckten einander. In der letzten Nacht, die wir in der Zone verbrachten, beobachteten wir eine typische Szene. Zwei begegneten sich, hielten aber 15 bis 20 Schritte voneinander entfernt an. Der eine fragte mit zittriger Stimme: „Hör mal, bist du ein Mensch?" Worauf der zweite ebenso ängstlich zurückfragte: „Und du?"

Mit einer Menge von Bewunderern und Freunden traf Emil Batschurin in der Zone ein. Er schritt an der Spitze seiner Anhänger und erzählte wahrscheinlich von seinen Kontakten mit fremden Wesen. Wir haben es uns durchaus nicht zur Aufgabe gemacht, Batschurin zu widerlegen, sind aber dennoch der Meinung, daß seine Erzählungen und Arbeiten einer unvoreingenommenen, gewissenhaften wissenschaftlichen Überprüfung unterzogen werden müssen. Ein Gutachten ist notwendig, sonst wird es nicht möglich sein, die rätselhafte Psychose, von der eine immer größer werdende Zahl von Menschen erfaßt wird, zu stoppen.

Unbekannte Flugobjekte auf Radarschirmen

In Gorki

Am 27. März 1983, 17.50 Uhr Moskauer Zeit, erfaßte die Rundsichtradarstation des Flughafens in Gorki östlich von Moskau ein Objekt, das auf die Frage der Freund-oder-Feind-Erkennung nicht reagierte und daher nicht identifiziert werden konnte. Es flog in einer Höhe von ungefähr 70 Kilometern von Gorki aus nach Südosten, drehte dann ein wenig weiter in östliche Richtung und noch nicht über den Flughafen selbst, sondern sieben bis zehn Kilometer von ihm entfernt. Die Flughöhe des Objektes betrug weniger als ein Kilometer, die Geschwindigkeit ungefähr 180 bis 200 Stundenkilometer. Das Objekt hatte die Größe des Rumpfes einer IL14, wies aber keinerlei Anzeichen von Flügeln oder einem Heckleitwerk auf. Diese fliegende „Zigarre“ von heller, stahlgrauer Farbe schwebte fast 40 Minuten langsam über den Himmel. 30 bis 40 Kilometer nordöstlich des Flughafens verlor die Radarstation das Objekt aus dem Blickfeld...

25.März 1985. Gegen 14.00 Uhr wurde auf der Radaranlage der Flugfeldüberwachung ein unbekanntes Objekt mit einem Azimut von 90 Grad, einer Entfernung zwischen 70 und 20 Kilometern und einer Geschwindigkeit von ungefähr 6.000 Stundenkilometern gesichtet.

11. Mai 1985. Gegen 3.00 Uhr wurde auf dem Radarschirm der Flugüberwachung (bei fehlender Ortung auf dem Rundsichtradarschirm) in einer Entfernung von 15 bis 100 Kilometern der Flug eines unbekannten Objektes mit einer Geschwindigkeit von 7.200 Stundenkilometern beobachtet.

In der Ukraine

13. August 1983. Von 0.08 Uhr bis 0.10 Uhr wurde auf dem Radarschirm des Flughafens in Charkow ein nichtidentifiziertes Objekt, das während des Flugs seine Geschwindigkeit von 900 auf 1.500 Stundenkilometer erhöhte, gesichtet. In einer Entfernung von 27 Kilometern verschwand es vom Radarschirm. Gleichzeitig wurde es mit bloßen Augen in Form einer roten, leuchtenden Kugel, die in geringer Höhe flog, beobachtet. Auf dem Radargerät wurde zu dieser Zeit ein zweites nichtidentifiziertes Objekt ausgemacht, das etwas nördlicher mit parallelem Kurs acht Kilometer vom ersten entfernt flog und seine Geschwindigkeit von 1.200 auf 1.000 Kilometer pro Stunde verringerte; es verschwand in einer Entfernung von 28 Kilometern.

17. Mai 1984. In der Zeit von 22.15 Uhr bis 1.30 Uhr wurden mehrmals unbekannte Flugobjekte - sowohl bewegliche als auch unbewegliche - mit unterschiedlichen effektiven Streuflächen der Funksignale in Entfernungen von 12 bis 32 Kilometern fixiert, die Geschwindigkeiten von 1.200 bis

1.500 Stundenkilometern und mehr erreichten und für 10 bis 12 Sekunden und länger zu erkennen waren. An diesem Tag wurde um 23.00 Uhr ein nichtidentifiziertes Objekt von mattroter Farbe mit leuchtend roten, blinkenden Lichtern, die in Dreiecksform an den Seiten angeordnet waren, über der Stadt gesichtet.

10. November 1984. Ab 0.32 Uhr wurde im Verlauf von zehn Minuten im Gebiet von Saporoschje nördlich des Schwarzen Meeres auf dem Radarschirm ein unbewegliches, nichtidentifiziertes Objekt in einer Höhe von 10.600 Metern geortet. Um 0.42 Uhr begann es, mit einem Kurs von 250 Grad und einer Geschwindigkeit von 2.500 Stundenkilometern loszufliegen (Beobachtung auf der Radaranlage von Dnepropetrowsk, nördlich von Saporoschje). In dieser Nacht wurde von 3.02 Uhr bis 3.05 Uhr im Azimut von 195 Grad und in einer Entfernung von 250 Kilometern von Charkow (im Gebiet von Saporoschje) ein unbewegliches, nichtidentifiziertes Objekt in einer Höhe von 10.500 Metern gesichtet, das sich dann mit einem Kurs von 250 Grad und einer Geschwindigkeit von 1.000 Stundenkilometern entfernte.

Östlich von Woronesch (Im Gebiet von Borissoglebsk, Woronesch)

23. März 1984. Von 14.22 Uhr bis 14.55 Uhr wurden auf den Radarschirmen unbekannte Flugobjekte geortet, die sich in Entfernungen von 900 bis 4.000 Metern und mit Geschwindigkeiten von 0 bis 3.000 Stundenkilometern auf kreisähnlichen Flugbahnen bewegten. Um 22.05 Uhr wurde das Auftauchen eines Echos eines nichtidentifizierten Objektes mit großer paramagnetischer Elektronenresonanz, die das

Echo des vorüberfliegenden Flugzeuges überlagerte, auf dem Radarschirm bemerkt.

29. März 1984. Auf den Radarschirmen wurden sechs unbekannte Flugobjekte, die sich zwischen 2.000 bis 9.000 Meter Höhe mit einer Geschwindigkeit von 0 bis 3.000 Stundenkilometern bewegten, ausgemacht.

4. Mai 1984. Um 7.15 Uhr wurden auf den Radarschirmen im Azimut von 230 Grad zwei unbekannte Flugobjekte in einer Höhe von 3.500 bis 4.000 Metern geortet, die sich mit einer Geschwindigkeit von 500 Stundenkilometern auf einem Kurs von 330 bis 350 Grad in das Fluggebiet begaben, wo sie während des Auftauchens von Flugzeugen unbeweglich verharrten und sich dann entfernten.

11. Mai 1984. Um 19.40 Uhr wurde mit Hilfe des Radars in einer Höhe von 2.100 Metern ein unbekanntes Objekt fixiert, das vom Piloten eines speziell zur Identifizierung aufgestiegenen Flugzeuges nicht gesichtet wurde. Einige Daten von Beobachtungen anomaler Objekte im Gebiet von Borissoglebsk östlich von Woronesch, für deren Beobachtung verschiedene Typen von Radargeräten verwendet wurden:

1. Rundsichtradargeräte, deren Antenne innerhalb von 13 Sekunden einmal rotiert.
2. Radarhöhenmesser mit Winkelauffächerung.
3. Flugzeugradargeräte.

25. Mai 1982. In der Zeit, als die Verbindung mit dem Flugzeug des Typs MIG-21 unterbrochen war, und während des darauffolgenden Absturzes der MIG-21 wurde auf dem Radarschirm in der Nähe des Flugzeuges in einer Höhe von 1.500 Metern ein UFO geortet. 27. Mai 1982. Alexander Panjukow und Alexander Kunin, die sich auf der inzwischen eingeleiteten Suche nach Überresten der abgestürzten MIG-

21 im Waldgebiet von Poworino bei Borissoglebsk aufhielten, beobachteten, als sie auf eine Lichtung hinaustraten, ein dreieinhalb Meter großes Wesen von menschenähnlicher Gestalt und grünlichsilberner Farbe. Aus einiger Entfernung beobachteten sie kurz darauf hinter den Bäumen ein Aufblitzen und den Start eines leuchtenden Objektes, das eine schwach leuchtende, spiralförmige Spur zurückließ und bald außer Sichtweite war.

6. April 1984. Ein Schulflugzeug des Typs MIG-21 erhielt bei der Ausführung eines Übungsfluges in einer Höhe von 3.500 bis 5.000 Metern die Warnung, daß auf den Radarschirmen im Flugbereich der MIG-21 das Echo eines unbekannten Flugobjektes ausgemacht worden sei. Einige Zeit später meldete der Fluglehrer an die Bodenstation, daß das Flugzeug anscheinend auf etwas gestoßen sei, daß sie einen Schlag verspürt hätten, der zur Beschleunigung ihrer Geschwindigkeit geführt hätte, daß die Triebwerke und das hydraulische System versagt hätten und der Funkkontakt unterbrochen worden wäre. Die Besatzung konnte sich mit den Schleudersitzen retten. Das UFO war mit bloßen Augen nicht auszumachen gewesen.

4. Mai 1984. Um 7.15 Uhr wurden in einer Entfernung von 25 Kilometern und in einem Azimut von 230 Grad zwei Echos von UFOs bemerkt, die auf einer Höhe von 3.500 bis 4.000 Metern, mit einer Geschwindigkeit von 500 Stundenkilometern und einem Kurs von 330 bis 350 Grad in das Fluggebiet eintraten, wo sie unbeweglich verharrten. 11. Mai 1984. Um 19.40 Uhr wurde auf dem Radarschirm in einer Höhe von 2.100 Metern ein UFO gesichtet. Ein zu diesem Punkt heranfliegender Pilot konnte nichts entdecken.

13. Mai 1984. Um 4.10 Uhr wurde auf dem Radarschirm das Echo eines Zieles in Form einer mit der Fläche nach unten gerichteten Halbkugel in der Nähe des Flughafens ge-

sichtet, das mit einem Kurs von 230 bis 240 Grad in Richtung Südwesten flog. Echos von Flugzeugen weisen auf den Radarschirmen die deutlich umrissene Form einer halben Ellipse, die von UFOs die Form einer plattgedrückten Kugel oder Ellipse auf. Alexander Kopejkin ist Pilot. Nachdem er selbst auf seinen Flügen mit UFOs in Berührung gekommen war, wurde er einer der aktivsten UFO-Forscher der Sowjet union. Er nahm an vielen Expeditionen in den Pamir und in den Norden des Landes teil, die die Suche nach dem „Schneemenschen“ und die Erforschung seines Verhaltens zum Ziel hatten. Alexander Kopejkin schickte mir einige Briefe, in denen er von erstaunlichen Begegnungen mit UFOs auf der Erde und in der Luft im Gebiet von Woronesch berichtete. Der März 1984 war für visuelle Beobachtungen von unbekannten Flugobjekten oder deren Sichtungen auf dem Radarschirm im Bezirk Poworino im Gebiet von Woronesch sehr ergiebig. Allein während der Zeit vom 20. bis 30. März wurden 20 UFOs registriert. Alexander Kopejkin beobachtete am 29. März 1984 innerhalb von anderthalb Stunden sechs UFOs. Sie flogen im ganzen Gebiet mit einer Geschwindigkeit von 0 bis 3.000 Stundenkilometern und in einer Höhe von 2.000 bis 9.000 Metern umher. An jenem Tag regnete es, so daß die Sichtweite nur ungefähr einen Kilometer betrug, und es gab keine Flüge der sowjetischen Fluggesellschaft.

Alle UFOs tauchten an ein und derselben Stelle, einem schwer zugänglichen Sumpf- und Seengebiet 25 Kilometer vom Flughafen entfernt, im Azimut von 230 Grad auf. In einem Brief schickte er äußerst interessantes Fotomaterial mit, das Aufnahmen vom Rundsichtradarschirm der Bodenstation vom 23. März 1984 enthielt. Die Belichtungszeit für jedes Foto betrug drei Minuten, während die Antennenrotation 13 Sekunden dauert; das heißt, daß bei der angegebenen

Belichtungsdauer auf einem Foto bis zu 14 Echos des Objekts aufgenommen sind.

Beobachtungen vom 23. März 1984 (zwischen 14.22 Uhr und 14.55 Uhr)

1. Echos nur von Flugzeugen, die im Luftraum verkehren. Die Echos des Flugzeuges, das mit Kurs 175 Grad in den Luftüberwachungsraum eindringt, sind rot markiert. Entfernung: 50 km.

2. Ein kaum bemerkbares Echo eines UFOs (gelb markiert und durch blauen Pfeil gekennzeichnet) ist im Azimut von 210 Grad in einer Entfernung von 22 Kilometern aufgetaucht. Das Flugzeug dringt weiter in den Luftüberwachungsraum ein.

3. Entfernung des Flugzeugs: ungefähr 42 Kilometer; Kurs: 180 Grad. Das Echo des UFOs hat sich auf den Azimut von 230 Grad verschoben, und die Entfernung beträgt ungefähr 25 Kilometer. Das Flugzeug dringt in den Luftüberwachungsraum ein.

4. Das Flugzeug setzt seinen Flug in den Luftüberwachungsraum „Sieben" mit einer Geschwindigkeit von 700 Stundenkilometern, einem Kurs von 180 Grad und einer Höhe von 900 Metern fort. In Entfernungen von 18 bis 27 Kilometern begleitet es das UFO (Entfernung: 18 bis 25 Kilometer; Kurs: 195 Grad; Luftlinie bis zum Flugzeug: fünf bis sieben Kilometer).

5. Das Echo des UFOs zeigt eine Entfernung von 29 Kilometer und ein Azimut von 230 Grad an und verharrt auf der Stelle. Höhe (nach Radarhöhenmesser): 4.500 Meter. Auf ein Überschallflugzeug (Echo rot markiert) „reagiert" das UFO nicht.

6. Das Echo des UFOs hat sich langsam auf die Entfernung von 25 bis 26 Kilometer und den früheren Azimut von 230 Grad verschoben.

7. Das Echo des UFOs hat sich langsam - die Geschwindigkeit beträgt weniger als 500 Stundenkilometer - nach Norden verschoben (Entfernung: ungefähr 20 Kilometer; Azimut 255 Grad).

8. Das Echo des UFOs kehrte zum Azimut von 220 Grad zurück und bewegt sich im Azimut (210 bis 230 Grad), in der Entfernung (20 bis 32 Kilometer) und in der Höhe (900 bis 4.000 Meter).

9. Das UFO setzt sein Manövrieren im Azimut (210 bis 230 Grad), in der Entfernung (28 bis 39 Kilometer) und in der Höhe (900 bis 4.000 Meter) fort.

10. Das UFO setzt sein Manövrieren im Azimut (205 bis 230 Grad), in der Entfernung (26 bis 38 Kilometer) und in der Höhe (900 bis 4.000 Meter) fort.

11. Das Echo des UFOs verschob hat sich auf den Azimut von 220 Grad und bewegte sich auf das Flugzeug zu (Begegnung in einer Entfernung von ungefähr 43 Kilometern, im Azimut von 220 Grad beziehungsweise 193 Grad). Die Luftlinie zwischen dem UFO und dem Flugzeug beträgt ungefähr sieben Kilometer.

12. Mit einem Kurs von 220 Grad begleitet das UFO das Flugzeug, das einen Kurs von 195 Grad hat. Die Entfernungen liegen zwischen 45 bis 23 Kilometer.

13. Das UFO hat sich bis auf 5 Kilometer dem Flugzeug genähert und sich dann zurückgezogen. Es begleitet das Flugzeug mit einem Kurs von 220 Grad (Kurs: 195 Grad) bis zum Flughafen.

14. Das Flugzeug ist gelandet, das Echo des UFOs hielt bei einer Entfernung von ungefähr 15 Kilometern an und erlosch langsam.

15. Kein Echo des UFOs mehr vorhanden, in der Luft sind nur Linien- oder Übungsflugzeuge.

Beobachtung vom 28. März 1984 (zwischen 22.05 Uhr und 22.40 Uhr)

Um 22.05 Uhr tauchte das Echo eines Flugzeuges in einer Entfernung von 85 bis 90 Kilometern und einem Azimut von 230 Grad auf, das mit einem Kurs von 60 Grad und einer Geschwindigkeit von 850 Stundenkilometern in einer Höhe von 900 Metern nach Nordosten flog. Nach der nächsten Umdrehung der Antenne verschwand das Echo in einer Entfernung von 75 Kilometern; es tauchte eine starke Aufhellung in Form eines Vogels auf, die fast 20 Minuten zu sehen war, dann in einzelne Fasern zerfiel, die sich in den folgenden 20 Minuten auflösten. Die Aufhellung setzte sich in einer Höhe von 900 bis 3.500 Metern fest. Ihre Fläche betrug ungefähr 7.500 Quadratkilometer. Am 21. März 1990 wurde um 21.40 Uhr die Radarstaffel bei Perslawl-Salesskij in Bereitschaftsstaffel versetzt, um ein über dem Stadtgebiet befindliches Objekt auszumachen und zu identifizieren. Nach den Daten des Diensthabenden wurden jedoch seit dem Einschalten des Radarortungsgerätes keine Ziele ohne Erkennungssignale im Radarkontrollbereich beobachtet. Gleichzeitig wurde in der benachbarten Einheit die Kampfbereitschaft der diensthabenden Kräfte geprüft, die ebenfalls im Umkreis von 150 Kilometern um den Standort der Radarstation kein Ziel ohne Identifizierungssignale entdeckten. Oberleutnant Alexander Sementschenko erhielt um 21.38 Uhr den Befehl zum Start, um in der Luft im Gebiet von Pereslawl-Salesskij das Ziel in 2.000 Meter Höhe ausfindig zu machen und zu identifizieren. Um 22.05 Uhr sah er auf dem Kurs von 220

Grad rechts von sich unter einem Winkel von 10 Grad mit bloßen Augen das Ziel, das durch zwei weiß schimmernde Lichter gekennzeichnet war. Auf Befehl der Leitstelle flog er eine Kurve und beobachtete dabei im Norden und Nordwesten eine Lichterscheinung, die an ein schwaches Nordlicht erinnerte. Er näherte sich dem Ziel bis auf schätzungsweise 500 bis 600 Meter. Er stieg auf, um das Flugobjekt identifizieren zu können, bemerkte aber nur zwei grelle, weiße, blinkende Lichter. Vor dem Hintergrund der beleuchteten Stadt sah er für kurze Zeit die Silhouette des Ziels, konnte aber aufgrund der beschränkten Lichtverhältnisse den Charakter des Flugobjektes nicht bestimmen. Auf Befehl der Leitstelle brach er seinen Flug ab und kehrte zum Flughafen zurück.

Was war geschehen? Am 21.März 1990 tauchen im Gebiet Pereslawl-Salesskij - Nowosselje - Sagorsk - Jakowlewo - Ploschewo Dubki - Kablukowo - Frjasino - Kirschatsch ungefähr in der Zeit von 20.00 Uhr bis 24.00 Uhr unbekannte Flugobjekte auf. Auf einigen Radarschirmen wurden sie gesehen, auf anderen nicht. Warum? Auf diese Frage gibt es zur Zeit noch keine Antwort. Heute kann man nur den Verlauf der Ereignisse feststellen. Hier sind die Daten des Beobachtungspostens, der sich im Gebiet von Pereslawl-Salesskij befindet: „Ein rot leuchtendes Objekt tauchte um 21.19 Uhr im Azimut von 260 bis 270 Grad und einer Entfernung von 40 Kilometern auf. Es flog mit einer Geschwindigkeit, die die eines Flugzeuges um vieles überstieg. Hinter ihm folgte mit denselben Parametern ein weiß leuchtendes Objekt. 21.35 Uhr: Verschwinden des rot leuchtenden Objektes. Azimut: 220 Grad, Entfernung unbestimmt. 21.40 Uhr: Abwechselndes Auftauchen und Verschwinden des zweiten Objektes mit weißen Lichtern im Azimut von 270 bis 250 Grad und einer Entfernung von 40 bis 100 Kilometer.

21.50 Uhr: Stabiles Auftauchen und Schweben des Objektes im Azimut von 270 Grad. 21.55 Uhr: Das Objekt ist vom Azimut 240 Grad in einer Entfernung von 40 Kilometern verschwunden.

21.57 Uhr: Das Objekt tauchte mit den angegebenen Parametern wieder auf. 21.59 Uhr: Beobachtung eines Flugobjekts im Azimut 250 Grad in einer Entfernung von 30 bis 50 Kilometer mit einem Kurs von 330 Grad. Das Objekt wendet und nähert sich mit hoher Geschwindigkeit dem Flugzeug. Beim Annähern verschwindet das Objekt in einer Entfernung von 20 Kilometern vom Radarschirm und taucht hinter dem Flugzeug höher auf. Das Objekt bewegt sich auf einer bogenförmigen Flugbahn; Azimut: 270 Grad.

22.01 Uhr: Schweben des Objektes auf der Stelle im Azimut von 190 bis 200 Grad; Entfernung: bis 100 Kilometer. 22.03 Uhr: Auftauchen im Blickfeld des Jagdflugzeuges im Azimut von 240 Grad. Als sich das Jagdflugzeug dem Objekt näherte, verschwand dieses. 22.05 Uhr: Das Objekt tauchte im Azimut von 190 bis 220 Grad auf, verharrte ein bis zwei Minuten auf der Stelle und verschwand“. Kommandeure einiger Militäreinheiten der Luftabwehr des Moskauer Militärbezirkes sammelten mehr als hundert visuelle Beobachtungen ihrer Untergebenen. Hier sind Auszüge aus einigen Berichten, die das Bild ergänzen. Sergeant Nikolaj Fedorowitsch: „Ich hatte Dienst, als ungefähr gegen 22.05 Uhr der Soldat Iwan Wlassjuk zu mir gelaufen kam und meldete, daß über dem Kasernengelände ein ungewöhnliches Objekt fliege. Ich lief auf die Straße hinaus. Aus der Richtung des Schwimmbades tauchten zwei Lichter auf. Sie befanden sich in geringem Abstand voneinander. Dabei leuchteten sie nicht ununterbrochen, sondern blinkten. Ihr Licht war sehr hell, die Lichter blinkten gleichzeitig. Ungefähr 20 Sekunden später tauchte das Objekt in eine Wolke ein. Die Lichter selbst waren nicht mehr zu sehen, aber der ganze Raum wurde durch eine Lichtwand erhellt. Das Objekt flog sehr schnell und geräuschlos." Hauptmann Wiktor Birin: „Das Objekt erinnerte an eine fliegende Untertasse mit zwei sehr hellen Lichtern an den Seiten. Sein Durchmesser betrug, nach dem Abstand der Lichter zu urteilen, ungefähr 100 bis 200 Meter. Zwischen den beiden hellen Lichtern war weniger intensives Licht zu erkennen, das von Fenstern ausgehen konnte. Nach dem Entfernen des Objektes blieb das rote Licht von mittlerer Intensität zurück. Die Fluggeschwindigkeit des Objekts und das Blinken der hellen Seitenlichter standen in direkter Abhängigkeit voneinander: Je öfter die Lichter blinkten, desto höher war die Geschwindigkeit des UFOs, und umgekehrt: beim Schweben erloschen die Lichter des Objektes fast völlig. Um 22.30 Uhr entfernte sich das Objekt in Richtung Moskau." Hauptmann Wladimir Iwtschenko: „Es war unmöglich, die Konturen des Objektes zu erkennen, aber ich sah genau zwei Lichter, die in bestimmten regelmäßigen Abständen wie Elektronenblitze aufflammten. Als sich das UFO allmählich unserem Kasernengelände näherte, beschrieb es eine S-Kurve. Seine Flugroute verlief von Osten nach Westen unter einem Winkel von ungefähr 75 Grad. In der Nähe des Objektes machte ich zwei Flugzeuge aus." Hauptmann Nikolaj Filatow: „..Aller Wahrscheinlichkeit nach rotierte das Objekt in horizontaler Ebene um seine eigene Achse, da die Lichtquellen sich mal vereinigten und dann wieder verdoppelten. Die Lichtquellen waren, nach der Intensität des Lichts und der Stärke der Lichtbündel zu urteilen, bedeutend größer als die Signallichter der Flugzeuge, die zu der Zeit in unserem Gebiet flogen. Die Lichter des UFOs leuchteten in Abständen von zwei bis drei Sekunden auf. Das Objekt befand sich in Richtung Sagorsk und flog eine aufsteigende S-Kurve." Hauptmann Igor Lapin: „Gegen 22.00 Uhr verschwand das Blinken des Objekts für fünf Minuten, danach flammte gleißendes Licht auf. Die ganze Wolke war beleuchtet, und das Objekt tauchte von Neuem auf. Zwei Flugzeuge mit roten Erkennungslichtern begleiteten es. Nach einem Sturzflug flog das Objekt mit hoher Geschwindigkeit in Richtung Moskau davon. Hinter ihm blieb ein rotes Leuchten von mittlerer Intensität in den Wolken zurück. Das Objekt war bis 22.00 Uhr zu beobachten." All diese Aussagen stellte der Chef des Generalstabs der Luftverteidigung, Generaloberst Igor Malzew, zur Verfügung. Er kommentierte die Geschehnisse so: „Ich bin kein UFO-Spezialist. Daher kann ich nur allgemein über das UFO urteilen und meine Meinung äußern. Den Berichten der Augenzeugen zufolge handelte es sich um eine runde Scheibe mit einem Durchmesser von 100 bis 200 Metern. An seinen Seiten befanden sich zwei pulsierende Lichter. Wenn das Objekt horizontal flog, verlief die imaginäre Linie, die beide Lichter miteinander verband, parallel zum Horizont. Sie bildete einen Winkel zum Horizont, wenn es seinen Flug in vertikaler Richtung änderte. Außerdem rotierte das Objekt um seine eigene Achse und flog eine auf- oder absteigende S-Kurve. Das UFO verharrte mal schwebend an einer Stelle und flog dann wieder bis drei mal schneller als ein moderner Düsenjäger. Alle Beobachter stellten fest, daß die Fluggeschwindigkeit des UFOs vom Blinken der seitlichen Lichter abhing: Je schneller sie blinkten, um so größer war seine Geschwindigkeit.

Die Objekte flogen in einer Höhe, die zwischen 1.000 und 7.000 Metern schwankte. Die UFOs bewegten sich ohne irgendwelche Begleitgeräusche und zeichneten sich durch eine erstaunliche Manövrierfähigkeit aus. Es schien, als ob UFOs völlig schwerelos seien. Mit anderen Worten, es hat den Anschein, daß sie von der Gravitation der Erde irgendwie unabhängig sind. Bis heute verfügt wohl kaum irgend jemand auf der Erde über Maschinen mit ähnlichen Eigenschaften. Auf den Radarschirmen der Flugzeuge und einiger Radarstationen wurde das Objekt als Markierung des Ziels beobachtet. Von einer Station wurde es nicht erfaßt."

UFOs am Himmel - Flieger berichten

Der Jagdflieger Lew Wjatkin hatte im August 1967 zwei Begegnungen mit unbekannten Flugobjekten, die sich für immer in sein Gedächtnis eingeprägt haben: Die Sache spielte sich auf dem Militärflughafen auf der Krim, wo ich damals diente, ab. Am 7. August 1967 saß ich im Cockpit eines Abfangjägers, der auf der Startbahn stand, und überprüfte die Funktionsfähigkeit der Bordinstrumente. Es war 6.30Uhr morgens, die Sonne war noch nicht aufgegangen, am Himmel war keine Wolke zu sehen. Plötzlich tauchte in einer Entfernung von ungefähr zwei Kilometern und in einer Höhe von annähernd 300 Metern eine große, leuchtende Kugel von fast 80 Meter Durchmesser auf. Vor dem Hintergrund des klaren, hellblauen Himmels war sie gut zu sehen; sie leuchtete wie ein brennendes Streichholz. Durch die äußere, glühende Hülle schimmerte ein dunkelblauer Kern, der von massiver und fester Beschaffenheit zu sein schien. Die Kugel schwebte nicht, sondern flog in der Luft, wobei sie sich gegen den Wind mit einer Geschwindigkeit von 60 bis 70 Stundenkilometern fortbewegte. Es war zu sehen, wie die erwärmte Luft, die von der Kugel wie eine Spur hinterlassen wurde, zu flimmern anfing. Der Flug erfolgte vollkommen lautlos und war daher von etwas Geheimnisvollem und Bedeutsamem umgeben. Nach kurzem Funkkontakt mit der Leitstelle verstand ich, daß auf dem Ortungsgerät kein Signal vom Flugobjekt empfangen wurde. Auf meinen Rat hin verließ der diensthabende Offizier den Raum der Leitstelle und beobachtete das Objekt mit bloßem Auge. Da ich wußte, daß die Filmkamera schußbereit war - ich hatte sie eben erst überprüft - wollte ich aufsteigen, um das Objekt aus der Nähe filmen zu können. Auf meine wiederholte Bitte erhielt ich jedoch ein entschiedenes Startverbot. Später erfuhr ich, daß in der Leitstelle die Kugel zweifelsfrei als zu einem UFO gehörig betrachtet wurde und durch mein beabsichtigtes Manöver, das als Beginn eines Angriffs hätte ausgelegt werden können, irgendwelche Folgen befürchtet wurden. Wir beobachteten die Kugel drei Minuten lang, als sie plötzlich in ihrem Flug innehielt. Aus ihrer Mitte drang ein dünner Lichtstrahl hervor und war senkrecht auf die Erde gerichtet. Danach stieg das Objekt auf einmal und mit unglaublicher Geschwindigkeit in die Höhe und verschwand auf der Stelle. In diesem Augenblick war über Kopfhörer ein sich verstärkender Ton zu vernehmen, bis er abriß. Alle Zeugen dieser Episode erinnern sich bis heute an ihn und können meine Erzählung bestätigen. Fünf Tage später, am 13. August 1967, ereignete sich während eines Nachtübungsfluges noch einmal eine erstaunliche Episode. „Es war kurz nach 23.00 Uhr. Ich schaltete die Schubverstärkung ein und wählte eine Höhe von 1.000 Metern. Ich schaltete zurück auf das Ansteuerungsfeuer, berichtigte meine Position, machte dem Flugleiter, Major Mussatow, Meldung und ließ das Flugzeug eine leichte Kurve fliegen. Außenbords war eine mondlose, ruhige Nacht, die durch die hellen Gestirne wie verzaubert wirkte. Ich glaube, daß sich das Bild des Firmaments, das sich einem Piloten von der Stratosphäre aus darbietet, von dem unterscheidet, das der Mensch von der Erde aus sieht. Die dünne Luft ermöglicht es, eine unglaublich große Anzahl von Sternen wahrzunehmen. Es sind ihrer so viele, daß in ihnen die gewohnten Gestirne buchstäblich verschwinden. Aber das ist noch nicht alles: Es zeigt sich ein besonderer stereoskopischer Effekt, bei dem das Auge die Himmelskörper recht genau aufgrund ihrer unterschiedlichen Entfernungen voneinander zu unterscheiden vermag; so erscheint zum Beispiel auch die Milchstraße räumlich. Von der Grenzenlosigkeit des sichtbaren Alls geht ein ganz besonderer Reiz aus; ein Mensch, der dies erlebt, fühlt sich wie verzaubert ...

Mein Flugzeug beschrieb gehorsam die Hälfte der Kurve und flog dann in Richtung Meer. Weit unten blinkten die im Halbrund sichtbaren Lichter von Jalta. Ich kontrollierte wie gewohnt die Instrumente. Hinter der Rückenlehne des Sessels war das Rauschen des laufenden Motors zu hören. Der Flugablauf war normal, und ich hielt alle vorgegebenen Daten ein. Und plötzlich sah ich das, was mir später lange keine Ruhe ließ. Über mir schwebte zur linken ein großes, helles Objekt in Form eines leuchtenden Ovals oder einer stark konvexen Linse. Durch die derart nahe Anwesenheit eines Fremden beunruhigt, fragte ich unverzüglich bei Major Mussatow an, wer sich in meiner Nähe befande. Zu meinem Erstaunen teilte er mit, daß alle Flugzeuge außer meinem bereits gelandet seien. Ich bemühte mich, das seltsame Objekt, das mich in große Unruhe versetzt hatte, nicht aus den Augen zu verlieren, und flog mit der Maschine eine Rechtskurve. Meinen Kopf durchzuckte sofort der Gedanke an ein UFO. Ich wich der gefährlichen Annäherung aus und versuchte zu bestimmen, in welche Richtung sich das Objekt bewegte. Nach einigen Sekunden begann es jedoch zu verlöschen, in dem das Licht allmählich dunkler wurde. Nachdem ich eine volle Rechtskurve geflogen war, brachte ich das Flugzeug in die Ausgangsposition zurück. Nach einigem Überlegen beschloß ich, doch noch eine Linkskurve zu fliegen, um nicht die gestellte fliegerische Aufgabe zu ändern.

Gleichzeitig versuchte ich, aufmerksam den Luftraum zu beobachten. Kaum hatte ich die vorgegebene Neigung und Geschwindigkeit eingestellt und Gas gegeben, als über mir ein weißes Licht aufflammte und vor mir ein leicht abfallender, milchig-weißer Strahl auftauchte. Er kam schnell näher, und hätte ich nicht rechtzeitig die Neigung des Flugzeugs aufgehoben, wäre ich mit größter Wahrscheinlichkeit mit dem Cockpit in ihn hineingeraten. Ich streifte den Strahl jedoch noch mit dem linken Flügel. Während dieser kurzen Berührung sah und fühlte ich etwas äußerst Seltsames: Kaum hatte der Flügel des Flugzeugs den weißen Strahl tangiert, so zerstob dieser wie bei einem Feuerwerk in einzelne feine, blinkende Funken. Gleichzeitig ging ein starkes Rütteln durch das Flugzeug. Die Zeiger der Instrumente, die von der Bordenergie gespeist werden, begannen wie wild auszuschlagen. Was war das? Der Strahl war gleichsam wie aus fester Materie, dachte ich unwillkürlich und verfolgte die weit nach unten reichende blinkende Säule mit den Augen. Einige Sekunden später waren sowohl der Strahl als auch das Licht über mir verschwunden.“

Saratow, 26. März 1980. Temperatur: 3 Grad Celsius. Eine mondhelle Nacht. Am nördlichen Horizont war eine Schicht von Haufenwolken zu erkennen, es waren keine Wälder in der Nähe, die Wolganoa in vier Kilometer Entfernung dahin. Über der Startbahn des Flughafens tauchte um 0.18 Uhr ein zylinderförmiger Gegenstand in einer Höhe von 30 bis 40 Metern über der Erdoberfläche auf. Nach Berichten des Flughafenpersonals, das zu der Zeit auf dem Flugfeld war, hatte dieses Objekt einen Durchmesser, der dreimal so groß war wie der einer AN-24. Das Objekt flog nach Westen, hinten war die Flamme der geräuschlos arbeitenden Triebwerke zu sehen, vorn war etwas wie eine beleuchtete Kanzel zu erkennen. Die auf dem Flughafen eingeschalteten

Radargeräte konnten dieses Objekt nicht ausmachen. Zu dieser Zeit sollte eine Maschine von Saratow nach Jerewan starten, doch die Besatzung lehnte dies ab, so daß der Start erst mit 25 minütiger Verspätung erfolgte. Um 0.23 Uhr landete eine AN-24, aus Stawropol kommend, in Saratow, deren Besatzung sich über den Umstand erregte, daß sie beim Anflug beinahe mit einem großen zylinderförmigen Objekt zusammengestoßen wären. Der Navigator Nikolaj Bortitschuk berichtet über ein unbekanntes Flugobjekt, das er während eines Fluges mit dem Hubschraube über der Stadt Naltschik im nördlichen Kaukasus sichtete: „Das Wetter war an jenem Tag sonnig. Wir schlugen den vorgegebenen Kurs ein. Das Ziel entdeckten wir sofort, obwohl es auf der Erde eine Vielzahl von natürlichen Lichtreflexen gab, die von den Seen und Flüssen herrührten: Das Objekt funkelte heller und hatte einen quecksilberähnlichen Schein. Es befand sich in 500 Meter Höhe, aber stieg auf unsere Höhe - 800 Meter - nachdem es uns gesehen hatte. Dann entfernte es sich. Nach wenigen Augenblicken drehte das Objekt plötzlich um und sauste mit riesiger Geschwindigkeit auf uns zu, wobei es sich vergrößerte. Wir begannen, um 90 Grad abzudrehen. Das Objekt wiederholte seitenverkehrt unser Manöver. Als wir zur Landung ansetzten, sahen wir, daß das UFO anhielt und nach einer Weile des Verharrens in seine Ausgangsposition zurückkehrte. Wahrscheinlich hatten wir Glück, daß es nicht aggressiv auf uns reagierte. Womit dieser Gegenstand Ähnlichkeit hatte? Mit einer silbernen Kugel. Im Fernsehen wurde vor kurzem ein Film über UFOs gezeigt, den Japaner in Alaska gedreht hatten. Unser Objekt glich genau denen, die wir auf dem Fernsehschirm gesehen hatten."

Die Fluglotsen berichteten, daß auf den Radarschirmen für annähernd drei Minuten zu sehen war, wie das UFO einen Rundflug im Gebiet der Stadt Nartkal, einer Satellitenstadt von Naltschik, absolvierte, nachdem der Hubschrauber gelandet war. Dann verschwand es plötzlich. Durch die Nähe des UFOs waren sie so verwirrt, daß sie darüber vergaßen, Kurs und Höhe des Objektes auf dem Radarschirm zu fotografieren. Der Flugingenieur Wladimir Majstrenko schrieb nach Aussagen des Flugkapitäns Boris Buschalajew auf, was die Besatzung des Flugzeugs JAK40, Nummer 87.517 der Saratower Abteilung der zivilen Luftfahrt auf dem Flug Nummer 5.819-8.520 mit der Flugroute Saratow - Stawropol - Tbilissi - Stawropol - Saratow beim Sinkflug im Luftraum von Saratow erlebt hatte. Die auf Tonband aufgezeichneten Gespräche mit der Bodenstation bestätigen dies. Es war 2.50 Uhr Moskauer Zeit - die Ortszeit lag entsprechend der Zeitzone eine Stunde vor der Moskauer Zeit. Es war schon ein neuer Tag angebrochen, der 28. Oktober 1980. Das Flugzeug lag ruhig in der Luft. Es hatte eine Viertelstunde zuvor mit einer Geschwindigkeit von 510 Stundenkilometern die Stadt Wolgograd überflogen und nahm Kurs auf Saratow. Der Pilot hielt die Höhe und den vorgegebenen Kurs strikt ein. Was für eine Nacht! Solche Nächte gibt es selten, schwärzer kann man sie sich nicht ausmalen. Selbst in einer mondlosen Nacht sind häufig die Ufer des großen russischen Wolgastromes und manchmal auch Eisenbahnlinien oder Chausseen zu erkennen. Aber in jener Nacht war unter ihnen nur eine dichte schwarze Wand. Die Düsentriebwerke arbeiteten ruhig. Der Bordmechaniker Anatoli Krjukow achtete auf die Anzeigen der Instrumente, die die Arbeit der Triebwerke kontrollierten. Plötzlich sagte die Stimme des Kopiloten Wladimir Bogdanez in die Stille hinein: „Kapitän, wir nähern uns dem Ende des Luftraumes über Wolgograd. Unter uns ist Kamyschin." „Heimatliche Gefilde, bald sind wir zu Hause", freute sich der Bordmechaniker und rieb sich die Hände in der Vorfreude auf die häusliche Gemütlichkeit und die Erholung nach der schlaflosen Nacht. Bei der Bodenstation in Saratow baten sie, in den Luftüberwachungsraum der Stadt einfliegen zu dürfen. Nachdem sie die Erlaubnis erhalten hatten, gingen sie auf 3.600 Meter. Vor ihnen waren die Lichter von Kranoarmejsk. „Gehen Sie auf 2.400 Meter", antwortete Saratow auf die erneute Anfrage. Doch bevor er der Aufforderung nachkommen konnte, entdeckte der Flugkapitän ein unbekanntes Flugobjekt, das unter dem Flugzeugrumpf der JAK40 hervorschoß. Das Objekt sah aus wie ein Eisenbahnwaggon mit runden, erleuchteten Fenstern, aber ohne Flügel oder Heckleitwerk.

Das seltsame Flugobjekt, das alle aerodynamischen Gesetze außer acht zu lassen schien, flog mit einer Geschwindigkeit, die nach Schätzungen der Besatzung doppelt so groß war wie die ihrer Maschine. Es entfernte sich in Richtung des Zivilflughafens der Stadt Saratow. Zwischen ihnen lagen in der Senkrechten weniger als 300 Meter. Es hatte die Staffelung verletzt und das in solch einer Höhe und mit einer Geschwindigkeit von ungefähr 800 bis 850 Stundenkilometern! In Saratow fragten sie an, wer sich noch im Luftraum befände, aber es wurde ihnen geantwortet, daß der Luftraum frei sei und sie zum Anflug übergehen könnten. Warum hatte der Fluglotse es nicht auf dem Bildschirm des Ortungsgerätes gesehen? Der Kapitän meldete noch einmal an den Kontrollturm in Saratow, daß im Gebiet von Krasnoarmejsk auf ihrer Höhe mit einer Geschwindigkeit von 800 Stundenkilometern ein Flugobjekt, das einem Eisenbahnwaggon glich, mit geringer Tiefenstaffelung unter ihrem Flugzeug hervorgeflogen sei und sich jetzt der Stadt nähere. Doch wieder erhielten sie von dem Fluglotsen die Auskunft, daß auf den Radarschirmen der Überwachungsgeräte kein Echo eines weiteren Flugobjektes zu erkennen sei. Ein aus Jerewan kommendes Flugzeug mit Kurs Saratow bestätigte jedoch, daß sie ein

Objekt in Form eines Waggons im Gebiet von Wolgograd überholt habe und daß sie es jetzt im Widerschein der Lichter von Saratow sehen könnten. Das Objekt schien jetzt über dem Flughafen zu schweben, seine Höhe betrug ungefähr 600 Meter. Aber auch von der Beobachtungsplattform aus konnten die Fluglotsen es mit bloßem Auge nicht sehen. Die JAK-40 erhielt die Aufforderung, auf eine Höhe von 600 Metern zu sinken. Offensichtlich schien das Objekt dies ebenfalls gehört zu haben, denn es begann, sich mit einem Kurs von 30 bis 40 Grad langsam zu entfernen. Während die Maschine eine Kurve flog, um zur Landung anzusetzen, schwebte das Objekt im Gebiet von Pristannoje sechs Kilometer von Saratow entfernt, drehte sich auf der Stelle, richtete die Seite mit den Bordfenstern in Richtung der JAK40 und schaltete zwei Scheinwerfer ein. Ein solches Licht hatte die Besatzung noch nicht gesehen. Die Strahlen waren nach Westen gerichtet und stießen senkrecht zur Wolga in die Kuppen im Gebiet von Oserki, ungefähr 80 bis 100 Kilometer von Pristannoje entfernt. Das Relief der Umgebung und der Wald auf den Anhöhen waren zu sehen. Die beleuchtete Fläche hatte ungefähr einen Durchmesser von 30 Kilometern. Auch die aus Jerewan kommende Maschine bestätigte, daß sie sowohl das Objekt als auch die Scheinwerfer sehe. Plötzlich vernahmen sie eine Stimme im Äther: „Hier ist die Tupolew, gehe auf 9.000 Meter, sehe deutlich die Scheinwerfer.“ Die JAK-40 war auf einer Höhe von 300 Metern, näherte sich der dritten Wendeschleife, die Scheinwerfer des UFOs durchschnitten noch immer die dichte schwarze Nacht. Beim Ausführen der dritten Wende blieb das Objekt hinter ihnen, und als die JAK die vierte Kurve flog und zur Landung ansetzte, war rechts nichts mehr da, genauer gesagt, die Strahlen der Scheinwerfer waren nicht mehr zu sehen, und die noch herrschende Dunkelheit hatte das seltsame Flugobjekt verschluckt. „Habt ihr etwas bemerkt“, fragte der Kapitän nach der Landung, die „Tupolew“ bestätigte das Leuchten der Scheinwerfer aus einer Höhe von 9.000 Metern. Aber warum hat sie Verbindung aufgenommen, ohne die Nummer des Flugzeuges zu nennen und auf der Frequenz, die für den Landeanflug bereitsteht? War es überhaupt eine „Tupolew“, die die Mitteilung gemacht hatte? Warum hatten die Fluglotsen weder auf den Radarschirmen des Rundsichtradargeräts, noch auf denen des Flugfeldüberwachungsgeräts, noch mit bloßen Augen von der Beobachtungsplattform aus das rätselhafte Flugobjekt sehen können? Wie seltsam das alles war! In ihrem Brief bat mich Ljudmila W., ihren Namen nicht zu nennen, aus Angst, daß ihr Halluzinationen oder, schlimmer noch, Paranoia angehängt werden könnten und sie dann von der Fliegerei Abschied nehmen müßte. Trotzdem wollte sie von dem Fall berichten, waren doch alle Besatzungsmitglieder und alle Fluggäste, nachdem sie das Objekt entdeckt hatten, davon überzeugt, daß es sich hierbei nicht um eine natürliche Erscheinung, etwa einen Kugelblitz, handeln konnte, sondern um ein unbekanntes Flugobjekt.

Es war 1984, 2.50 Uhr nachts Moskauer Zeit. Das Flugzeug vom Typ TU-154A nahm Kurs nach Swerdlowsk im Ural: „In der Luft war es ruhig, der Himmel war sternklar, das Flugzeug gewann an Höhe. Als wir *auf Kurs* waren, sah ich plötzlich rechts neben dem Flugzeug ein leuchtendes Objekt, das ein helles Licht ausstrahlte. Es hatte die Form eines umgestürzten Kegels und war von uns 500 Meter entfernt. Es zog mit gleicher Geschwindigkeit wie wir, hatte den gleichen Kurs und lag auf gleicher Höhe mit uns. Plötzlich begann das Objekt, sich wie ein Kreisel zu drehen und bei hoher Geschwindigkeit Wenden und Kurven zu vollführen. Viele Male stieg es senkrecht in die Luft, um dann wie ein Stein wieder herunterzufallen und seine Ausgangsposition einzunehmen. Ich erschrak, und nachdem ich wieder zu mir gekommen war, machte ich die anderen Besatzungsmitglieder auf diese Erscheinung aufmerksam. Es schien, als wolle das UFO seine Macht demonstrieren. Eine Zeitlang begleitete uns das Objekt auf der rechten Seite, wobei es anstieg und seine Höhe wieder verringerte, aber immer eine parallele Position zu unserem Flugzeug beibehielt. Dann drehte es plötzlich in unsere Richtung ab und flog wie ein Pfeil über uns hinweg. Der Kapitän erstattete Meldung an die Bodenstation, wo man nichts von alledem beobachtet hatte. Plötzlich schien das Objekt uns rammen zu wollen. Auch die Passagiere hatten es entdeckt und waren vor Schreck wie erstarrt. Der Kapitän wandte sich an die Fluggäste und beruhigte sie, in dem er ihnen erklärte, daß noch nie über einen Zusammenstoß zwischen einem Flugzeug und einem UFO berichtet worden sei. Das UFO ging wieder auf einen parallelen Kurs und begleitete uns weiter. Plötzlich hörten wir im Äther die Stimme des Kapitäns eines uns entgegenkommenden Flugzeuges, der ebenfalls die leuchtende Kugel sah, die wie in einen Feuermantel eingehüllt schien. Das bedeutete, daß wir nicht die einzigen waren, die das Objekt bemerkt hatten. Der Höhenunterschied zwischen der anderen Maschine und unserer betrug 600 Meter. Fast 40 Minuten lang begleitete uns das UFO. Wir begannen uns bereits an seine Absonderlichkeiten zu gewöhnen, als es unerwartet und mit unglaublicher Geschwindigkeit in die Höhe stieg und verschwand. Ich führe noch einen Brief an, den ich von meinem Kollegen Wladimir Lyssenko, Testflieger der Antonow-Werke, erhielt: 8. Juli 1983. 23.30 Uhr Moskauer Zeit. Höhe: 7.200 Meter. Route: Nowosibirsk - Kujbyschew. Besatzung des Flugzeuges AN-24PRT: Flugkapitän Wladimir Lyssenko, Kopilot Wiktor Nefjodow, Navigator Walentin Birkin, Bordingenieur Wladimir Netrenko, Bordfunker Anatolij

Jaskow, leitender Konstrukteur Igor Kostin, leitender Ingenieur der Flugerprobung Alexander Larionow. An Bord waren neben den Passagieren auch viele Mitarbeiter des Konstruktionsbüros der Antonow-Werke.

Kaum hatten wir die vorgegebene Höhe erreicht, versagte das Ortungsgerät. Und uns stand ein Flug bei starker Gewittertätigkeit bevor! Wir machten an den Bodendienst Meldung und baten, unsere Maschine aufmerksamer zu beobachten und uns über Aufhellungen auf dem Bodenortungsgerät Mitteilungen zu machen, bis die Besatzung den Defekt am Bordortungsgerät behoben habe. Abgesehen vom Krachen in den Kopfhörern und im Äther, das von den elektrischen Entladungen herrührte, war die Verbindung gut, was uns Sicherheit gab. Starke Gewitterwolken weiteten sich bis zu einer Höhe von 11.000 oder 12.000 Meter aus. Plötzlich tauchte rechts von uns ein hell leuchtendes Objekt auf. Die von dem Objekt ausgehenden Strahlen waren geradewegs auf die Wolken gerichtet und beleuchteten aus der Wolkenschicht einen Ausschnitt von 40 Grad. Im Äther waren Meldungen von drei weiteren Flugzeugbesatzungen zu hören, die alle das von uns Gesehene bestätigten. Jemand sagte mit freudiger Stimme über Funk: ‘Kinder, das UFO hilft uns, die gefährliche Wolkenwand zu umfliegen!’ Und alle, die sich an Bord des Flugzeuges befanden, kamen zu der einhelligen Meinung, daß eine außerirdische Zivilisation der Besatzung in der kritischen Situation half, denn eine kleine Insel aus Metall, die mit Treibstoff angefüllt ist, ist für Blitze eine äußerst geeignete Zielscheibe. So begleitete das UFO unser Flugzeug, bis die Gefahr, mitten in das Zentrum der Gewittertätigkeit hineinzufliegen, gebannt war.

Der Flug verlief gut. Einen Tag später hörte ich Wladimirs aufgeregte Stimme am Telefon. Er teilte mir mit, daß ein UFO ihnen im allerkritischsten Moment geholfen habe. Ich konnte die Zusammenhänge nicht sofort verstehen. Aber als ich die näheren Umstände erfahren hatte, bat ich Lyssenko, mir zu schreiben, um ein weiteres Dokument über ein beobachtetes UFO zu erhalten. Ich möchte noch über die Ereignisse berichten, die am 7. September 1984 von den Besatzungen zweier Linienflüge beobachtet wurden, und in die ich auf zweierlei Weise einbezogen wurde. Auf der einen Seite war die Besatzung der TU-134A, Nr. 65 798, der georgischen Zivilluftfahrt auf dem Flug 7084 auf der Route Leningrad - Borispol - Batumi - Tbilissi mit dem Flugkapitän Wladimir Goziridse, dem Kopiloten Juri Kabatschnikow, dem Navigator Iossif Tomaschwili und dem Bordingenieur Michail Gwenetadse. Der Start in Leningrad erfolgte mit einer leichten Verspätung. Im Äther war es ruhig. Mitternacht war schon vorbei, es wurde bereits Morgen, der 7. September 1984. Beim Eintritt in den Flugüberwachungsraum der bjelorussischen Hauptstadt Minsk hörte die Flugzeugbesatzung die Frage des Fluglotsen, ob sie etwas beobachtet habe. Kabatschnikow antwortete ihm, daß sie nichts gesehen hätten, wies aber darauf hin, daß es im Luftraum noch eine entgegenkommende Maschine, eine TU-134, gäbe. Auf der anderen Seite war die Besatzung des zweiten Flugzeuges, Flug 8.352, Flugroute Tbilissi - Rostow - Tallinn, mit dem Flugkapitän Igor Tscherkaschin, dem Kopiloten Gennadij Lasurin, dem Navigator Ewgenij Ognew und dem Bordmechaniker Gennadij Koslow.

Nach dem 7. September mußte ich mich um die Formalitäten kümmern, die mit der Einweisung des Kapitäns der georgischen Besatzung, Wladimir Goziridses, ins Krankenhaus verbunden waren. Goziridse starb im Botkin-Krankenhaus in Moskau, wo keine genaue Diagnose gestellt werden konnte und nur begleitende Komplikationen, Knochenmarktumore und ein sich ausbreitender Gewebetod festgestellt worden waren.

Bald nach dem Tod des Flugkapitäns rief mich Arwid Mordwin, der Sekretär der Kommission zur Erforschung außergewöhnlicher Erscheinungen, erneut an und bat mich mit besorgter Stimme, den selben *schweren Weg* der Krankenhauseinweisung für den Kopiloten der TU-134A, Juri Kabatschnikow, zu gehen. Er habe punktförmige Verbrennungen des Augenhintergrundes und noch andere Beschwerden. Aus dem medizinischen Gutachten, das nicht sofort in Moskau, sondern erst zu einem späteren Zeitpunkt in Tbilissi erstellt wurde, machte der Journalist Sergej Omeltschenko einen Auszug: 'Jurij Kabatschnikow war einer elektromagnetischen Strahlung von unbekannter physikalischer Beschaffenheit ausgesetzt. Nach den Werten des Elektrokardiogramms und des Elektroenzephalogramms zu urteilen, erfolgte der Einfluß durch einen relativ dünnen Strahl, der Verletzungen am Gehirn und an den Herzmuskeln hervorrief. Die festgestellten Abweichungen sind in der medizinischen Praxis einzigartig und in der medizinischen Literatur noch nie beschrieben worden (Prof. Dr. med. Konstantin Zindadse).' Über die anderen Besatzungsmitglieder ist mir nichts Näheres bekannt. Viel später erhielt ich einen Brief von Igor Tscherkaschin, dem Flugkapitän der estnischen Maschine. Außer dem Bericht über das, was sich an jenem Morgen des 7. September 1984 in der Luft abgespielt hatte, enthielt er auch eine Zeichnung.

Es war vier Uhr morgens, die Flughöhe betrug 10.600 Meter, bis Minsk waren es noch 120 Kilometer. Als der Kopilot einen Blick auf den Himmel warf, bemerkte er rechts oben einen großen Stern, der nicht blinkte. Es war kein Stern, sondern ein gelber Fleck von der Größe eines Fünf-Kopeken-Stückes, der an den Rändern gedehnt war. Aus dem Fleck brach ein hauchdünner Lichtstrahl hervor und war senkrecht auf die Erde gerichtet. Dann verbreiterte sich der Lichtstrahl und verwandelte sich in einen hellen Lichtkegel. Von diesem Moment an sahen alle, was sich auf der rechten Seite des Flugzeuges abspielte. Es entstand ein zweiter Kegel, der breiter, aber blasser als der erste war, dann ein dritter - noch breiter und vollkommen hell. Die ganze Besatzung hatte das gleiche Empfinden: ein unbekanntes Flugobjekt schwebte ungefähr 40 bis 50 Kilometer über der Erde. Es war unglaublich, aber auf der Erde war - vom kegelförmigen Strahl beleuchtet - alles zu sehen: Häuser, Autos, Straßen. Was für eine Stärke mußte dieser *Scheinwerfer* haben!

Der Strahl des Scheinwerfers schwenkte und nahm das Flugzeug ins Visier. Jetzt sahen die Piloten einen blendenden, weißen Punkt, der von konzentrischen farbigen Kreisen umgeben war. Plötzlich flammte der weiße Punkt auf, und an seiner Stelle entstand eine grüne Wolke. 'Es hat die Triebwerke eingeschaltet und nimmt Reißaus', sagte der Kopilot. Und dem Kapitän kam es vor, als nähere sich das Objekt mit riesiger Geschwindigkeit, wobei es den Kurs des Flugzeuges scharf schnitt. Igor Tscherkaschin schrie dem Navigator zu: 'Der Bodenstation mitteilen!' Aber was für ein seltsames Zusammentreffen: Nach den ersten Worten des Navigators hielt das Objekt inne. Im Kontrollturm in Minsk wurde die Meldung der Flugzeugbesatzung zur Kenntnis genommen und höhnisch erwidert, daß weder auf dem Bildschirm des Rundsichtradars noch am Himmel etwas zu sehen sei. Die grüne Wolke sackte plötzlich nach unten, noch unter die Höhe, auf der sich das Flugzeug befand. Dann stieg sie genauso senkrecht wieder nach oben. Warf sich nach rechts und nach links. Noch einmal hinunter und hinauf und bezog schließlich dem Flugzeug gegenüber Position. Sie flog ihm hinterher, als wäre es festgebunden; in einer Höhe von

10.600 Metern und mit einer Geschwindigkeit von 800 Kilometern pro Stunde. In der Wolke spielten kleine Lichter: sie flammten auf und erloschen wieder wie Lichterketten am Weihnachtsbaum. Dann erschienen in der Horizontalen Lichter in Zickzackform. Der Navigator machte gewissenhaft über alles Meldung an die Bodenstation. Als Antwort war die aufgeregte Stimme des Fluglotsen zu hören: 'Beobachte ein Flackern am Horizont. Wo sehen Sie Ihre Wolke?' Und auf die Antwort des Navigators: 'Stimmt überein.' Die Wolke fuhr fort, sich zu verändern. Aus ihr erwuchs ein *Schwanz,* der oben weit und der Erde zu eng war und einer Windhose glich. Es entstand ein *Komma*. Dann begann der Schwanz über dem Horizont aufzusteigen, und die Wolke wandelte sich aus einer elliptischen Form in eine viereckige. Jetzt wurde das Flugzeug von einem spitzen *Wolkenflugzeug* eskortiert, ohne Flügel, mit abgeschrägtem Schwanz. Es leuchtete gelb und grün. Dort, wo sich bei einem Flugzeug die Düsen befinden, schien bei ihm ein fester Kern zu sein. Eine Stewardeß betrat das Cockpit. 'Die Passagiere möchten wissen, was neben uns fliegt.' Igor Tscherkaschin seufzte: 'Sag, es sei eine gelbe Wolke, bei der die Lichter der Stadt durchscheinen. Und das Grüne sei ein Nordlicht'. In diesem Moment gelangte noch ein Flugzeug in den Luftsicherungsbereich der Stadt Minsk: Die georgische Verkehrsmaschine aus Leningrad flog der Tallinner Besatzung entgegen. Zwischen beiden Flugzeugen lagen ungefähr 100 Kilometer. Es war unmöglich, das riesige Wolkenobjekt aus solch kurzer Entfernung nicht zu bemerken. Wladimir Goziridse, der Flugkapitän der entgegenkommenden TU-134A, antwortete jedoch auf die Frage Tscherkaschins, daß er nichts beobachten könne. Der Fluglotse von Minsk, der nun das *wolkenartige Flugobjekt* gut sah, gab der georgischen Besatzung die Koordinaten durch, in welcher Richtung sie die ungewöhnliche Erscheinung ausmachen müßten. Aber jene waren wie geblendet und konnten erst wieder sehen, als es nur noch 15 Kilometer bis zur Begegnung waren. Die Beschreibung, die sie dann gaben, stimmte mit dem überein, was die estnische Besatzung sah. Zusammen mit dem *wolkenartigen Objekt* flog die TU-134 aus Tbilissi mit Kurs nach Tallinn über Riga und Wilnjus. Die Fluglotsen dieser Städte fixierten nacheinander das sonderbare Tandem. Beim Überfliegen des Peipussees und des Sees bei Pskow konnte die Besatzung von Igor Tscherkaschin die Ausmaße des *Wolkenflugzeuges* schätzen: Die TU-134 bewegte sich in einer Entfernung von 120 Kilometern von den Seen, das *Wolkenflugzeug* rechts, näher in Richtung Tartu. Aus dem festen Kern drang von neuem ein Strahl hervor. Ein Lichtfleck fiel auf die Wolke und kroch auf der Erde entlang. Das Objekt gab seine Maße zu erkennen. Jetzt konnte man schätzen, daß es dieselbe Länge wie der Pskowsker See haben mußte. Der Flug setzte sich bis Tallinn in der Begleitung des UFOs fort. Der Fluglotse von Tallinn berichtete, daß auf dem Schirm der Radaranlage des Tallinner Flughafens nicht allein die TU-134 zu sehen war. Hinter ihrem Echo bewegten sich auf dem Radarschirm noch zwei Echos, obwohl kein weiteres Flugzeug in der Luft war. Obendrein waren diese beiden Lichtmarken ständig zu sehen, während der Lichtfleck des Flugzeuges verschwand und wieder auftauchte. Viele interessante Mitteilungen über das Auftauchen von UFOs kommen aus Woronesch. 'Eines Tages, es war im Jahre 1984,' erinnerte sich der Bordmechaniker Konstantin Morosow, 'befand sich unser Flugzeug vom Typ IL14 auf der Route Woronesch-Moskau. Wir flogen nachts, und mir oblag es aufgrund meiner Dienstvorschriften, die Arbeit der Triebwerke zu überprüfen. Bei ihrer visuellen Durchsicht bemerkte ich plötzlich durch das rechte Flugzeugfenster eine leuchtend rote Kugel, die uns auf unserem

Kurs einholte. Ich informierte unverzüglich den Flugkapitän, der das Flugzeug nach rechts neigte, um besser sehen zu können. Nachdem er die Kugel entdeckt hatte, erteilte er mir den Auftrag, sie nicht aus den Augen zu lassen. Die Kugel hatte sich inzwischen unserem Flugzeug beträchtlich genähert. Einige Augenblicke später kam das UFO sehr dicht an uns heran und senkte sich zwischen Höhenflosse und linker Seitenfläche herab. Ich rechnete mir aus, daß es gleich irgendwo vor uns auftauchen müsse. Doch gelang es mir nicht, es zu entdecken. Nach einiger Zeit sah ich, daß sich von neuem eine Kugel, die der Scheibe des Mondes glich, aber eine andere Farbe als dieser hatte, dem Flugzeug näherte. Sie näherte sich schnell unserem rechten Flügel und verwandelte sich nach einem jähen Aufflammen plötzlich in ein riesiges leuchtendes Objekt. Ich maß mit den Augen seinen Umfang, der so rund war, wie mit einem Zirkel gezogen, und schätzte seinen Durchmesser auf ungefähr 50 Meter. Allmählich war das UFO mit der Tragfläche unseres Flugzeuges auf gleiche Höhe gekommen.

Nach einigen Sekunden wurde ein anderes Licht von roter Farbe eingeschaltet. Zu diesem Zeitpunkt hatte das UFO mit dem Flugzeug vollkommen gleichgezogen. Plötzlich blendete meine Augen ein starkes Scheinwerferlicht, von dem ich erst Später bemerkte, daß es zwei Lichtsäulen waren, und unser ungebetener Weggefährte näherte sich uns immer mehr. Ich setzte meine Beobachtungen fort, aber das Licht des Scheinwerfers war so grell, daß ich mich für einige Sekunden vom Fenster zurücklehnte. Als ich mich dem UFO erneut zuwandte, sah ich, daß die Scheibe ihre Lage geändert hatte und dem Flugzeug nicht mehr mit der Fläche, sondern hochkant zugewandt war und nun wie ein plattgedrücktes Objekt aussah. Allmählich verglomm es, und ich konnte es aufmerksam betrachten. Es war vollkommen durchsichtig, leicht grünlich, und bestand aus zwei einzelnen ineinander liegenden Schalen, zwischen denen sich dunklere Streben von 60 bis 70 Zentimeter Länge, befanden. Ich konnte jedoch nicht den Gedanken loswerden, daß auch die Besatzung des UFOs irgendwo sein müsse. Ich sah noch einmal genau hin und entdeckte noch eine Kuppel, die sich genau in der Mitte befand. Von ihr ging ein goldenes Licht aus. Hier sah ich eine Vielzahl von Stäben unterschiedlicher Durchmesser, die den oberen mit dem unteren Teil des Innenraumes verbanden. Plötzlich begann sich dieser Innenraum mit weißlichem Gas zu füllen, das von unten austrat und wie Rauch aussah. Wieder flammte und leuchtete das ganze Objekt auf, und plötzlich sah ich ein großes, menschenähnliches Wesen, dessen Gewand an den Leibrock eines Geistlichen erinnerte und es fast bis zu den Füßen umhüllte. Seine Haare waren straff nach hinten gekämmt, er hatte regelmäßige Gesichtszüge. Sein Alter schätzte ich auf etwa 50 Jahre. Als sich das Objekt vor das Flugzeug setzte, verschwand das Leuchten. Dann bewegte sich das Objekt etwas weiter nach Rechts über die Tragfläche und flog hellblau schimmernd voran. Und wieder verwandelte es sich in jene rötliche Kugel, die wir ganz am Anfang gesehen hatten. Ich möchte noch betonen, daß unsere ganze Besatzung dieses Schauspiel beobachtet hat.'

UFO-Sichtungen in den Städten der Sowjetunion

Am 12. Juli 1964 flog Wiktor Sajzcw aus Minsk mit einer TU-104A von Leningrad nach Moskau. Der Flug erfolgte in 8.000 Meter Höhe mit einer Geschwindigkeit von mehr als 800 Stundenkilometern. Der Passagier hatte einen Fensterplatz auf der linken Seite eingenommen, saß mit dem Gesicht in Flugrichtung und sah nach unten auf die Wolken. Es war warm, die Sonne schien. Die meisten Vorhänge waren zugezogen, und die Mehrzahl der Passagiere schlummerte. Auf halber Strecke, ungefähr gegen 17.25 Uhr, kam ein gigantisches Flugzeug unter dem Rumpf hervorgeschossen und brauste mit großer Geschwindigkeit im rechten Winkel zur Flugrichtung der aus Leningrad kommenden Maschine davon: „Mir schien, daß dieser riesige Bomber einer mir unbekannten Konstruktion sich so entfernte, daß ich ihn genau von hinten sah. In diesem Moment dachte ich, wie schlecht doch die Flüge koordiniert würden, da es beinahe zu einem Zusammenstoß gekommen wäre. Es ist möglich, daß ich bei der festen Überzeugung, einen seltsamen Bomber gesehen zu haben, geblieben wäre, wenn das Flugobjekt nicht in ungefähr drei Kilometer Entfernung von unserem Flugzeug seinen Kurs um fast 90 Grad geändert und dann begonnen hätte, parallel zu unserer Maschine zu fliegen. die es aufgrund der höheren Geschwindigkeit überholte. Als das Objekt wendete, bremste es offensichtlich seine Geschwindigkeit ab und ging in eine Schräglage. Dabei konnte ich deutlich sehen, daß es sich überhaupt nicht um einen Bomber mit Flügeln handelte, sondern um ein scheibenförmiges Flugobjekt. Deutlich wurde eine Wölbung im oberen Teil des Objektes erkennbar. Nachdem das Objekt vorbeigeflogen war, tauchte es in einen weißen Wolkenberg ein. Sein Durchmesser übertraf die Länge der TU-104A um vieles. Das Flugobjekt glänzte silbriggrau wie Aluminium und hob sich deutlich von den weißen Wolken ab."

Am 24.September 1965 beobachtete die Astronomin, Vermessungsingenieurin und Lektorin des Moskauer Planetariums Larissa Zechanowitsch in Novyj Afon am Schwarzen Meer den Flug eines ungewöhnlichen Apparates: „Am Abend badete ich im Meer, das Wetter war wunderbar, die Luft sauber und klar. Seit dem Sonnenuntergang waren schätzungsweise 20 Minuten vergangen. ich schwamm in Richtung Ufer, von dem ich noch ungefähr 100 Meter entfernt war, als ein schwarzer Punkt, der plötzlich hoch am Himmel im Westen aufgetaucht war, meine Aufmerksamkeit erregte. Einige Sekunden später konnte ich bereits den länglichen Körper dieses Gegenstandes erkennen. Mir kam der Gedanke, daß es sich um ein Flugzeug handeln müßte. Aber dann bemerkte ich, daß es kein Fluggeräusch gab und das Objekt keine Flügel hatte.

Der Gegenstand, der fast schwarz schien, flog über dem Meer parallel zum Ufer von Westen nach Osten. Er kam nicht näher als bis auf 300 oder 400 Meter an mich heran, und nachdem er bis auf 100Meter gesunken war, drehte sich das Objekt unter einem Winkel von 90 Grad in Richtung Ufer und flog nach Norden, wobei es wieder an Höhe zunahm. In diesem Moment begann es, sich entlang der Längsachse zu entfalten, wodurch die scheibenähnliche Form des Objektes sichtbar wurde. In der Mitte blitzte ein Lichtstreifen auf. Das Objekt bewegte sich weiter, das Licht verstärkte sich, und nach einigen Sekunden war folgende Form zu erkennen: In der Mitte eines Kreises befand sich ein gelblich leuchtendes Fenster, dessen Durchmesser halb so groß war wie der der ganzen Scheibe. Der Flugkörper setzte seinen Flug mit zunehmender Höhe bereits über dem Ufer fort, seine sichtbaren Ausmaße verkleinerten sich ständig, schließlich verwandelte er sich wieder in einen Punkt und verschwand. Die ganze Erscheinung war vom Anfang bis zum Ende ungefähr eine Minute lang, vielleicht auch ein bißchen länger, zu beobachten.“

Andrej Letkow, Ingenieur aus Saratow, beobachtete dreimal unbekannte Flugobjekte: „Im Herbst 1981 sah ich eines Abends zwischen 22.00 Uhr und 23.00 Uhr ein spindelförmiges, schnell fliegendes Objekt mit an den Bordseiten gelegenen leuchtenden Punkten in der Art von Bullaugen oder kleinen Scheinwerfern. Das Objekt flog entlang der Fernverkehrsstraße über dem Leningrader Bezirk der Stadt Saratow. Ihm folgte in einem Abstand von annähernd 50 Metern ein viel größeres, gelb leuchtendes Objekt, das dem ersten ähnelte und seine Bewegungen genau nachvollzog. Sie hielten über dem Elektrizitätswerk an, schwebten eine Weile darüber und verschwanden dann mit einer scharfen Kehrtwendung von 90 Grad."

Das zweite Mal sah Andrej Letkow ein UFO, als er 1983 in der Armee diente. Sein Truppenteil hatte gerade neue Autos geliefert bekommen, die mit Planen zugedeckt im Wald auf einer Lichtung standen, wo sie bereits seit einigen Tagen von fünf Soldaten bewacht wurden. In der Neujahrsnacht zum Jahr 1983 stand Letkow Wache. Es war kühl, und der Himmel war klar. Plötzlich bemerkte er, daß auf die Lichtung, auf der die Maschinen standen, der dunkle Schatten eines sehr großen, ellipsoiden Objektes fiel, das einen Durchmesser von 25 bis 30 Metern hatte und lautlos über den Himmel glitt. Dann schwebte das Objekt über der Waldwiese in einer Höhe von 300 Metern und schaltete drei mächtige Scheinwerfer ein, deren Lichtstrahlen nach unten gerichtet waren. Nachdem es ungefähr eine Minute unbeweglich in der Luft verharrt hatte, erlöschen die Lichter des Objektes wieder. Das Objekt, das von Norden gekommen war, stieg senkrecht nach oben und flog in südlicher Richtung davon. Das unerwartete Auftauchen und das genauso plötzliche Verschwinden des Flugobjektes beobachteten mehr als 10 Leute.

Im August 1985 beobachtete Letkow zum dritten Mal ein UFO in Saratow. Ein Gefühl der Angst ließ ihn nachts im Bett hochschrecken. Er stand auf, blickte durch das Fenster und erstarrte. Vor dem Fenster schwebte ganz in der Nähe eine phosphoreszierende Kugel, deren Durchmesser schätzungsweise fünf bis sieben Meter betrug. Nachdem sie lautlos zwei bis drei Minuten in der Luft verharrt hatte, setzte sie sich langsam in Bewegung. Die Kugel schwebte dann über dem Flugzeugwerk, in dem Letkow damals arbeitete. Dieses Objekt wurde auch von den Mitgliedern des Werksschutzes und Jewgeni Sidorenko, dem Leiter der Montagehalle, beobachtet. Die Tatsache, daß er dreimal ein UFO sah, übte keinen negativen Einfluß auf Letkows Gesundheit oder seine psychische Verfassung aus. Die einzige Veränderung, die er an sich bemerkte, war der plötzliche Wunsch, Gedichte zu schreiben. Es ist nicht klar, ob dieser Effekt durch die UFOs hervorgerufen worden war, oder ob der Streß und die durchlebte Angst sein dichterisches Talent hatten zutage treten lassen.

Es war im September 1983 ungefähr vier Uhr morgens. Der Himmel war wolkenlos. Ewgenij Jaschin fuhr mit der Straßenbahn, die aus einem Vorort von Saratow in die Stadt fuhr. Mit ihm befanden sich noch etwa zehn weitere Personen in der Straßenbahn. Als er aus dem Fenster in Richtung Wolga blickte, sah er vermutlich 100 Meter über der Erde ein UFO in Form eines Torus, das Strahlen von blendend weißer Farbe in alle Richtungen und nach unten aussandte. Das Licht der Hauptscheinwerfer schien das Licht der weniger starken Lichtquellen von gelber und hellgrüner Farbe zu ergänzen, so daß die gesamte obere Fläche dieses Torus Licht emittierte. Die Lichtquellen waren klar, aber ohne erkennbare Anordnung, in bestimmten Punkten auf der Oberfläche zu erkennen. Als die Straßenbahn einen Berg hinauffuhr, war der Torus ein wenig von oben und von der Seite zu sehen; beim Hinabfahren waren die unteren Scheinwerfer des Objekts sehr deutlich zu erkennen. Das Objekt, dessen Durchmesser 10 bis 12 Meter zu betragen schien, schwebte in einer Höhe von 100 bis 150 Metern. Die Entfernung zum Objekt betrug schätzungsweise zwei Kilometer. Die Kugel leuchtete dermaßen grell, daß der Fahrer der Straßenbahn seine Fahrt nicht fortsetzen konnte. Er hielt an, und alle Fahrgäste beobachteten das Schauspiel so lange, bis das Objekt mit zunehmender Höhe in Richtung Flughafen verschwand. Alexander Grjasnow, wissenschaftlicher Mitarbeiter des Instituts für Psychologie der Akademie der Wissenschaften der UdSSR, beschrieb in einem Brief, was er eines Abends im Herbst 1Y84 zwischen 22 Uhr und 23 Uhr in Saratow beobachtet hatte: „Plötzlich erschien am Himmel eine leuchtende, türkisfarbene Wolke, in deren Innerem ein zylinderförmiges Objekt von metallener Farbe schwebte. Kurze Zeit danach sendete der Zylinder, der innerhalb der Wolke gut zu sehen war, sich außerhalb aber im Dunkel des Himmels verlor, einen gelben Lichtstrahl aus. Um die Wolke herum waren gewöhnliche Sterne zu sehen. Es tauchte ein zweiter Strahl in der Nähe des ersten auf, und noch ein dritter. Dann begannen diese drei Strahlen, sich wie Uhrpendel hin- und herzubewegen. Bald darauf drehten sie sich wie Speichen eines Kades um den Zylinder. Kurze Zeit später verschwanden die sich drehenden Speichen wieder. Ein Strahl blieb übrig, der nach einiger Zeit wie eine Teleskopantenne eingezogen wurde. Danach begann das Objekt selbst, innerhalb der *Wolke* zu schaukeln, schoß schließlich aus ihr heraus und stieg in die Höhe, in dem es einen großen Bogen beschrieb."

Es ist charakteristisch, daß ein ähnliches Objekt in Form von sich drehenden „Rädern mit Speichen" über Saratow oft gesichtet wird. Die UFO-Untersuchungskommission erhielt von zehn Personen, darunter auch vom Dozenten des Lehrstuhls für Psychologie der Saratower Universität, Aleksej Pokupalin, Hinweise auf dieses Objekt. Die Erscheinung dauerte ungefähr eine halbe Stunde und wurde von einer Menge von Leuten, die am Ufer der Wolga - dem „Ufer der Kosmonauten“ - spazieren gingen, beobachtet.

Am nächsten Tag, schrieb die sechzigjährige Pensionärin Nadeshda Bessedina aus Saratow, sahen sie und noch weitere 20 Personen dieses interessante Schauspiel über der Saratower Kühlschrankfabrik. Sie fuhr mit der Straßenbahn Nummer drei, als plötzlich über der Fabrik eine riesige metallischgraue Kugel mit einem Durchmesser von bald 50 Metern auftauchte und mal über der Chaussee, mal über dem Werksgelände schwebte. Im Innern der Kugel war ein goldener Kern von einem Meter Durchmesser, der sich entweder drehte oder blinkte. Plötzlich begann sich der graue Ring zu verkleinern, als würde er ins Zentrum eingezogen, und verschwand nach zwei bis drei Minuten vollkommen. Es blieb nur der Kern übrig, der mit einem leisen, heulenden Ton spiralförmig in Richtung Norden fortflog, wo er von vielen Leuten gesichtet wurde. Das Ganze dauerte vielleicht eine halbe Stunde. Interessanterweise spielten sich all diese Manöver von UFOs, die in Saratow gesichtet wurden, über großen Fabriken ab. Am späten Abend oder, genauer gesagt, in der Nacht des 16. März 1989, wurde Emil Jakubowskij von einem Studenten der Swerdlowsker Universität, Jewgenij Stankewitsch, angerufen: „Soeben ist ein UFO über das Werk für Chemieanlagen geflogen: eine Kugel, die Strahlen aussendet. Könnten Sie nicht die hydrometeorologische Station oder den Flughafen Kolzowo anrufen, um zu fragen, was das war? Sie könnten es dort auch gesehen haben.“

Der Anruf hatte sein Interesse geweckt. Vielen Swerdiowsker Bürgern ist bekannt, daß bei ihnen am Himmel von Zeit zu Zeit leuchtende *Kugeln, Eilipsoide* und sogar *Räder* auftauchen, wie diejenigen, die sie gesehen haben, sie beschreiben. Jakubowskij rief das Observatorium an, aber leider gelang es nicht, etwas in Erfahrung zu bringen. Eine Dame hatte den Himmel zwar beobachtet, aber nichts bemerkt; die andere war mit dem Übertragen von Daten beschäftigt gewesen und hatte überhaupt nicht zum Himmel gesehen.

Am nächsten Morgen *glühten* die Telefone der Zeitungsredaktion des *Wetschernij Swerdlowsk* von den zahlreichen Anrufen, in denen Augenzeugen über den nächtlichen Flug des außergewöhnlichen Objektes berichteten. Wenn man versucht, nach diesen Anrufen das Äußere des UFOs und die Flugstrecke zu bestimmen, würde sich ungefähr folgendes Bild ergeben: „Es flog eine leuchtende Kugel, wie ein Ball, von dem Strahlen ausgingen" (Tatjana Telwanowskaja, Ingenieur des Stahlbetonwerkes). „Die Strahlen gingen fächerartig auseinander und waren von unterschiedlicher Länge" (Natascha Kislizyna, Rentnerin). „Es hatte Ähnlichkeit mit einem Federball" (Wladimir Fedorow, Schüler der siebten Klasse der Schule Nummer 70). „Es tauchte ein leuchtender Punkt auf, hinter dem sich unter einem Winkel von 90 Grad ein heterogener Lichtschweif zerstreute. Der Punkt war blauweiß, hinter Wolken war er nicht zu sehen" (Marina Gerassimowa, wissenschaftliche Mitarbeiterin). Davon, daß sich von Zeit zu Zeit ein leuchtender Gegenstand hinter den Wolken versteckte, berichteten auch andere. „Viele Strahlen ergossen sich aus einer Lichtquelle. Man hatte den Eindruck, als würde von hinten der Raum beleuchtet. Der Gegenstand verschwand unerwartet, kam nach schätzungsweise fünf Sekunden wieder zum Vorschein, aber ohne Strahlen" (Anatolij Gmyrja, Ingenieur). „Es flog eine leuchtende, hellblaue Kugel mit drei flachen, hellblauen Strahlen am Himmel entlang. Sie versteckte sich hinter den Wolken, kam dann wieder hervor und leuchtete erneut" (Andrej Komolikow, wissenschaftlicher Mitarbeiter). „Ich sah, daß sich noch ein Objekt des gleichen Typs mit vier Strahlen, die hinten auseinandergingen, zeigte“ (Wiktor Werschinin, Ingenieur).

Die Berichte gaben auch Auskunft über die Flugbahn der Kugel: „Ich ging in Richtung Uraler Straße und sah: Dort fliegt eine Kugel am Himmel. Von der Farbe her sah sie aus wie ein Stern, von dem ein streuender Lichtstrahl wie von einer Laterne ausging. Sie flog langsam von Nordwesten nach Südosten“ (Nina Kokuschkina, Ingenieur). Wenn man auf einem Stadtplan die Punkte, an denen die Kugel auftauchte, einzeichnet, dann fällt die diese Punkte verbindende Linie mit der Route zusammen, die Nina Kokuschkina bestimmte. Hunderte von Swerdlowsker Einwohnern hatten gegen 20.10 Uhr am 16. März 1989 diese seltsame Erscheinung am Himmel beobachtet. Über ihren Köpfen flog ein geheimnisvolles Objekt vorbei, das Licht ausstrahlte und selbst leuchtete, das Stadtgebiet überquerte und im Gebiet des Flughafens Kolzowo verschwand. Es ist interessant, daß zur selben Zeit an einer anderen Stelle in der Sowjetunion auch ein UFO, allerdings von anderer Art, gesichtet wurde. Davon berichtete Wadim Gontscharow in seinem Brief: „Am 16. März fuhr ich mit noch sechs anderen Personen in einem Spezialwaggon am Ende des Personenzuges Nummer 244 von Priobje nach Swerdlowsk. Gegen 20.00 Uhr Ortszeit sahen wir im Gebiet der Bahnstation *Geologitscheskaja* eine äußerst interessante Erscheinung. Rechts neben der Zugstrecke - in Fahrtrichtung gesehen - erschien plötzlich am nächtlichen Horizont ein riesiges, leuchtendes Ellipsoid, das bedeutend heller als der Mond war. Das Ellipsoid bewegte sich quer zur Richtung des Zuges. Wir hörten keinerlei Geräusche. Sehr deutlich war eine strahlenförmige Bewegung und Veränderung innerhalb des Ellipsoides und eine Verschiebung des Objektes in senkrechter Richtung zu erkennen. Das Ellipsoid bewegte sich schnell auf den Zug zu, *verfehlte* ihn aber um Haaresbreite und überquerte die Bahnstrecke hinter unserem Waggon. Auf der anderen Seite verschwand es nach ein paar Minuten." Das, was sich am 16. März ereignet hatte, war nicht der einzige Fall. Über Swerdlowsk fliegen seit langem unbekannte Flugobjekte. Es sind bisweilen keine Kugeln, sondern *Segmente* oder *Ellipsoide*, die oft ein helles Licht ausströmen, das vielleicht dem von Scheinwerfern vergleichbar ist. Zwei Briefe aus dem Archiv der Zeitung *Wetschernij Swerdlowsk* geben ebenfalls Zeugnis davon: „Am 16. April 1985 beobachteten wir um 23.20 Uhr an der Kreuzung Dreherstraße Ecke Kraulstraße ein Objekt, das sich gleichmäßig vom Hüttenwerk in Richtung Kabelwerk bewegte und unter sich eine riesige Fläche beleuchtete. Seltsam war, daß das Licht nicht als Strahl herabfiel und daß sich das Objekt gleichmäßig weiterbewegte, während die durch es erhellte Stelle noch einige Minuten erleuchtet blieb. Wir beobachteten das Objekt zwei bis drei Minuten lang, dann erlosch die Lichtquelle, und innerhalb kurzer Zeit verschwand der Flugkörper in einer steilen Kurve und mit hoher Beschleunigung aus dem Blickfeld. Er flog ohne jegliches Geräusch, es herrschte vollkommene Ruhe. Nicht einmal die Luft um den Körper herum leuchtete von dieser enormen Beschleunigung. Klar ist eins: Das Objekt ist steuerbar und verfügt über eine riesige, eigene Energiequelle." (Zeugen: vier Taxifahrer.) Einen weiteren Brief mit Hinweis auf denselben Vorfall schickte der Zugrangierer Anton Chamatow. Er sah in einer Höhe von 300 Metern, wie er schreibt, einen Apparat, der ohne Geräusch von Nordwesten nach Südosten flog. „Wir brachten gerade einen Lastzug zum Bahnhof, und als ich zufällig zum Himmel blickte, sah ich einen Apparat, der uns anstrahlte. Von einer anderen Diesellok rief der Rangierer seinem Maschinisten per Funk zu, er solle den Scheinwerfer ausstellen. Ich wandte mich über Funk an ihn und sagte, er solle in Richtung Norden zum Himmel schon, aber er rief seinem Maschinisten bereits das zweite Mal zu, daß der den Scheinwerfer ausmachen solle". Ich darauf wieder: „Schrei nicht, es gibt nichts auszuschalten, der Scheinwerfer der Lok brennt nicht, sieh dir den Himmel im Norden an." Der Brief zeichnet nicht nur ein lebendiges Bild vom Vorgefallenen, sondern wir können durch ihn auch ungefähr die Stärke des Lichts, das von dem unbekannten Flugobjekt ausgestrahlt wurde, einschätzen. Der Rangierer, der bereits tausendmal das Ein- und Ausschalten des Scheinwerfers der Lok gesehen hatte, hatte das ihm vertraute Licht von der Erde mit dem verwechselt, das vom Himmel fiel.

Daß das Auftauchen eines UFOs von hellen Licht begleitet wurde, berichteten auch viele Augenzeugen, die ein unbekanntes Flugobjekt am 16. April 1985 in Swerdlowsk sahen. In einem Brief, der als Absender *Wejnerstraße 16, Uhrenwerkstatt* angibt, steht der folgende Satz: „Wir beobachteten einen seltsamen, sich am Himmel bewegenden Gegenstand. Er flog von Westen nach Osten und hatte die Form eines großen Scheinwerfers, von dem drei bis vier helle Strahlen auf die Erde gerichtet waren."

In einem weiteren Brief, der leider nicht unterzeichnet ist („Ich gebe meinen Namen und meine Adresse nicht an, ich wohne in einem Vorort von Swerdlowsk"), wurde derselbe Vorfall geschildert: „Ich ging abends nach der zweiten Schicht vom Betrieb nach Hause und wurde Zeugin eines Wunders. Auf der Brücke in der Nähe des Parfümeriewerkes hielt ein Mann auf der anderen Seite der Brücke an und rief mir etwas zu, das ich zunächst nicht verstand. Dann zeigte er nach oben. Ich war in der Mitte der Brücke. Vom Himmel leuchteten Scheinwerferstrahlen so hell, daß man eine Nadel auf der Straße hätte finden können. Ich erinnere mich nicht genau, wie viele Strahlen es waren, meiner Meinung nach waren es vier. Die Geschwindigkeit des Flugobjekts war sehr gering, ich schätze, sie entsprach der eines Hubschraubers."

Dutzende von Bürgern der nordöstlich des Schwarzen Meeres gelegenen Stadt Salsk wurden im Verlauf des September und in der ersten Hälfte des Oktober 1989 Zeugen ungewöhnlicher Erscheinungen am Himmel. Anlaßlich der Geschehnisse vom 15. September 1989 sagte die Direktorin der Schule Nummer sechs, Lehrerin für Physik und Astronomie, Walentina Schawyrina: „Nach 14.00 Uhr erschienen am klaren Himmel große, weiße Quadrate, in die mathematische Zeichen und Ziffern in der bei uns üblichen postalischen Schreibweise eingeschrieben waren. Sie vom Standpunkt unserer wissenschaftlichen Erkenntnisse aus erklären zu wollen, scheint meiner Meinung nach unmöglich." Mit den Augenzeugen führte der Redakteur der Zeitung *Salskaja Step,* Wiktor Pletnew, ausführliche Gespräche, bei denen sie folgendes berichteten: 26. September. Marina Lemjoschkina aus der fünften Klasse: „In der letzten Schulstunde, während des Naturkundeunterrichts, rief ein Mitschüler aus der Klasse: 'Seht mal! Seht mal!' Alle drehten sich zu den Fenstern hin. Und dort geschah etwas Seltsames am Himmel. Zuerst sahen wir ganz deutlich zwei große Fragezeichen, als wären sie mit Dampf geschrieben. Dann verwandelten sich die Fragezeichen in Zweien, zwischen denen ein Minuszeichen stand, nach den Zweien kamen zwei Sieben und nach einem Abstand noch drei weitere Sieben." Sweta Demtschenko aus der achten Klasse: „Die Uhr zeigte etwa 14.45 Uhr. Ich beschäftigte mich im Schulzimmer mit den Kindern der fünften Klasse. Plötzlich kam Natascha Krawtschenko aus der 8d angelaufen und verkündete von der Türschwelle aus: 'Schnell, seht euch den Himmel an!' Dort sahen wir algebraische *größer als* Zeichen die in drei Paaren angeordnet waren. Nach ungefähr zehn Minuten entließ ich die Schüler der fünften Klasse und ging zusammen mit der Mathematiklehrerin Tatjana Primaja zum Fenster. Zu der Zeit waren am Himmel deutlich Ziffern zu erkennen: mehrere *Zweien* und *Sieben.* Die Lehrerin Nina Lewtschenko: „An jenem Tag war ich mit Schülern aus den höheren Klassen auf der Sowchose *Juschny,* um Tomaten zu ernten. Das erste, was ich am Himmel sah, waren Quadrate. Es waren viele, die in gleich großen Abständen aufeinanderfolgten. Sie hingen sehr tief." Andrej Kljutschkin aus der zehnten Klasse: „Die Quadrate und Rechtecke zogen sich fast eineinhalb Kilometer in die Länge. Dann wandelten sie sich zu *größer als* Zeichen: zwei Zeichen, Abstand, zweimal zwei Zeichen, wieder ein Abstand, danach noch einmal vier Zeichen zusammen, dann zwei und sechs zusammen. Es schien eine sinnvolle Anordnung zu sein."

Wadim Rjabow, Direktor des Werkes für Schmiede- und Preßanlagen: „Nach 14.00 Uhr ging ich über das Werksgelände und entdeckte, als ich zum Himmel sah, Quadrate und in diesen Ziffern. Eine einmalige Erscheinung." 26. September. Walentin Lemjoschkin, Einwohner von Salsk: „Gegen 7.00 Uhr abends saß ich in meinem Moskwitsch und wartete auf meine Familie, die Bekannten einen Besuch abstattete. Plötzlich sah ich direkt vor mir am dunklen Himmel eine grelle, grünlichgraublaue Kugel, die etwas größer als der Mond war und sich noch ständig vergrößerte. Da kamen meine Kinder, die auch das ungewöhnliche Bild zu betrachten begannen. Bald verblaßte die Kugel und löste sich auf." Witalij Demtschenko aus der achten Klasse: „In der Nähe unseres Hauses sah ich abends, wie am Himmel vor meinen Augen eine grünlich-hellblaue Kugel anschwoll..."

Wasja Surin und Schenja Blinow sind Schüler. Der eine besucht in der Stadt Woronesch die Schule Nummer 82, der andere die Schule Nummer 33. Sie beide verbindet ein unglaubliches Ereignis. Sie und Julija Scholochowa und noch an vierzig andere Erwachsene, die am 27. September 1989 Zeugen einer UFO-Landung im Park in der Nähe der Mendelejewstraße wurden. Die Jungen spielten Fußball im Park. Es wurde Abend. Um 18.30 Uhr sahen die Jungen am Himmel ein rosarotes Leuchten, danach erblickten sie eine Kugel von weinroter Farbe. Die Kugel mit einem Durchmesser von fast zehn Metern kreiste in einer Höhe von zwölf Metern über der Erde, und es war zu sehen, wie unter ihr das Gras im Park niedergedrückt wurde. Bald entfernte sich das UFO, kehrte aber nach einigen Minuten zurück und schwebte erneut über dem Park. Zu dieser Zeit kamen Erwachsene hinzu. Im unteren Teil der Kugel öffnete sich eine Luke. Es erschien ein Wesen, das etwa drei Meter groß war, drei Augen hatte, in einen silbrigen Anzug gekleidet war, eine Scheibe auf der Brust und bronzefarbene Stiefel trug. Das Wesen klappte die Luke zu, nachdem es die Gegend gemustert hatte, und die Kugel begann herabzuschweben, wobei sie eine Pappel niederknickte.

Das UFO landete. Erneut wurde die Luke aufgeklappt, und zwei Wesen stiegen aus. Eines von ihnen war augenscheinlich ein Roboter. Das andere sagte etwas, woraufhin auf der Erde ein leuchtendes Rechteck von 30 x 50 Zentimeter Größe erschien; der Fremdling sagte wieder etwas und das Rechteck verschwand. Dann fingerte er eine Weile am Roboter herum, der wie mechanisch zu laufen anfing. In diesem Moment begann einer der Jungen vor Angst laut zu schreien. Der Außerirdische blickte ihn an, wobei seine Augen aufblitzten; der Junge erstarrte und konnte sich nicht mehr rühren. Nun schrien alle, die diese Begebenheit beobachtet hatten. Kugel, Fremdling und Roboter verschwanden. Nach fünf Minuten erschienen die Kugel und der Dreiäugige erneut. An seiner Seite hing eine Art Pistole, ein Rohr von einem halben Meter Länge, das er auf den ungefähr sechzehnjährigen Jungen richtete. Dieser verschwand daraufhin. Der Außerirdische stieg in die Kugel, die mit hoher Geschwindigkeit davonflog. Da tauchte auch der verschwundene Junge wieder auf.

Diese Erzählung über die Landung des UFOs wurde nach Aussagen einiger Zeugen aufgeschrieben. Man kann dem noch hinzufügen, daß die Bewohner der Putilinstraße in der Zeit vom 23. bis 29. September 1989 mehrmals das Auftauchen von UFOs beobachteten.

„Hier waren sie, jene eingedrückten Stellen auf dem Gelände des Parks, die Augenzeugenberichten zufolge das unbekannte Flugobjekt nach dem Start hinterlassen hatte. Die Vertiefungen in der Erde waren wie die Ecken eines Rhombus angeordnet. Auf einer anderen Wiese in der Nähe waren ebensolche Spuren. Hier waren *sie,* wie sich herausstellte, auch gelandet." Bevor Jewgenij Bussalajew den Landeplatz des UFOs aufsuchte, hatte er mit Aleksej Mossolow und Wjatscheslaw Martynow, zwei Mitgliedern der Kommission zur Erforschung außergewöhnlicher Erscheinungen in Woronesch, gesprochen. Sie nahmen am eifrigsten bei der Untersuchung des beschriebenen Phänomens teil. Hier ist ihr Bericht: „Wir haben dort mit einem Magnetometer und einem Gerät. das nach dem Prinzip der Wünschelrute funktioniert, gearbeitet. Wir steckten am Landeplatz ein Gebiet ab, wie dies gewöhnlich bei geologischen Untersuchungen gemacht wird. Wir gingen diese Fläche mit dem Peilgerät ab, das den größten Ausschlag genau im Zentrum jener Stelle anzeigte, die die Augenzeugen als Landeplatz des UFOs ausgewiesen hatten. Als wir mit dem Magnetometer dasselbe Areal abschritten, begann es Nullen anzuzeigen. Dies kommt immer dann vor, wo das Ergebnis der Messung auf der zur Verfügung stehenden Skala nicht mehr registriert werden kann. Wir hatten den Eindruck, daß an dieser Stelle das Magnetfeld eine sehr hohe Spannung aufwies. Wir besahen uns noch einmal die Abdrücke im Boden. Dr.-Ing. Jurij Losozew, der an den Untersuchungen teilnahm, bestimmte den Druck, der auf den Boden ausgeübt worden sein mußte, und kam zu dem Ergebnis, daß es sich um elf Tonnen gehandelt haben mußte, wenn es der Druck allein war; denn es ist nicht bekannt, ob hier nur das Gewicht oder vielleicht auch andere Kräfte eine Rolle gespielt hatten. Der Apparat setzte nicht mit dem Körper auf der Erde auf, sondern schwebte anscheinend in der Luft und ließ *Landefüße* herab. An jener Stelle, wo eine Pappel niedergebeugt war, hatte es in der Zeit vom 21. bis 27. September wahrscheinlich nicht weniger als vier Landungen von UFOs gegeben. In der Nähe gab es noch zwei Wiesen, wo die UFOs nach Augenzeugenberichten auch gelandet waren. Dort gab es ebensolche eingedrückte Stellen, die jedoch nicht wie die Ecken eines Rhombus gruppiert waren, sondern eine kompliziertere Anordnung aufwiesen. Es gab noch eine Wiese, auf der ein scheibenförmiges Objekt mit einem Durchmesser von ungefähr vier Metern aufgesetzt hatte. Es fuhr Stützen aus, zwischen denen etwas wie eine Plattform erschien, die von Augenzeugen Platte genannt wurde. Solange das Objekt auf der Erde stand, geschah nichts mit dieser Platte. Aber sobald das UFO zu starten begann, blieb sie an der Stelle zurück, begann sich aufzulösen und verschwand schließlich ganz. Wir nahmen eine Probe des Rasens von diesem Ort und zum Vergleich noch eine weitere von einer ungefähr 50 Meter entfernten Stelle mit. Alle Gespräche mit den Augenzeugen nahmen wir auf Videocassette auf. Die Entschlüsselung all dessen steht uns noch bevor. Es scheint, daß es drei Kategorien von Wesen waren. Zum einen drei Meter große Wesen in silbernen Anzügen mit drei Augen, von denen zwei Augen fahlweiß waren, das dritte in der Mitte rot und ohne Pupille. Ein anderes Detail, das fast alle Augenzeugen hervorhoben, war ein leuchtender Kreis auf ihrer Brust.

Die zweite Kategorie waren Roboter von kastenförmiger Gestalt, auf denen sich etwas Ähnliches wie ein Kopf befand. In einem Fall waren anstelle des Kopfes zwei Antennen, die scheinbar aus den Schultern herausragten. Auf der Brust hatten sie Knöpfe, die die Dreiäugigen bedienten. Und schließlich die dritte Kategorie: Wesen von kleinem Wuchs mit graugrünen Gesichtern und blauen Mänteln in der Art von Regenumhängen. Wenn ein solches Wesen eines seiner oberen Gliedmaßen hob, tauchte unter ihm ein leuchtendes Rechteck auf. Einige Augenzeugen betonten, daß das Gesicht eines solchen Wesens von bräunlicher Farbe und runzlig war und der Mund eigenartig umgestülpte Lippen hatte. Anstelle der Nase waren zwei Öffnungen, über denen die Oberfläche des Gesichts pulsierte. Die Landungen der UFOs ähnelten einander in folgenden Punkten: Es stiegen zwei Außerirdische aus, die einen Roboter hinaustrugen. Die drei Meter großen außerirdischen Wesen stellten bei ihm auf der Brust mit Hilfe der Knöpfe etwas ein, und der Roboter fing an, wie mechanisch zu laufen. Dies dauerte ungefähr 10 bis 20 Minuten. Dann schien der Roboter zu den Dreiäugigen zu gehen, sie schalteten ihn aus, trugen ihn in das Flugobjekt, gingen selbst hinein, und die Luke schloß sich. Das Objekt startete, wobei es sich fast augenblicklich in einen Punkt verwandelte und am Himmel verschwand.

Ein charakteristisches Detail: Wann sich die Luke öffnete, wurde eine kleine Leiter herausgefahren; ebenso wurde sie automatisch vor dem Schließen der Luke eingefahren. Die Leiter schien aus einem dünnen Blech zu sein. Eine Reihe von Augenzeugen bestätigte, daß sie eine Kugel gesehen hatten, aus der fünf bis sechs Wesen ohne Kopf ausstiegen.

Einer der Augenzeugen verwies darauf, daß eine Art von Beule über den Schultern entfernt an einen Kopf erinnerte. Einige Leute sagten aus, daß sich auf der Brust bei den gleichartigen Wesen etwas in der Art einer Schachtel befand, die sich wie ein Karteikasten herausziehen und hineinschieben ließ."

Die Augenzeugin Marija Swiridowa aus Woronesch berichtete über den Flug eines UFOs: „Am 27. September 1989 ging ich abends in den Laden, um Brot zu kaufen. Auf dem Rückweg, es war 19.10 Uhr, sah ich am Himmel in Richtung der Fabrik für Maschinenbau und Metallbearbeitung eine rötliche Kugel, die sich in Richtung Flugzeugwerk entfernte. Die Kugel, die für zwei bis drei Minuten sichtbar war, hatte die Größe des Mondes. In der Nähe stand ein Nachbar, der sie auch beobachtet hatte. Wir tauschten unsere Eindrücke aus und beschlossen, ein wenig zu warten, ob nicht noch einmal eine Kugel auftauchen würde. Und tatsächlich, nach 20 Minuten flog auf derselben Flugbahn eine zweite Kugel, die der ersten ähnlich war." Die Zeit dieser Beobachtung stimmte mit der Zeit überein, zu der die Leute die Landung eines UFOs sahen. Es gibt auch noch weitere Augenzeugen solcher Flüge. Am 25. September wurde abends am Himmel ein ungewöhnliches Objekt beobachtet, das die Form eines Dreiecks hatte und seine Farbe von hellblau bis leuchtend orange wechselte. Dabei hatte es zunächst die Form einer Kugel gehabt, dann die eines Dreiecks, daraufhin nahm es die Form eines Trapezes an, zum Schluß die eines Sterns. Dies war ein sehr malerisches Schauspiel, das viele Erwachsene beobachtet hatten. Es gibt noch weitere Mitteilungen. Am 2. Oktober stieg Alexander Kutischtschew aus dem Vorortszug im Gebiet des Schienenwerkes aus und sichtete ein Objekt in Form einer Untertasse mit einer Höhe von ungefähr sechs Metern und einem Durchmesser von 15 Metern. Das Objekt stand auf drei oder vier Füßen. Er sah eine fast drei Meter hohe Gestalt mit einem Kopf, der in die Schultern hineingewachsen zu sein schien. Das Wesen bewegte sich sehr schwerfällig vorwärts, es war in einer Art Anzug gekleidet, auf der Brust war ein Quadrat abgebildet. In den Händen hielt es einen metallischen Stab, mit dem es in den Boden stach. Das Wesen ging ein wenig herum, stieg dann in das Raumschiff, die *Landefüße* wurden gleichmäßig eingefahren, und das Objekt flog davon. Dabei gab es einen schwachen piepsenden Ton ähnlich dem Surren einer Mücke von sich. Der Erste Sekretär des Stadtbezirkskomitees der KPdSU von Chworostjansk im Gebiet von Kujbyschew an der Wolga, Wiktor Machow, berichtete: „Am 24. Oktober 1989 gegen 18.00 Uhr tauchte am Himmel über der Ortschaft Wladimirowka ein seltsamer, leuchtender, kugelförmiger Gegenstand von nicht weniger als 50 Meter im Durchmesser auf. Es war offensichtlich, daß der Gegenstand stofflicher Natur war. Am 4. November, nachdem bereits aus dem ganzen Bezirk verschiedene Meldungen über unbekannte Flugobjekte eingegangen waren, fuhr ich mit dem Vorsitzenden des Stadtbezirksexekutivkomitees Alexander Dobino hinter Wladimirowka auf das Feld, auf dem nach Aussagen der örtlichen Bewohner das unbekannte Flugobjekt gelandet war und eine tiefe Öffnung im Boden hinterlassen hatte. Nachdem wir an dem Ort angekommen waren, sahen wir wieder dieses seltsame fliegende Objekt. Auf jenem Feld entdeckten wir tatsächlich eine sehr merkwürdige Öffnung von schätzungsweise sechs Meter Tiefe. Dann schien der Schacht einen Knick zur Seite zu machen. Reste ausgehobenen Bodens, wie sie beim Bohren vorkommen, waren in der Nähe der Öffnung nicht zu finden. Auch die Form der Öffnung versetzte uns in Erstaunen: Sie war ellipsenförmig und ungefähr 40 x 60 Zentimeter groß. Der Eindruck war der, als ob das

Loch nicht in die Erde gebohrt, sondern durch den Stoß einer gigantischen Stange entstanden war." Der Erste Sekretär der Jugendorganisation der Komsomolzen, Wadim Blinkow, der Kolchosvorsitzende Wassilij Jelistratow und der Parteigruppenorganisator Aleksej Spiridonow berichteten: „Am 13. November hatten wir bei uns im Club Polituntericht. Plötzlich kam die Reinigungsfrau herbeigeeilt und rief: 'Die Außerirdischen sind wieder da.' Wir gingen auf die Straße hinaus, wo sich schon an die 30 Personen versammelt hatten. Und alle beobachteten 20 Minuten lang folgendes: Ungefähr drei Kilometer von uns entfernt schwebte in der Luft eine fliegende Untertasse, die grell gelb und rot leuchtete. Dann begann sie, langsam zur Erde herunterzukommen. In dem Maße, wie der Apparat sich der Erde näherte, wurde sein Leuchten schwächer. Er begann erneut höher zu steigen, und das Leuchten nahm wieder an Intensität zu." Anatoli Kurnajew und Igor Pogorelow, zwei junge Mechaniker für Landwirtschaftsmaschinen aus der Ortschaft Gremjatschko, die nicht weit von dem *anomalen* Feld entfernt ist, erzählten, daß die unbekannten Objekte fast jeden Abend zu sehen seien. „Vor kurzem ging ich zum Beispiel um vier Uhr morgens in den Hof und sah fast über mir einen großen, zigarrenförmigen Körper schweben", berichtete Anatoli. „An den Seiten der *Zigarre* befanden sich Fenster. Hinter dem einen erlosch das Licht, hinter einem anderen ging es an. Ich hatte noch keine Zeit, zu begreifen, was das eigentlich war, als aus dem Länglichen Flugkörper ein greller Lichtstrahl auf mich gerichtet wurde, der so stark war, daß er mich zu Fall brachte." Anatoli und Igor versuchten gemeinsam, die Öffnung, die nach dem Besuch des UFOs im Boden zurückgeblieben war, zu untersuchen. Zuerst banden wir einen Ziegelstein an einer Schnur fest. Wir ließen ihn hinunter, er fiel aber aus der Schlinge heraus und flog zur Seite. Dann gossen wir Dieselöl in die Öffnung und steckten es in Brand. Es stieg eine große, lodernde Flamme auf. Wir überlegten, wieso es brannte, da es doch ein tiefes Loch war, aber wahrscheinlich gelangte Luft von unten zu diesem Trichter. Man sagt, daß ungefähr vier Kilometer von unserem Dorf entfernt bei Wladimirowka auch solch eine Grube gefunden wurde. Unsere Grube knickt unten ungefähr nach dieser Richtung ab. Vielleicht sind sie unterirdisch miteinander verbunden. Die mittelasiatische Kommission zur Erforschung außergewöhnlicher Erscheinungen stellte mir Material über unglaubliche Vorkommnisse, die sich in ihrer Region abspielten, zur Verfügung Ein Beispiel sind die seltsamen Erlebnisse, die ein Mann aus Usbekistan, der im Februar 1990 mit seinem Sohn zum Angeln an einen einige Kilometer entfernten Fluß fahren wollte, auf der Fahrt dorthin hatte. Gegen drei Uhr nachts setzten sie sich in das Auto und fuhren los. Bei der Fahrt in die Berge wurde der Fahrer bald sehr müde und dachte, daß es, sobald er den Paß hinter sich gelassen habe, an der Zeit sei, irgendwo anzuhalten und sich auszuruhen. Sein Sohn schlief unterdessen auf dem Rücksitz des Wagens. Nachdem er beschlossen hatte, anzuhalten, hatte er das Gefühl, daß noch jemand im Auto war. Das Gefühl der Anwesenheit einer dritten Person war derart intensiv, daß er mit der rechten Hand über den leeren Beifahrersitz strich. Er fuhr weiter und kam zu dem Schluß, daß dieses Gefühl wohl von seiner Müdigkeit herrühren müsse. Kaum hatte er dies gedacht, als sein Zustand momentan in eine ungewöhnliche Munterkeit, Leichtigkeit, Klarheit und Deutlichkeit der Wahrnehmung umschlug. Die Müdigkeit verschwand spurlos, und er Fühlte sich hinter dem Steuer so ausgeruht, als hätte er gerade erst geschlafen. Auch sein Auto schien sich plötzlich verjüngt zu haben. Mit Erstaunen bemerkte er, daß sich sein alter, klappriger, sich bei jedem Schlagloch zur Erde neigender *Mosko-*

witsch mit seinem unruhig laufenden und geräuschvollen Motor und dem Ächzen der Karosserie und dem Knarren der Achsenaufhängung augenblicklich verwandelt hatte: Sowie sich sein Zustand geändert hatte, begann das Auto plötzlich, wie eine erstklassige Limousine zu laufen, die Störungen des Motors verschwanden, und das laute Motorengeräusch verstummte. Das Auto lief gleichmäßig und stoßfrei wie auf einem Luftkissen, und das, obwohl der Zustand der Straße in. diesem Abschnitt viel zu wünschen übrig ließ. Es war schon gegen sechs Uhr morgens. Bald bemerkte der Fahrer, daß beim Fahren auf der rechten Seite vor dem Auto ein Licht von hellroter Farbe aufflammte, und plötzlich tauchte das Objekt, von dem das Licht ausging, selbst auf. Es hatte einen Durchmesser von ungefähr einem Meter, und seine Form erinnerte an einen Aprikosenkern. Das UFO leuchtete dunkelrot und sendete Strahlen derselben Farbe aus. Der Fahrer verspürte keinerlei Angst. Die Entfernung zum Objekt ließ sich schwer schätzen. Er hatte den Eindruck, als brauchte er nur die Hand aus dem Autofenster zu strecken, um es berühren zu können. Zugleich schien es doch nicht so nah zu sein. Das Objekt führte einige Flugmanöver aus, indem es von der rechten auf die linke Seite des Autos hinüberwechsclte und dann wieder auf die rechte Seite zurückkehrte, bis es dem Fahrer in den Sinn kam, daß das Objekt durch seine Manöver seine Aufmerksamkeit von der Straße ablenkte und er einen Unfall verursachen könnte. Kaum war ihm dieser Gedanke gekommen, als sich das Flugobjekt nicht hoch über der Straße genau vor das Auto plazierte und den Wagen führte, wobei es dem Straßenverlauf genau folgte. Das UFO geleitete das Auto mit einer für jenen Straßenzustand optimalen Geschwindigkeit, so daß der Fahrer bei Anhöhen fast nicht auf das Gaspedal zu treten brauchte und das Auto seine ruhige und gleichmäßige Fahrt ohne die geringste

Erschütterung und ohne das kleinste Motorengeräusch fortsetzte.

Einen Moment lang kam dem Mann der Gedanke, daß *sie* seinen Sohn entführt haben könnten; aber sofort wurde dieser Gedanke wieder verdrängt. Da wurde ihm klar, daß das, was ihm durch den Kopf ging, augenblicklich erraten und gesteuert wurde. Es kam ihm sogar der Gedanke, daß man mit ihm Unfug treiben wolle, aber auch dieser Gedanke verschwand, kaum daß er aufgetaucht war. Gegen sieben Uhr morgens weckte der Vater seinen Sohn und fragte ihn, nachdem er auf das UFO gezeigt hatte, was er sehe. Der Sohn bestätigte das, was auch der Vater sah. Bis zum Fluß Naryn blieben nur noch einige Kilometer. Von dieser Stelle schwebte das UFO gleichmäßig am Abhang entlang, entfernte sich dann langsam in Richtung der Berge und entschwand schließlich ganz aus dem Blickfeld. Wie sich dann herausstellte, hatte es das Auto 40 Kilometer weit begleitet. Der Wagen nahm wieder seine alten Besonderheiten an: Das Rütteln begann erneut, die Karosserie klapperte, und auch der Motor dröhnte wieder auf alte Weise. Sie kamen am Fluß an und stiegen aus. Es waren seit dem Moment, wo das UFO seine Begleitung des Autos beendet hatte, knapp drei Minuten vergangen, als dem Besitzer des Wagens der Kopf derart zu schmerzen begann, daß ihm nicht zum Angeln zumute war. Nachdem sie sich den Tag über am Fluß gequält und nicht einen einzigen Fisch geangelt hatten, packten sie ihre Sachen zusammen und machten sich gegen sechs Uhr abends auf den Rückweg. Knapp zwei Stunden später, als sie die Stadt Karakul bereits hinter sich gelassen hatten, sahen Vater und Sohn einige Kilometer südlich der Stadt am Himmel erneut ein UFO. Es schien sich um dasselbe UFO zu handeln, das ihnen den Weg zum Angeln so erleichtert und dem Vater die Kopfschmerzen beschert hatte. Der Sohn erkannte das

Objekt ebenfalls anhand der Form und Größe wieder, aber diesmal schien das UFO mit anderen Dingen beschäftigt und näherte sich seinen Bekannten nicht.

Wie der UFO-Forscher Alexander Kondratenko mitteilte, gab es im April und Mai des Jahres 1990 eine wahre *Hochkonjunktur* an UFOs über der Stadt Widnoje unweit von Moskau. Fast jede Woche wurden Kugeln unterschiedlicher Größe und Farbe beobachtet. Eine *fliegende Untertasse* versetzte die Einwohner von Widnoje- durch ihre Größe besonders in Erstaunen: Sie hatte einen Durchmesser von fast 150 Metern. Sie flog über die Stadt und schwebte vielleicht 20 Minuten lang über dem Wald. Am 4. Mai 1990 gelang es Alexander Pawlow, einem Schüler der achten Klasse, aus dem Fenster der Wohnung seiner Eltern in Widnoje drei Aufnahmen eines unbekannten Flugobjektes zu machen. Folgendes hatte dazu geführt: Am Morgen war er allein zu Hause und spielte mit dem Hund, der plötzlich unruhig in der Wohnung umherzulaufen begann. Er sprang auf das Fensterbrett und auf der Stelle winselnd unter das Bett. Der Junge wollte herausbekommen, was den Hund so erschreckt hatte, und ging zum Fenster, vor dem eine *fliegende Untertasse* in der Luft hing. Einige Minuten war Alexander wie erstarrt, dann erinnerte er sich, daß mit dem im Fotoapparat eingelegten Film noch einige Aufnahmen gemacht werden konnten. Er griff sich schnell den Apparat und begann zu fotografieren. Auf einem dieser Fotos ist ein interessanter Moment festgehalten, wo das UFO Energie in Form von Kugeln freisetzt. Mit bloßen Auge waren sie nicht zu erkennen gewesen, nur auf dem Foto konnte ihr Spektrum erfaßt werden. Offensichtlich befand sich die Sichtbarkeit der Kugeln außerhalb der Wahrnehmung des menschlichen Auges. Dieses Phänomen ist in der Praxis ufologischer Erscheinungen wohlbekannt, obwohl es aus wissenschaftlicher Sicht bisher keine genaue Erklärung dafür gibt.

Im Juli 1990 war Aleksandr Supotnizkij, Flieger und Militäringenieur, zu Besuch bei seiner Mutter in der Siedlung Surgut im Gebiet von Kujbyschew an der Wolga, wo er zwei Tage hintereinander ungewöhnliche Lichtzeichen eines unbekannten Objektes am Himmel sah: „Für gewöhnlich ging ich dort spät zu Bett. Eines Abends kurz nach 23.00 Uhr spürte ich ein inneres Verlangen, auf die Straße hinauszugehen. Die Nacht war sternenklar, aber ich erblickte am Himmel sofort gerade jene Stelle, wo ich ein seltsam leuchtendes Objekt entdeckte. Es befand sich, wie mir schien, hoch über dem Horizont und ziemlich weit von meinem Beobachtungspunkt entfernt. Die tiefe Dunkelheit der Nacht umhüllte alles ringsum. In der Stille wurde ich das Gefühl eines großen Geheimnisses in nächster Nachbarschaft nicht los. Mein ganzer Organismus befand sich in einem Zustand erhöhter Erregung, die jede Faser meines Körpers durchdrang. Das Objekt am Himmel ähnelte nicht den Sternen, die im Unterschied zu ihm unbeweglich waren und von denen ein Gleichmäßiges, strahlendes Licht ausging. Mich setzte das seltsame und ungewöhnliche Lichtspiel des Objektes in Erstaunen.

Die Leuchtfiguren wechselten ungefähr jede Minute einander ab. Die Reihenfolge der Zeichenwechsel ist mir nicht in Erinnerung geblieben, aber sie ähnelten einem Code, der der Übertragung von Information zu dienen schien. Das Objekt, das wie ein leuchtender Fleck ohne charakteristische Strahlen aussah, änderte seinen Standort ohne erkennbare Gesetzmäßigkeit. Während des Blinkens der Zeichen blieb es unbeweglich. Ich beobachtete es von der Straße aus fast eine Stunde.

Dann ging ich ins Haus zurück und zeigte meiner Mutter das Objekt am Himmel, das nach fast anderthalb Stunden verschwand. Wie sich später herausstellte, hatten auch andere Bewohner der Siedlung das Objekt beobachtet. Auch am nächsten Tag tauchte es ungefähr an derselben Stelle und zur gleichen Zeit wieder auf. Ich versuche, mich voll und ganz auf das Objekt zu konzentrieren und mich von der Energie der Verlagerung durchdringen zu lassen. In diesem Moment hörte ich in meinem Inneren ein leises Piepsen, aber nicht in rhythmischer Folge, sondern in der Art eines ruhig geführten Gespräches. Von Zeit zu Zeit brach es ab, um dann wieder fortgesetzt zu werden. In dem Ton war keinerlei Anstrengung zu spüren, er war gleichmäßig und verbreitete ein angenehmes Gefühl. Ich begriff, daß ich Zeuge eines Gespräches oder Monologs war, dessen Sinn ich zwar nicht verstehen konnte, das mir aber das Gefühl vermittelte, als sei ich als Überbringer dieser Information auserwählt worden."

Kapitel 9

Die Verschleierung des UFO-Phänomens

Was wird verschleiert?

Schon lange behaupten Ufologen, daß Regierungen verschiedener Länder mehr über UFO-Phänomene wissen, als sie offiziell eingestehen. Ein Grund für diese Annahme ist die Tatsache, daß die Behörden auf Meldungen von UFO-Beobachtungen unweigerlich die gleiche skeptische Reaktion zeigen: Selbst hervorragend dokumentierte Fälle werden sofort lautstark als *Wetterballons* oder *Fehlinterpretationen der Venus unter ungewöhnlichen Beobachtungsbedingungen* abgetan. Weiter gründet sich der Verdacht der Ufologen auf die Tatsache, daß UFOs immer wieder ein besonderes Interesse für militärische Anlagen zeigen. Es ist durchaus möglich, daß es sich zumindest in einigen Fällen bei den rätselhaften Besuchern aus dem All in Wahrheit um recht irdische Spione gehandelt hat, und es ist sicher nicht auszuschließen, daß solche undurchsichtigen Vorfälle in Wahrheit der Tarnung von Geheimoperationen dienen. Unterlagen, die die Ground Saucer Watch (GSW) unter Berufung auf das Informationsfreigabegesetz von der US-Regierung forderte, bestätigen, daß in der Tat vieles verschleiert wurde, und zwar bereits seit Beginn der modernen UFO-Ära Ende der vierziger Jahre. Aus diesem Material geht hervor, daß die US-Regierung bemüht ist, der Öffentlichkeit eine bestimmte Einstellung gegenüber UFOs zu vermitteln. Diese skeptische Haltung wird auf vielerlei Wegen erzeugt. Es ist leicht, mehr oder minder plausible Erklärungen für UFO-Beobachtungen anzubieten: helle Sterne, ungewöhnliche atmosphärische Bedingungen, Meteoriten, Flugzeuge und so weiter. Mit solchen Interpretationen wird man meist auf Zustimmung stoßen, weil es sich in 95% aller Fälle vermeintlicher UFO-Beobachtungen tatsächlich um Fehldeutungen bekannter Flugobjekte handelt. Unbeirrbare Skeptiker meinen, daß sogar alle *UFOs* identifiziert werden könnten, wenn nur genügend präzise Daten vorlägen. Was soll ein Laie dazu noch sagen? Diese Irreführungskampagne ist auch deshalb so erfolgreich, weil immer wieder prominente Führungspersönlichkeiten aus den Reihen des Militärs oder der Regierung öffentlich gegen die Existenz von UFOs sprechen. Die wenigen Ufologen, die dieses Manöver durchschauen, können leicht als Wichtigtuer oder Betrüger diskriminiert werden. Die offizielle Version lautet, daß es nichts zu erforschen gibt, da die staatlichen Stellen bereits über alles Bescheid wüßten, was sich am Himmel tut. Vielleicht beruht der Erfolg dieser Verschleierungstaktik aber auch vor allem darauf, daß niemand beweisen kann, daß die Regierung der Öffentlichkeit gegenüber nicht ehrlich ist.

Wenn es tatsächlich stimmt, daß die Behörden mehr wissen, warum haben nicht längst mehr ehemalige Regierungsbeamte den Mund aufgemacht? Nur wenige Mutige haben den Versuch unternommen, die Tatsachen zu enthüllen. Im Laufe der Jahre hat die GSW zahlreiche Hinweise auf direkte oder indirekte Verschleierungsversuche gesammelt. Fotografien verschwanden, Spuren am Boden wurden vernichtet, Augenzeugen berichteten, daß Offiziere oder Geheimdienstler bei ihnen erschienen sind und sie zum Schweigen zu bringen versuchten. Und so scheiterte manche Untersuchung daran, daß wichtiges Beweismaterial fehlte und stichhaltige Schlußfolgerungen nicht mehr möglich waren. Vor allem den hartnäckigen Bemühungen des wissenschaftlichen Leiters der

GSW, Todd Zechel (selbst ehemaliges Mitglied des Geheimdienstes), ist es zu danken, daß man beschloß, dieses Problem offensiv anzugehen und sich direkt an die Regierung zu wenden. Zunächst befragte man die US-Luftwaffe. Natürlich kam dabei nicht viel heraus. Typische Antworten waren etwa, daß diese Phänomene keine Hinweise auf eine fortgeschrittene Technologie erkennen ließen, die über unsere derzeitigen Möglichkeiten hinausginge und „keinerlei unmittelbare Bedrohung für die Vereinigten Staaten darstellen", sowie daß "nichts darauf hindeutet, daß es sich bei den als *unbekannt* klassifizierten beobachteten Objekten um außerirdische Flugobjekte handelt". Nächster Gesprächspartner war der CIA, die Organisation, die mit größter Wahrscheinlichkeit an der Unterdrückung von UFO-Material beteiligt ist. Seine Antwort am 26. März 1976: „Gegen Ende 1952 betraute der Nationale Sicherheitsrat den CIA mit der Aufgabe, festzustellen, ob die Existenz von UFOs die Sicherheit der Vereinigten Staaten gefährden könnte. Der wissenschaftliche Nachrichtendienst setzte daraufhin einen beratenden Ausschuß ein, der dieser Frage nachgehen sollte. Dieser Ausschuß sprach schließlich die im Robertson Panel Report niedergelegten Empfehlungen aus. Zu keiner Zeit, weder vor der Bildung dieses Ausschusses noch nach der Veröffentlichung des Berichts im Januar 1953, war der CIA an der Erforschung von UFO-Phänomenen beteiligt. Der Robertson Panel Report stellt die Zusammenfassung der gesamten Beschäftigung des CIA mit dieser Angelegenheit und seiner Beteiligung an ihrer Klärung dar." Die Schlußfolgerungen, zu denen dieser Ausschuß nach intensiver Anhörung führender Luftfahrtexperten und Astronomen sowie mehrerer CIA-Angehörige gelangte, waren simpel: Weder in militärischer noch in wissenschaftlicher Hinsicht bestünde irgendein Anlaß zur Beunruhigung, aber man sei zu dem Ergebnis gekommen

- und dies ist besonders aufschlußreich - das „die ständige lautstarke Verbreitung von Berichten über derartige Phänomene in diesen unsicheren Zeiten allerdings eine Bedrohung für das ordnungsgemäße Funktionieren der den politischen Prozeß sichernden Organe darstelle". Die Empfehlungen lagen somit ganz auf dieser Linie: Es gelte sogenannte UFOs zu entlarven und die Bevölkerung durch Aufklärung in die Lage zu versetzen, solche Phänomene zu identifizieren. In Wirklichkeit ließ der CIA keineswegs die Angelegenheit 1953 ein für allemal fallen. Nachforschungen in den Nationalarchiven ergaben, daß viele Berichte aus den Akten verschwunden sind. Als die GSW unter Berufung auf das Informationsfreigabegesetz gezielt weiter nachfragte, wurden einige Unterlagen freigegeben, jedoch in so *gereinigter* Form, daß man Gedankenleser hätte sein müssen, um etwas Konkretes aus ihnen zu entnehmen. Die GSW beschloß daraufhin, den Gerichtsweg zu beschreiten. Nach vierzehn Monaten zäher Bemühungen auf dieser Ebene gab die Regierung am 15.Dezember 1978 fast tausend Seiten Material frei. Dies war ein ganz entscheidender Sieg für die GSW und für die Ufologie überhaupt. Was geht nun aus diesen Dokumenten hervor?

Zum einen belegen sie, daß der CIA auch schon vor der Einsetzung des Robertson-Ausschusses mit UFO-Phänomenen befaßt war, ja sogar selbst den nationalen Sicherheitsrat dazu drängte, die Erforschung dieser Materie zu veranlassen! Zum zweiten geben sie bemerkenswerte Hinweise auf die psychologischen Strategien der staatlichen Behörden. So steht in einem offiziellen Schreiben: „Ein erheblicher Teil unserer Bevölkerung ist psychisch darauf eingestellt, das Unglaubliche für bare Münze zu nehmen. Eben hierin liegt das Potential für die Auslösung von Massenhysterie und Panik." Zum dritten geht es darin um die Verwundbarkeit der amerikanischen Luftabwehr: „Im Falle eines Angriffs, vermögen wir nicht reale Objekte von Phantomen zu unterscheiden.“ Interessant ist in diesem Zusammenhang der Gebrauch des Wortes *Phantom,* und in einem anderen Schreiben vom November 1952 erklärt der stellvertretende Direktor für den Nachrichtendienst des CIA ganz unverblümt: „Beobachtungen nicht identifizierter Objekte in großer Höhe und mit großer Fluggeschwindigkeit in unmittelbarer Nachbarschaft wichtiger amerikanischer Verteidigungsanlagen passen von ihrer Natur her nicht auf natürliche Phänomene oder bekannte Typen von Flugkörpern.“ Im Licht dieser Enthüllungen nimmt es nicht wunder, wenn Edward Tauss, ebenfalls ein hoher Beamter des wissenschaftlichen Nachrichtendienstes , im August 1952 empfiehlt, daß der CIA sich *weiterhin* (nicht „von jetzt an“) mit der Materie befassen möge, und hinzusetzt: „Es ist jedoch dringend darauf zu achten, daß keinerlei Hinweise auf das Engagement des CIA in dieser Angelegenheit an die Presse oder die Öffentlichkeit gelangen, da zu vermuten ist, daß letztere dazu neigen wird, ein solches Interesse unsererseits als *Bestätigung* dafür zu nehmen, daß sich „unveröffentlichte Fakten in den Händen der US-Regierung befinden“. „Es steht also eindeutig fest, daß die Regierung - oder doch zumindest der CIA - von der Echtheit der UFO-Phänomene überzeugt und deshalb durchaus beunruhigt war, gleichzeitig aber entschlossen darauf hinwirkte, alle Erkenntnisse in diesem Zusammenhang geheimzuhalten. Aufschlußreich ist die Reaktion des CIA auf den vom amerikanischen Marineoffizier Delbert C. Newhouse 1952 gedrehten Film, der dem Robertson-Ausschuß vorgeführt wurde. Man hatte schon mehrfach versucht, diesen Streifen als Täuschung zu entlarven. Nach Aussage Newhouses zeigt er mehrere, sich mit enormer Geschwindigkeit bewegende ungewöhnliche Flugobjekte aus etwa 16 Kilometern Entfernung. Erhärtet wurden diese Angaben durch von der GSW durchgeführte Computeranalysen der Aufnahmen sowie durch Untersuchungen eines Fotolabors der US-Airforce. Auch zuständige Experten der US-Marine fanden nach insgesamt über eintausendstündiger Analyse des Films keine Erklärung für die abgebildeten Objekte, sondern meinten, es handle sich offenbar um *selbstleuchtende Kugeln* mit einer Geschwindigkeit von bis zu 12.096 km/h. Der Robertson-Ausschuß diskutierte zwei Stunden lang, dann wurde ein weiterer Film vorgeführt, auf dem Möwen zu sehen waren, die helles Sonnenlicht reflektierten. Prompt bemerkte der Ausschuß, man neige „stark zu der Ansicht, daß es sich bei den abgebildeten Objekten um Vögel handle". Wer veranlaßte die Vorführung des Möwenfilms? Der manipulationserfahrene CIA? In der Folge schaltete sich jedenfalls der CIA in die Untersuchung von UFO-Filmmaterial ein. Der wissenschaftliche Leiter der GSW, Todd Zechel, kommentierte: „Der CIA hielt keineswegs, wie verbreitet wurde, die Analysen des Newhouse-Films für falsch, sondern war im Gegenteil von diesen Aufnahmen so beeindruckt, daß er sich unverzüglich selbst der Angelegenheit annahm." Das Material, in dessen Besitz sich die GSW setzen konnte, stützt in vielfacher Hinsicht den Verdacht, daß der CIA sich auch weiterhin mit UFO-Phänomenen befaßt hat. Bei den Unterlagen befinden sich zahlreiche Berichte über UFO-Beobachtungen, die von US-Botschaften im Ausland pflichtgemäß zu den Akten genommen wurden: darunter allein 15 Fälle in Spanien innerhalb eines Zeitraums von neun Monaten in den Jahren 1973 und 1974, ein Fall aus Portugal, mehrere Protokolle aus Tunesien aus dem Jahr 1976, die sich auf Augenzeugen, Radarmessungen und sogar Polizeiberichte stützen konnten. „Ein überaus besorgter hoher militärischer Sicherheitsbeamter, der General Balma", wollte wissen, ob die GUS-Flotte „in irgendeiner Weise dazu beitragen könne, zu klären, um wen oder was es sich dabei handelt“. Nicht genug damit, daß diese - und unzählige weitere - Fälle noch im Jahr 1976 festgehalten wurden, also sieben Jahre, nachdem die US-Regierung angeblich als Reaktion auf den Condon Report von der ganzen UFO-Thematik Abstand genommen hatte. Die Botschaften sandten alle diese Beobachtungsberichte an den CIA - und überdies auch noch an andere staatliche Stellen, wie etwa den Sicherheitsrat und das Verteidigungsministerium.

Natürlich liegt es durchaus im Interesse der Regierung, sich den Anschein zu geben, als vermöge sie dieses Objekt am Himmel zu identifizieren: Das ist wichtig für die Sicherheit des westlichen Bündnisses. Das Material beweist jedoch, daß die staatlichen Verschleierungspraktiken sich nicht nur darauf beschränken, Unruhe und Angst unter der Bevölkerung zu verhindern, sondern daß die UFO-Debatte, während sie auf der einen Seite heruntergespielt, auf der anderen Seite angeheizt wird.

Gezielt gestiftete Verwirrung

Um besser verstehen zu können, wie es dem CIA gelingen konnte, die Ergebnisse der UFO-Forschung jahrelang für seine Manipulationszwecke zu mißbrauchen, ist es notwendig, den Zustand der Ufologie zu kennen. Die auszuwertende Information basiert gewöhnlich auf (meist nicht weiter abgesicherten) Augenzeugenaussagen. Ufologen bezeichnen solche Berichte oft schon als »authentisch«, wenn sie ein paar Recherchen angestellt haben, die in nicht viel mehr als aus Gesprächen mit den Beteiligten bestanden. An der Fähigkeit von Augenzeugen, ungewöhnliche Flugobjekte „zu identifizieren", muß grundsätzlich gezweifelt werden: Man denke nur an die vielen kuppelförmigen, sich um die eigene Achse drehenden, untertassenähnlichen „UFOs", die nach Aussagen zahlreicher, grundsätzlich zuverlässiger Personen ungewöhnliche Manöver ausführen und durch seltsame Lichterkonstellationen auffallen - und die sich dann schließlich als Reklameflugzeuge entpuppen. Mangel an Zeit, Geld und effektiven Forschungstechniken sind wichtige Ursachen für das hohe Maß an „Pfusch" in der Ufologie. Wenn sich auch die meisten „UFOs" identifizieren lassen, bleibt doch ein Rest von offenbar echten Fällen, deren wissenschaftliche Erforschung schwierig ist, weil es kaum exakte Daten gibt, die man analysieren könnte. Immerhin scheint festzustehen, daß es sich nicht um Besuche aus dem All handelt. Die Gesetze der Wahrscheinlichkeit sprechen einfach dagegen. Denkbar wäre ihre irdische Herkunft. Dennoch bewirkten die Tatsachen, daß bei all den offiziellen Untersuchungen durch Kommissionen nichts herauskam und die Regierung auf Nachfragen immer nur abblockte, daß viele zivile Forscher zu der Überzeugung gelangten, es sei eine breit angelegte Kampagne seitens der offiziellen Stellen im Gange, um Material über Besuche aus dem Weltraum zu vertuschen. In den vierziger Jahren häuften sich Gerüchte über abgestürzte Untertassen und tote außerirdische Wesen. In den siebziger Jahren gab es eine Flut von Berichten über direkte Kontakte mit den Außerirdischen und sogar Entführungen. Weiter sickerten Informationen von militärischen und nachrichtendienstlichen Quellen zu den Ufologen durch. Wie läßt sich dieses merkwürdige Verhalten erklären? Es besteht der Verdacht, daß der CIA die, entgegen seinen eigenen Aussagen, in aller Welt gesammelten Informationen über UFOs nicht nur vertuschte, sondern auch das Gerücht schürte, daß die Regierung mehr wisse, als sie zugeben wolle. Diese Taktik sollte die Aufmerksamkeit der Ufologen von den tatsächlichen Handlungen der Regierung ablenken und Verwirrung stiften. Im Schutze dieser Vernebelungstaktik kann der CIA seine eigenen zwielichtigen Experimente durchführen, deren wahre Natur auch deshalb nicht so leicht zu durchschauen ist, weil sie für den Beobachter auch nicht mysteriöser erscheinen als die übrigen UFO-Phänomene. Hinweise darauf, was den CIA an der UFO-Frage wirklich interessierte, finden sich immer wieder in den von der GSW sichergestellten Dokumenten. Zunächst einmal ging es dem Geheimdienst offenbar um die psychologischen Aspekte des Phänomens der fliegenden Untertassen. So steht in einem Memorandum aus dem Jahr 1952: „Obgleich aus der ganzen Welt Berichte über UFO-Beobachtungen vorliegen, ergab sich doch, daß bis zum Zeitpunkt dieser Untersuchung in der sowjetischen Presse keine Meldung und kein Kommentar über fliegende Untertassen zu finden war. Da es sich um eine staatlich kontrollierte Presse handelt, konnte dies nur Ergebnis einer offiziellen politischen Entscheidung sein. Es erhebt sich also die Frage, ob solche Beobachtungen sich erstens kontrollieren, zweitens voraussagen und drittens zu Zwecken der psychologischen Kriegführung, sei sie defensiver oder offensiver Art, einsetzen lassen. Ein erheblicher Anteil unserer Bevölkerung ist psychisch darauf eingestellt, das Unglaubliche für bare Münze zu nehmen. Aus dem Material der GSW geht hervor, daß der CIA zur Zeit des Robertson Panel Reports selbst davon überzeugt war, daß es sich bei den UFOs um außerirdische Flugobjekte handelte. Während man auf Beweise dafür wartete, wurde eine Enthüllungskampagne eingeleitet, um jede mögliche Massenhysterie zu zerstreuen. Man erwartete, daß auf diese Weise die UFOs, wie jede andere Modeerscheinung, schnell aus dem öffentlichen Bewußtsein verschwinden würden. An irgendeinem Punkt merkte der Geheimdienst dann jedoch, daß er sich das UFO-Phänomen selber für Experimente zur psychologischen Kriegführung zunutze machen konnte. Wenn diese Erscheinung schon kein Mittel der Sowjets zur Manipulation der amerikanischen Bevölkerung war, so gab es doch keinen Grund, sich nicht selbst ihrer zu bedienen. Die Strategie hatte viele Vorteile: Das Militär konnte in aller Ruhe seine geheimen Luftoperationen weiterführen, da jeder eventuelle Zeuge im Netz der Vertuschungspraktiken des CIA und seiner öffentlichen Enttarnungsmanöver hängenbleiben würde. Darüber hinaus würde der CIA feststellen können, wieweit eine Manipulation der öffentlichen Meinung möglich war, wie einzelne Menschen auf seltsame Vorkommnisse reagieren würden, auf welchem Wege sich solche Informationen verbreiteten und welche Reaktionen sie auslösten. Diese Strategie war leicht zu verfolgen, indem man den Ufologen falsche Informationen zuspielte und gleichzeitig von der Presse zweifelhaftes UFO-Material hochspielen ließ. Sie erforderte nicht einmal den Einsatz großer Mittel, da man ja nur einige wenige, die unidentifizierten Objekte, einbeziehen mußte. Für die Verbreitung würden die begeisterten Ufologen sorgen, und manch einer würde prompt mit falschen UFO-Beobachtungen reagieren. Ähnliche Manipulationen konnte man auch dazu benutzen, mögliche Zwischenfälle beim Einsatz militärischer Flugkörper oder deren illegale Erprobung zu vertuschen, generell jedoch die öffentliche Aufmerksamkeit von politischen Fehlschlägen abzulenken. Die Unterlagen der GSW beweisen, daß viele maßgebliche Mitglieder der offiziellen Untersuchungskomitees für UFO-Phänomene ehemalige CIA-Leute waren. Außerdem gibt es Hinweise darauf, daß Generso Pope, der Herausgeber des National Enquirer, ebenfalls ein Ex-CIA Mitarbeiter ist und immer noch mit der Propagandaabteilung des Geheimdienstes in

Verbindung steht. Eben der National Enquirer war es jedoch, der die größten Beträge für die sensationellsten UFO-Stories auf den Tisch legte und so entscheidend an der öffentlichen Meinungsbildung zu diesem Thema mitgewirkt hat. Aufschlußreich ist es auch, daß gewisse UFO-Stories immer wieder neu aufleben: So finden sich die Geschichten über abgestürzte *fliegende Untertassen*, die in den vierziger Jahren populär waren, in den achtziger Jahren wieder, während die Vorliebe der fünfziger Jahre für direkte Kontaktaufnahme der Außerirdischen mit Erdbewohnern in den siebziger Jahren eine Renaissance erfährt. Um welche Form von Manipulation könnte es sich im Zusammenhang mit solchen direkten Begegnungen handeln? Wie oft schon haben überraschte Forscher in aller Ernsthaftigkeit gesagt, daß die Erlebnisse der Augenzeugen trotz des völligen Fehlens von stützenden Beweisen „in deren Köpfen eindeutig Realität sind".

Hat die amerikanische Regierung die Hände im Spiel?

„Ich schlage vor, daß wir bei einer der nächsten Ausschußsitzungen über eventuelle Möglichkeiten diskutieren, diese Phänomene offensiv oder defensiv zu Zwecken der psychologischen Kriegführung einzusetzen." Dieser Satz stammt aus einem geheimen Memorandum zum Thema *fliegende Untertassen*, das Walter B. Smith, der Leiter des CIA, zu Beginn der fünfziger Jahre an den Leiter der Behörde für psychologische Kriegführung adressierte. Und es spricht vieles dafür, daß der CIA - oder vielleicht auch eine andere Geheimorganisation - später diesen Vorschlag verwirklichte. So gewagt diese Behauptung klingen mag, gibt es doch mehrere gute Gründe, weshalb die US-Regierung ein Interesse daran haben könnte, den Glauben an UFOs zu bestärken und für bestimmte Zwecke einzusetzen. Zunächst einmal investieren die Vereinigten Staaten ungeheure Mittel für die Rüstungstechnologie, insbesondere auf dem Sektor der militärischen Flugkörper. Nun stehen dem Militär zwar Tausende von Quadratmetern menschenleerer Wüste und Einöde zur Verfügung, um solche Neuentwicklungen zu testen, aber dennoch ist es gelegentlich notwendig, Erprobungen über größere Räume auszudehnen. Hierbei ist es von großem Nutzen, wenn die Bevölkerung bereit ist, „an UFOs zu glauben". Als Beispiel kann das Stealth-Flugzeug angeführt werden - ein seit 1966 in der Entwicklung befindlicher Flugzeugtyp, der die Fähigkeit besitzt, sich der Radarortung zu entziehen. Zwar wurde das Projekt 1977 zur Geheimsache erklärt, aber von Boeing freigegebene Bilder zeigen einen kleinen, bizarr geformten Bomber, der wohl am ehesten einem Papierflieger ähnelt und dank dieser ungewöhnlichen Form sicher auch bei Tageslicht leicht für ein UFO gehalten werden kann.

Im Jahr 1975 ortete eine mobile Radareinheit der US-Luftwaffe in Kalifornien ein Objekt, das mit etwa 740 km/h aus Richtung des Luftwaffenstützpunktes Edwards geflogen kam. Nach einem Wendemanöver war es plötzlich vom Radarschirm verschwunden. Man glaubte zunächst, daß es blitzartig auf über 3.200 km/h beschleunigt hätte - ein typisches Verhalten für ein UFO! Tatsächlich handelte es sich jedoch um ein auf dem Testflug befindliches Stealth-Flugzeug, das unmittelbar, nachdem es auf dem Radarschirm erschienen war, auf „Unsichtbarkeit" geschaltet hatte. Offiziell wurde es als „unbekanntes Flugobjekt" registriert, weil die Erprobung nicht publik werden sollte. Eine weitere Methode des Geheimdienstes, Nachrichten zu manipulieren, ist das Einschleusen von getarnten Agenten in Ufologenvereinigungen. So wurde das Gerücht am Leben gehalten, daß es sich bei einigen im Juli 1947 in Neumexiko gefundenen geheimnisvollen Wrackteilen um die Überreste einer außerirdischen fliegenden Untertasse handle - und das nur Tage nachdem vom nahegelegenen Testgelände White Sands die ersten Kunststofforschungsballons gestartet worden waren. Eine noch viel unheimlichere Angelegenheit sind jene scheinbar unerklärlichen Fälle, in denen verstümmelte Tiere aufgefunden und mit angeblich gesichteten UFOs in Zusammenhang gebracht wurden. Wenn man einmal von der Möglichkeit ausgeht, daß die US-Regierung sich tatsächlich „UFOs" für ihre Zwecke nutzbar macht, liegt der Verdacht nahe, daß die sorgfältigen „Operationen" an diesen Tieren damit zu tun haben, daß man zuvor an ihnen biochemische Waffen erprobt hatte. Dieser Theorie zufolge hätte also die Regierung ganz bewußt den Glauben an die unerklärliche oder paranormale Natur dieser Verstümmlungen suggeriert. Ganz gezielte psychologische Experimente stecken möglicherweise hinter jenen seltsamen Geschichten von den „Männern in Schwarz". Es spricht vieles dafür, daß der CIA tatsächlich eine Reihe von UFO-Phänomenen getürkt hat, und zwar insbesondere Fälle direkter Kontaktaufnahme oder gar Entführung. Wenn das stimmt, wären die immer wieder geäußerten Behauptungen der Opfer solcher Übergriffe, daß niemand außer ihnen selbst von diesen Begegnungen gewußt habe, irrig. Vielmehr hätte es sich um ausgekochte Inszenierungen gehandelt. Gewiß wäre es durchaus im Interesse der psychologischen Kriegführung, in Erfahrung zu bringen, wie Menschen auf leere Drohungen reagieren: Schließlich scheinen die berühmten Herren in Schwarz ihre Ankündigungen, sie wollten ihre unfreiwilligen Gastgeber verstümmeln oder zum Schweigen bringen, nie wahr zu machen. Außerdem ließe sich diese Taktik auch dafür verwenden, herauszufinden, wie Menschen auf derartige Gefahren reagieren. Die Geheimdienste verfügen mittlerweile über so raffinierte Abhörtechniken, daß sie eine solche Begegnung durchaus aus der Ferne aufzeichnen könnten. Was von diesen Experimenten schließlich an die Öffentlichkeit dringt, vermehrt uns die Flut widersprüchlicher und absurder Phänomene, mit denen es die Ufologie hauptsächlich zu tun hat. Die Absurdität ist gewollt. Ein Phänomen, das unleugbar existiert, aber keinerlei innere Logik aufweist, hält die Forscher in Atem, weil sie sich verzweifelt bemühen, eine Logik hineinzubringen, zu einer Theorie zu finden, die alle Puzzleteilchen in einen sinnvollen Zusammenhang stellt. Das heißt, daß viele ihre Energien in die Ufologie investieren, obwohl es von vornherein ausgeschlossen ist, daß sie je zu schlüssigen Erklärungen gelangen werden. Dieser Vorgang aber dient den Zwecken der Regierung - jeder Regierung. Die Tatsache, daß die Hypothese vom außerirdischen Ursprung der UFOs, obwohl sie nur schwer haltbar ist, immer wieder in den Vordergrund gespielt wurde, war unzweifelhaft ursächlich an der Entstehung verschiedener Pseudoreligionen beteiligt. Die Anhänger dieser UFO-Kulte werden die Regierung bestimmt nicht für Versäumnisse im Bereich der Wirtschaft oder der Außenpolitik kritisieren, da die galaktische Bruderschaft schon alles zum Besten wenden wird. Mit Sicherheit gilt dieser Zusammenhang für ein berühmt gewordenes UFO-Phänomen im Jahr 1957. Die Vereinigten Staaten erlitten damals gerade mehrmals hintereinander schwere Demütigungen, da immer neue Versuche, den ersten amerikanischen Weltraumflugkörper, die Vanguard-Rakete, ins All zu schießen, fehlschlugen. Im November 1957 gelang es der UdSSR, nur dreißig Tage nach dem epochalen Sputnik-Erfolg, auch noch einen zweiten Satelliten auf die Erdumlaufbahn zu befördern. Innerhalb von Stunden tauchten über Texas und Neumexiko UFOs auf, die prompt die sowjetische Raumfahrtsensation aus den

Schlagzeilen der Zeitungen vertrieben . Aber auch sogenannte Entführungsfälle können durchaus anderen Zwecken dienen. Es ist nicht weiter schwer, eine Begegnung mit Außerirdischen oder gar eine Entführung so zu inszenieren, daß sie „im Kopf des Augenzeugen Realität ist", sofern man Drogen oder Hypnose oder beides einsetzt. Die nötigen Spezialeffekte werden wohl weder die Mittel noch den Erfindungsgeist der Initiatoren überstrapazieren. Solche „Spielchen" würden es den Verantwortlichen ermöglichen, gleichzeitig den UFO-Mythos weiter wachzuhalten, psychologische Methoden und halluzinogene Mittel zu erproben, festzustellen, ob sich die jeweiligen Opfer auf diese Weise gefügig machen lassen, wie die Medien mit solchen Informationen umgehen und wie die Ufologen und schließlich die Öffentlichkeit darauf reagieren. Überdies würden diese Horrormärchen dazu beitragen, ernsthafte Wissenschaftler von der UFO-Thematik fernzuhalten. Natürlich werden viele Ufologen diese Verschwörungstheorie empört ablehnen. Doch es gibt noch ein weiteres Faktum, das sie stützt: Die Klärung der Frage, was es mit den echten UFOs auf sich hat, ist noch immer keinen Schritt weitergekommen. Erst mit ihrer Beantwortung erhielte jedoch die Beschäftigung mit Entführungs- und Kontaktaufnahmefällen (die derzeit die Energien der Forscher so weitgehend absorbiert) einen Sinn. Was der Öffentlichkeit derzeit an Kenntnissen zugänglich ist, resümiert William H. Spaulding, der Begründer der Hypothese von der staatlichen Manipulation, als Erklärung für die Ungreifbarkeit des UFO-Phänomens wie folgt: die letzten dreißig Jahre wurden darauf verschwendet, etwas zu erforschen, was es überhaupt nicht gab. Die Tatsache, daß sich der Glaube an die fliegenden Untertassen trotz der Unlogik der Phänomene und des Mangels an Beweisen so lange gehalten hat, zeugt nur von der Leichtgläubigkeit der Menschen. Die Unverfrorenheit und die Erfindungskünste des CIA und anderer mit diesem Thema befaßter Forscher haben drei Generationen von UFO-Enthusiasten hervorgebracht und die Phantasie der Öffentlichkeit beschäftigt. Was den Mythos von den fliegenden Untertassen so interessant und bedeutsam macht ist die Tatsache, daß es sich dabei um eine genuine, psychosoziale Bewegung handelt, die in unseren Zeiten ins Leben gerufen wurde und sich noch immer ausbreitet.

Abgestürzte UFOs - Erfindung oder Wirklichkeit?

Unmittelbar nachdem im Jahr 1947 die ersten „fliegenden Untertassen" gesichtet wurden, begann das Gerücht umzugehen, daß eins der Flugobjekte abgestürzt und in die Hände amerikanischer Wissenschaftler geraten sei. Der Gedanke ist logisch: In Anbetracht der großen Zahl der angeblich gesichteten UFOs war es statistisch ganz plausibel, daß früher oder später eines davon verunglücken oder abgeschossen werden würde. Diese Argumentation basiert jedoch auf der Annahme, daß es sich bei UFOs um aus greifbarer Materie bestehende Flugobjekte handelt, die durch Fremdeinwirkung oder technisches Versagen Schaden erleiden können. Damals hatte man so gut wie keinen Zweifel daran, daß UFOs solche Flugkörper waren: Ungewiß blieb nur ihre Herkunft. In Frage gestellt wurde die Mär von den abgestürzten fliegenden Untertassen paradoxerweise ausgerechnet durch eine Veröffentlichung, die sie eigentlich beweisen sollte. 1950 erschien von dem amerikanischen Schriftsteller Frank Scully das Buch „Behind the flying Saucers". Es wurde in den USA ebenso wie in Europa ein Bestseller. Aufschlußreich ist, daß der Autor nicht nur Starkolumnist des Showbusinesmagazins

Varieties war, sondern gleichzeitig auch der Verfasser der Werke Fun in Bed (wohlgemerkt kein Sexhandbuch, sondern ein unterhaltendes kleines Brevier für begeisterte Bettfans), more fun in bed und Junior fun in bed. Scully behauptete, er habe während seiner schriftstellerischen Tätigkeit einen in der Olförderung beschäftigten Mann namens Silas Newton in Texas kennengelernt, der ihm wiederum von einem Kollegen, Dr. Gee, erzählt habe. Dieser sollte aus eigener Erfahrung wissen, daß sich im Gewahrsam des amerikanischen Militärs drei UFOs befänden sowie 16 tote Außerirdische, die etwa einen Meter groß wären. Belegmaterial gab es allerdings nicht. Die Geschichte beruhte allein auf den Aussagen jenes „Dr. Gee", der behauptete, von den Behörden als Experte zur Untersuchung der Flugkörper herangezogen worden zu sein. Das Fehlen von Beweisen hinderte nicht, daß über 60.000 Exemplare von Scullys Buch verkauft wurden, hatte jedoch zur Folge, daß es dem Journalisten J. P. Kahn zwei Jahre später leichtfiel, in einem Artikel die Öffentlichkeit davon zu überzeugen, daß es sich bei der Story um ein reines Phantasieprodukt handle. Die Leser übersahen dabei, daß Kahns Darstellung von Übertreibungen und Ungenauigkeiten strotzte: Newton und „Dr. Gee" waren aber zu Betrügern gestempelt. Wenn der Mythos von den abgestürzten UFOs später viele Anhänger verlor, so lag das nicht allein an der Fragwürdigkeit von Scullys Geschichte. Die öffentliche Meinung wandte sich davon unabhängig der Vorstellung zu, daß UFOs nicht von Menschenhand stammten, sondern Produkte außerirdischer Technologien seien. So war es plausibel, daß sie auch nicht wie irdische Fluggeräte mit dem Risiko technischen Versagens behaftet waren. Erst 25 Jahre später lebte der Mythos wieder auf. Im April 1976 erschien im Official UFO (damals eine recht ernst genommene Zeitschrift) unter der Überschrift: „Was hat es mit den abgestürzten UFOs auf sich?“ ein Artikel des renommierten Ufologen Raymond Fowler. Der Autor lieferte darin spektakuläres neues Beweismaterial: die durch Eid bekräftigte Aussage eines Technikers, er selbst habe am 21. Mai 1953 in Kingman im amerikanischen Bundesstaat Arizona das Wrack eines abgestürzten UFOs untersucht. Das allgemeine Interesse für die geheimnisvollen Erscheinungen erwachte wieder. Während sich Leonard Stangfield, ebenfalls ein bekannter Experte, durch breit angelegte Nachforschungen um neue Beweise bemühte, konzentrierten sich William Moore, Stanton Friedman und Charles Berlitz auf einen Fall, der weltweite Berühmtheit erlangen sollte: das sogenannte Roswell Wrack. Hier ein kurzer Abriß der Geschehnisse: Am späten Abend des 2. Juli 1947 sah ein vor seinem Haus sitzendes Ehepaar in Roswell/Neumexiko ein glühendes Objekt am Himmel dahinschießen. Am nächsten Morgen fand ein Viehzüchter etwa 120 Kilometer entfernt in der Flugrichtung des Phänomens seltsame Wrackteile auf seinem Weideland, und 250 Kilometer weiter stießen ein Ingenieur und mehrere Archäologen auf die Überreste eines unidentifizierten Fluggerätes und mehrere sonderbare Leichen. Offizielle Stellen erklärten, daß es sich um einen Wetterballon handle. Man hörte nichts mehr von der Angelegenheit - bis Moore, Friedman und Berlitz sich ihrer annahmen.

Es gibt eine Fülle ähnlicher Fälle. So deuteten am 7. Juli 1948 in der Nähe von Del Rio/Texas ungewöhnliche Radarbeobachtungen darauf hin, daß ein unidentifiziertes Objekt etwa 50 Kilometer jenseits der mexikanischen Grenze abgestürzt sein müsse. Mit Erlaubnis der mexikanischen Regierung begannen US-Truppen mit der Nachforschung. Sie fanden eine metallische Scheibe und die verkohlten Leichen der Besatzung: mehr oder weniger menschenähnliche Wesen von etwa ein 1,50 m Größe. Der amerikanische Luftwaffenoberst

Whitcomb, der das Objekt ebenfalls auf seinem Radargerät gesichtet hatte und sich unverzüglich mit einem Flugzeug zur Absturzstelle begab, stellte fest, daß inzwischen mexikanische Truppen die Szene beherrschten und das Objekt abschirmten. Die an diesem Einsatz beteiligten Soldaten waren offensichtlich gewarnt worden, daß es „ihnen leid tun würde", wenn sie zu irgend jemandem darüber sprächen. Mehrere Jahre später tauchten angebliche Fotos der toten Besatzungsmitglieder des UFOs auf. Sie sind noch immer Gegenstand hitziger Auseinandersetzungen. Zu einem nicht näher bekannten Zeitpunkt im Jahr 1952 verfolgte ein Radarbeobachter des Luftwaffenstützpunkts Muroc in Kalifornien auf seinem Schirm ein Flugobjekt, das sich mit großer Geschwindigkeit dem Erdboden näherte. Als feststand, daß sich tatsächlich ein Absturz ereignet hatte, wurde er instruiert: „Sie haben nichts gesehen!" Später erfuhr er, daß ein UFO von etwa 10 Metern Durchmesser in einer nahen Wüstenregion gefunden worden war. Es war metallen und weitgehend verglüht. An Bord befanden sich die Leichen etwa einmeterfünfzig großer Wesen. Das Wrack wurde eine Zeitlang auf dem Stützpunkt behalten und dann angeblich zu einer anderen Luftwaffenbasis in Dayton im Bundesstaat Ohio gebracht. Es gibt stichhaltige Indizien dafür, daß zum fraglichen Zeitpunkt tatsächlich ein größeres Objekt unter Geheimhaltung zu diesem Stützpunkt transportiert worden war. Mit dem gleichen Vorfall steht vermutlich auch ein Film in Zusammenhang, der im darauf folgenden Frühjahr offenbar auf Veranlassung hoher militärischer Stellen einer ausgewählten Expertengruppe vorgeführt wurde, darunter auch einem Mr. T. E., der als Radarspezialist für die Armee und die Luftwaffe tätig war. Der Fünfminutenstreifen zeigte ein silbriges, scheibenförmiges Objekt, in Wüstensand eingebettet. Auf der Oberseite waren eine Kuppel und eine offene

Luke zu sehen. In der Nähe des Objekts standen etwa zehn bis fünfzehn Militärangehörige. Mit ihrer Körpergröße verglichen, mußte die Scheibe etwa fünf bis sieben Meter im Durchmesser groß sein. Die Aufnahmen zeigten ferner die Leichen dreier Besatzungsmitglieder: Sie waren klein und menschenähnlich mit übergroßen Köpfen. Die Zuschauer wurden aufgefordert, über den Film nachzudenken, aber niemandem davon zu erzählen. Zwei Wochen später erklärte man ihnen, es habe sich um eine Fälschung gehandelt. Diese Erklärung ist seltsam, da viele Indizien dafür sprechen, daß der Film Offizieren verschiedener Luftwaffenstützpunkte vorgeführt wurde. Außerdem hätte es eines gewaltigen Aufwands an Zeit und Mühe bedurft, um diese Aufnahmen so täuschend echt zu inszenieren. Das überzeugendste Indiz für diesen Vorgang ist eine mit dem Pseudonym Fritz Werner unterzeichnete beeidete Aussage aus dem Jahr 1973. Die Identität des Zeugen ist bekannt. Werner versichert, daß er an der Untersuchung eines abgestürzten unbekannten Flugobjekts beteiligt war. Als Ingenieur im Dienst der Luftwaffe in der Nähe von Kingman/Arizona tätig, wurde er 1953 gemeinsam mit fünfzehn anderen Mitarbeitern eines Morgens in aller Frühe unter strengen Geheimhaltungsvorkehrungen in einem Bus mit verdunkelten Fenstern fünf Stunden über Land transportiert. Man erklärte ihm und seinen Kollegen, daß ein streng geheimes Fluggerät der Luftwaffe abgestürzt sei und jeder von ihnen diesen Unfall im Rahmen seines jeweiligen Spezialgebietes untersuchen solle. Werners Beschreibung nach ähnelte das Objekt zwei aufeinandergestülpten tiefen Untertassen von etwa zehn Metern Durchmesser. Es habe aus einem stumpfen silbrigen Metall bestanden und sei durch eine Luke zugänglich gewesen. Seine besondere Aufgabe habe dann gelegen, die Aufschlaggeschwindigkeit des Objekts anhand der Spuren zu rekonstruieren. Er fand weder irgendeine Landevorrichtung noch Dellen oder Kratzer. In einem Zelt in der Nähe sah er auf einem Tisch ein etwa ein Meter dreißig langes menschenähnliches Wesen liegen. Man verbot den Experten nicht nur, zu irgend jemandem über den Vorfall zu sprechen, sondern auch, ihn unter sich zu diskutieren. Ein Meteorologe namens Daly, damals ebenfalls im Dienste der Luftwaffe, gibt an, 1953 zu einem ihm unbekannten, aber heißen und sandigen Ort gebracht worden zu sein, um dort die Bauweise eines silbrigen, metallenen Flugkörpers zu untersuchen. Von Besatzungsmitgliedern habe er nichts gesehen, aber er sei zu dem Schluß gelangt, daß das Objekt nicht irdischen Ursprungs sei. Bedeutsam ist auch die Aussage der Frau eines Wachsoldaten auf dem Wight-Patterson-Luftwaffenstützpunkt, der auch im Zusammenhang mit den bisher genannten Vorfällen eine Rolle gespielt hatte. Die Frau behauptete, daß etwa zur gleichen Zeit ihr Mann gesehen habe, wie Wissenschaftler die Leichen etwa einen Meter großer menschenähnlicher Wesen mit riesigen Köpfen untersucht hätten. Eine ebenfalls auf der Wight-Patterson-Basis beschäftigte Frau, deren Aufgabe es war, sämtliches im Zusammenhang mit UFOs stehende Material, das dem Stützpunkt vorlag, zu katalogisieren, sagte aus, sie habe gesehen, wie die Leichen zweier menschenähnlicher Wesen von etwa ein Meter fünfzig Größe mit überproportionierten Köpfen transportiert worden seien. Im März 1964 wurde der Absturz eines runden flachen UFOs am Mount Chitpec in Mexiko gemeldet. Behördenvertreter wollten es in die nächstliegende Stadt, San Cristobal de la Casas, bringen - aber der Häuptling des dort ansässigen Stammes der Chalulas behauptete, es handle sich um eine Gabe Gottes und der Heiligen Jungfrau, und gab es nicht heraus. In Tarija, der entlegensten und unzugänglichsten Region Boliviens, wurde am 6. Mai 1978 von verschiedenen

Beobachtern ein glühendes Objekt am Nachmittagshimmel gesichtet. Nach der allgemeinen Beschreibung handelte es sich um einen sieben bis acht Meter langen, metallischen Zylinder, der zwar weder Fenster noch sonstige äußere Strukturen aufwies, aber eindeutig wie ein Flugkörper aussah. Dicht hinter ihm folgte noch ein kleineres Flugobjekt. Nur wenige Sekunden nach seinem Erscheinen war der Donner einer gewaltigen Explosion zu hören, begleitet von einem „Erdbeben", das über ein Gebiet von 200.000 Quadratkilometern von Seismographen registriert wurde. Nach dem Absturz wurde beobachtet, wie das kleinere Flugobjekt davonflog. Das UFO flog viel zu langsam, als daß es ein Meteor hätte sein können. Den Untersuchungen zufolge war es ausgeschlossen, daß ein Satellit zur Erde zurückgekehrt war. Während sich die Presse noch in den wildesten Spekulationen erging, wurde von amtlicher Seite eine Nachrichtensperre verhängt. Reporter sahen, wie das Objekt abtransportiert wurde, und behaupteten, die US-Luftwaffe habe es in die Vereinigten Staaten gebracht. Die NASA leugnete, in diesen Vorfall verwickelt zu sein. Die hier gegebene Darstellung ist eine Rekonstruktion einer Vielzahl widersprüchlicher Angaben und gilt als die schlüssigste Version, die zur Zeit vorliegt. Allerdings berücksichtigt sie nur die Hälfte der bekannt gewordenen Fälle. Das Material ist zwar nicht sehr überzeugend, läßt sich aber dennoch nicht einfach ignorieren, weil dies bedeuten würde, eine große Zahl voneinander unabhängiger Zeugen als Lügner abzustempeln.

Quellenverzeichnis:

1) Jean Prachan:
„UFOs im Bermuda-Dreieck“
(Moewig Sachbuch)

2) Charles Berlitz / William L. Moore
„Der Roswell - Zwischenfall“
(Zsohnay)

3) Johannes von Buttlar
„Das UFO Phänomen“
(C. Bertelsmann Verlag)

4) Timothy Good
„Jenseits von Top Secret“
(Zweitausendeins)

5) Jean-Claude Bourret
„UFO - Spckulationen und Tatsachen“
(Knaur)

(6) Prof. Dr. John E. Mack
„Entführt von Außerirdischen“
(Bettendorfsche Verlagsanstalt)

(7) Marina Popowitsch
„UFO Glasnost“
(Weltbild Verlag)

(8) Illo Brand
„UFOs so rund wie Untertassen“
(Weltbild Verlag)

EWERTVERLAG GmbH
...der mit den offenen Büchern...
Mühlentannen 14 - D 49762 Lathen (Ems) Fon 05933 92620 - Fax 05933 92621

Buch-Programm '97

Autor	Best.-Nr.	Titel (HC = Hardcover)	DM
		Dokumentation - Neues Wissen	
K.-D. Ewert	8-000-2	Die physikalischen Zwangsläufigkeiten des Kosmos	29.80
	8-063-0	Die physikalischen Zwangsläufigkeiten des Kosmos	19.80
Ewert/Würth	8-119-x	Die Energiemaschine - Energie zum Nulltarif	39.80
	8-132-7	Die Energiemaschine Band 2 (Frühjahr 97)	39,80
Frank de Martin	8-001-0	Die Seele des Kosmos - Ende der org. Dummheit	39.80
C. von Esterfeld	8-002-9	Geheimnis des Kosmos - Das wahre Bild der Welt	29.80
Günter Guzano	8-070-3	Das Universum - Entstehung - Teil 1	39.80
	8-079-7	Das Universum - Entstehung - Teil 2	39.80
Roger Verdade	8-003-7	Das Mädchen mit dem Mondpendel (HC)	39.80
	8-008-8	Des Teufels Planet - Der Schrei des vergossenen Blutes	29.80
Jan van Helsing	8-069-x	Geheimgesellschaften und ihre Macht im 20. Jahrh. (HC)	44.80
(HC)	8-492-x	Geheimgesellschaften - Band 2 - Interview m. v. Helsing	44.80
(HC)	8-654-x	Secret Societies and Their Power in the 20th Century	49.80
(HC)	8-816-x	Les Societés Secrètes et leur Pouvoir au 20eme Siecle	49.80
(HC)	8-573-x	BUCH III - Der Dritte Weltkrieg	49.80
Ewert/ v. Helsing	8-999-9	Der Fall Jan van Helsing (HC) (Sommer 97)	49.80
Bruno Sammer	8-170-x	Die geheime Verschwörung der Illuminaten	39.80
Falke	8-065-7	Die unsichtbaren Waffen der Macht (HC)	39.80
Gary Allen (HC)	67-00-3	Die Insider I Baumeister der "Neuen Welt-Ordnung"	29.80
	67-03-8	Die Insider II - Baumeister der "Neuen Welt-Ordnung"	29.80
Peter Blackwood	64-04-3	Der namenlose Krieg	39.80
Franke-Gricksch	64-05-1	Das ABC der Insider	44.80
Des Griffin	79-41-6	Wer regiert die Welt ?	34.80
B. Bouvier	8-167-x	Die letzten Siegel - Chronologie des III. Weltkriegs	39.80
	8-153-x	NOSTRADAMUS	49.80
Jo Conrad	86-5-2	Entwirrungen - Über kosmische Gesetzmäßigkeiten..	29.80
Dr. R. Y. Kendel	8-094-0	Das wichtigste Geheimnis der Menschheit - DWGM (HC)	39.80
	8-095-9	Antaris - auf dem Weg in eine andere Welt (Neudruck)	29.80
Franz Bardon	38-21-2	Der Schlüssel zur wahren Quabbalah (HC)	42.00
	38-22-0	Frabato	24.80
Dr. L. Bardon	38-18-2	Erinnerungen an Franz Bardon	19.80
Dr. Georg Lomer	38-20-4	Lehrbriefe zur geistigen Selbstschulung	24.80
Maiski	38-17-4	Wer half Hitler	29.80
D. Rüggeberg	38-10-7	Theosophie und Anthrosophie im Licht der Hermetik	16.80
	38-12-3	Christentum und Atheismus - Okkultismus und Magie -	19.80
	38-15-8	Geheimpolitik I - Der Fahrplan zur Weltherrschaft	29.80
	38-16-6	Geheimpolitik II - Logen-Politik	29.80
Brandler - Pracht	38-23-8	Lehrbriefe zur Entwicklung der okkulten Kräfte	34,00
Hans Ruesch	1-027-1	Die Pharma-Story - Der GROSSE Schwindel	28.00
Joachim-F. Grätz	1-124-3-	Sind Impfungen sinnvoll? Ein Ratgeber aus der Praxis	14.80
Simone Delarue	1-110-3	Impfschutz - Irrtum oder Lüge?	32.00
F. und S. Delarue	1-085-9	Impfungen - der unglaubliche Irrtum	24.00
Harris L. Coulter	1-109-x	Impfungen - der Großangriff auf Gehirn und Seele	32.00

Maduro	25-11-3	Ozonloch - das mißbrauchte Naturwunder	14-80
Schauderhammer	25-06-7	Sackgasse Ökostaat - kein Platz für den Menschen	14.80
W. Roeder	25-20-2	Umwelt - Naturschutz - Betrug - Ökofaschismus ..	16.80
L. LaRouche	25-12-1	Ein Wirtschaftswunder für Osteuropa	14.80
	25-17-2	Christentum und Wirtschaft	19.80
W. Engdahl	25-15-6	Mit der Ölwaffe zur Weltmacht	19,80
M. Freeman	25-22-9	Hin zu neuen Welt - die Geschichte ...	24.80
J. Tennenbaum	25-14-8	Kernenergie: Die weibliche Technik	28.80
Carol Greene	25-13-x	Mörder aus der Retorte - Der Fall Charles Manson	16.80
M. Weißbach	25-08-3	Der gerechte Krieg - das Rauschgiftkartell besiegt !	14.80
John E. Mack	8-078-5	Entführt von Außerirdischen	48.00
D. Danoff	8-097-2	Superpotenz - wissen, worum es wirklich geht	39.80
Uli Weyland	8-060-2	Strafsache Vatikan - Jesus klagt an	39.80
P. Dixon	8-071-2	Die Genetische Revolution - Heute Traum..	39.80
J. Leske	8-087-3	Schmeißt die Kirche aus dem Staat	39.80
J. Heinzerling	8-098-9	Energie aus dem Nichts - Macht, Magie ...	39.80
R. Hoagland	8-076-9	Die MARS - Connection - Monumente am Rande ..	44.00
L. Mandau	8-073-4	Tödlicher Sektenwahn	39.80
J. v. Buttlar	8-055-6	Die Methusalem formel	39.80
John Gribbin	8-056-4	Jenseits der Zeit	29.80
F. Drake/D. Sobel	8-065-3	Signale von anderen Welten	39.80
Kurt Pagels	8-007-x	Es geht nur ohne Einstein	29.80
	8-011-8	Kant gegen Einstein	19.80
	8-016-9	Kant gegen Marx-Engels-Lenin	29.80
	8-051-7	Paradoxe Realität	29.80
C. A. Ammann	8-111-4	Die erhabene Leichtigkeit des Seins	39.80
	8-112-2	La Sublime Leggerezza Dell'Essere (Herbst '97)	39.80
Sarah Velden	8-096-7	Die Mühle der Barmherzigkeit	19.80
Martin Schöttle	8-004-5	Leben, Lieben, Lernen	29.80
K. Braunmüller	8-113-0	Scientologie - Bedrohung oder Erlösung? (HC)	39.80
Bob Frissell	8-260-x	Zurück in unsre Zukunft... Vorwärts in die Vergangenh.	30.00
Klaus Lutz	8-022-3	Wenn Makler betrügen... und Banken mitmachen	19.80
Amrit Madarva	8-044-4	Mit Glocken und Kanonen	19.80
Hans Bertling	8-021-5	Liebe, Glück und Harmonie	29.80
	8-048-7	Buch des Lebens - Zwischen Leben und Tod	19.80
	8-151-3	Unsere Welt (Frühjahr 97)	29.80
E. Schillert	8-037-1	Nähe ist kein Traum	19.80
Peter Lechner	8-023-1	Gegen den Strom	19.80
	8-075-4	Tod eines Feinschmeckers	29.80
Anton Meyer	8-110-6	Die Weissagungen des hl. Malachias (HC)	19.80
Heinz Kraft	8-030-4	Ein unfertiges Mosaik	19.80
G. G. Horvath	8-009-6	Shannondoa - Licht der Sterne	29.80
	8-026-6	Shannondoa - Auf zu den Jahren im All	19.80
	8-033-9	Falle BermudaDreieck	19.80
	8-034-7	Der Schrei des Escador	19.80
	8-054-1	Der Gralskreis (Neudruck)	29.80
F.-H. Warstat	8-025-8	...sie waren doch Geschwister...	19.80
Siegm. Künzel	8-036-3	Wie Du mir...	19.80
Georg Richert	8-045-2	Die Fälle des Kommissar Müller	24.80
	8-064-9	Die ewigen Gesetze des Friedens (Neudruck)	12.80

V. Kulvinskas	88-57-6	Leben und Überleben	22.00
Muna S. Ananda	8-062-2	Ludus Christi - Die Demaskierung der Christlichen Lüge	29.80
James Creedens	8-053-3	Das Geheimnis des roten Planeten - Die Marsrätsel	29.80
Ruth Minshull	67-50-x	Emotionen - Höhen - Tiefen - Gesetzmäßigkeiten	29.80
P. B. Nichols	9-269-3	Das Montauk Projekt - Experimente mit der Zeit	30.00
	9-272-3	Rückkehr nach Montauk	30.00
F. Zückmantel	8-184-x	Geheimakte UFO (Frühjahr '97)	39.80
G. Maerlender	8-127-0	Onkel Sam (Frühjahr 97)	39,80
Michael D'Arete	8-198-x	Weltumbruch - Aufbruch zu einer neuen Welt	29,80
	8-203-x	Weltumbruch II (Sommer 97)	29.80
M. von Auen	8-124-6	Begegnung mit Jan van Helsing	39,80
Joseph Zapf	8-130-0	Suche nach der Fülle des Glücks (Frühjahr 97)	39,80
R. Zipperle	8-129-7	Lichtbrücke zu den Dimension des ... (Frühj. 97)	39,80
Michel Le Blanc	8-128-9	Das verlorene Sein	29,80
Peter Straub	8-125-4	Bewußtsein als eine Funktion der Moral (Frühj. 97)	39,80
Irmgard Graf	8-123-8	Herzlich Willkommen zur Reise ..	29,80
M. Meinhardt	8-121-1	Die Suche nach dem Raum jenseits.. (Frühj. 97)	29,80
H. Mühl	8-135-1	Das zweite Wirtschaftswunder	39.80
Uwe Räder	8-152-1	Der Schlüssel zur Offenbarung	39.80
G. Scharpenberg	8-140-8	Westlicher Lotos	39,80
Manfred Thomas	8-142-4	Auf den Spuren des Widerspruchs	19.80
B. v. Wittenburg	8-120-3	Schach der Erde	39.80
	8-136-x	Schach der Erde Band 2	39.80
David M. Jacobs	19-01-8	Geheimes Leben - Dokumentierte Berichte ..	39.80
St. T. Friedman	19-03-4	Der Ufo - Absturz bei Corana	36.00
L. A. Haley	19-04-2	Meine Entführung durch Außerirdische	29.80
F. & G. Steckling	19-02-6	Wir entdeckten Außerirdische Basen auf dem Mond	44.00
John G. Fuller	19-12-3	Die unterbrochene Reise	39.80
Kevin Randle	19-13-1	Der Ufo - Absturz bei Roswell	36.00
Inge Schneider	71-10-6	Countdown Apokalypse - Hintergründe der ...	38.00
Ulrich Kramer	67-44-5	Der Schmale Pfad - Handbuch fürs Management	24.80
Nin-Sikilla	8-015-0	Sphinx und Cherub	39.80
	8-052-5	Das veruntreute Erbe	39.80
René Egli	8-092-4	Das LOL²A-Prinzip (HC)	39.80
	60-64-x	Die Geschichte vom Großen und Kleinen Ich	35,00
	60-63-1	Die Formel für Reichtum	25,00
Volker Kranz	8-093-2	Erfolg-Reich-Sein (HC)	29.80
Eugen F. Müller	8-019-3	Danach - Leben in Ursache und Wirkung (Neudruck)	19.80
Rho Sigma	67-90-9	Forschung in Fesseln - Edition Freie Energie	39.80
	8-099-1	DENVER Report - Aktuelles "Freie Energie" (englisch)	98.00
	67-93-3	TESLAs verschollene Erfindungen - Geniale Techniken	24.80
	67-60-7	Nikola Tesla - Das Genie unserer Zukunft - Freie Energie	29.80
	67-61-5	Erfinder ohne Nobelpreis Band II	29.80
Franz Ferzak	465-0-2	Nikola Tesla	24.80
	465-3-7	Wilhelm Reich - Ein außerirdischer Österr. - ermordet	24.80
	465-1-0	Karl Freiherr von Reichenbach	17.80
	465-2-9	Der Engel des Verwunderlichen	24.80
	465-4-5	Humdidldums Abenteua	16.80
Gerd Weber	25-16-4	Treibhauseffekt - Klimakatastrophe ...	14.80

	8-097-5	Die neue Zeit des Friedens	29.80
	8-107-6	Die neue Welt des Friedens - Am Tor zum 21. Jahrh.	24.80
Ludwig Conrad	8-057-6	Tischtennis - So werde ich Meister (Neudruck)	19.80
		Roman - Biographie	
Christien L'ebèl	8-005-3	Verlorene Diamanten	19.80
Dr. S. Tischer	8-043-6	Höhen und Tiefen eines bewegten Lebens	19.80
M. Heuser	8-091-6	Entmündigt - Das Leben der Maria H.	19.80
Götz Lang	8-031-2	Wenn Frauen wüßten...was Männer ab 50 fühlen	19.80
	8-038-x	Liebesbriefe verliebter Männer	19.80
J. Charlott	8-131-9	Orplid	29.80
M. Nederkorn	8-046-0	Die Zeit der Wüste	19.80
G. Chr. Nebgen	8-047-9	Terra Marique Teil 1 - Frieden	29.80
	8-080-0	Terra Marique Teil 2 - Hinein in den Krieg	29.80
	8-081-9	Terra Marique Teil 3 - Lehrreiches Ende	29.80
	8-133-5	Kaisers Werkstatt	29,80
Elke Strobach	8-058-4	Ein schreckliches Mädchen	29.80
J. Schaller	92-09-x	Das große Traumbuch - Fast 7000 Traumdeutungen	19.80
	92-05-8	Trilenium - Chronik der Zukunft	29.80
Willi Schleip	8-071-1	Die Zeit mit Lidotschka	24.80
	8-100-9	Gegen den Backofen atmen	24.80
	8-134-3	Hochzeit im Feuerschein	24.80
R. v. Fellenberg	8-137-8	Luzifers willige Helfer	29.80
R. Mauritz	8-139-4	Geist - Wahnsinn - Leben	39.80
Wolfgang Zöller	8-067-3	Die Firma... Wer nichts wagt gewinnt! - Satire	29.80
Charl. Förster	8-068-1	Die Kaiserschiffe	29.80
O. K.G. Geldszus	8-024-x	Das Tagebuch des Thomas R. - DDR zur Wendezeit	29.80
Jörg Bausen	8-078-9	Die Mördersekte - Spannender Krimi	19.80
Karl Heilmann	8-087-8	Familie Fürchtegott und der Dackel Cleverle	29.80
		Gesundheit	
I. v. Wedemeyer	8-061-4	Zurück zur Natur - Gesünder leben - aber wie?	29.80
NeumayerHalbig	12-05-x	Ich lebe noch - So besiegten wir den Krebs!	29.80
	12-06-8	Das Krebshandbuch	42.00
Orr/Halbig	12-08-4	Das Rebirthingbuch - Die Kunst des Atmens..	27.00
Hochstrasser	75-09-x	Kinderernährung - lebendig und schmackhaft	17.00
	58-11-6	Rohkost - die lebendige Nahrung	17.00
Schaller	92-14-7	Chinas legendäre Heilkräuter	29.80
C. Dittmann	30-00-0	Lichte Nahrung - für Körper, Seele und Geist	25.00
C. Dubois	8-150-5	Krebs ist vermeidbar	24.80
		Reise	
Käthi Rodenbeck	8-012-6	Eine ungewöhnliche Crew	19.80
	8-108-4	Zu Gast in Rußland	19.80
Rodenbeck/Lodh	8-042-8	Indienreise	19.80
		Roulette (Nur gegen Vorkasse)	
Roger Verdade	8-027-4	Dauergewinne auf wissenschaftlicher Basis	98.00
	8-059-2	Dauergewinne auf wissenschaftlicher Basis - Teil II	98.00
	8-028-2	Supergewinne auf wissenschaftlicher Basis	98.00

Kinderbuch

Dieter Ahlswede	8-039-8	Violas Traumgeschichten	9.80
Wenke Mayer	8-072-x	5 Geschichten (Neudruck)	9.80

Esoterik

Ananda	8-066-5	Feiere Dein Leben	19.80
R. Danielczyk	8-076-2	Das Wirken Gottes	29.80
Jürgen Schwarz	8-060-6	Der Tod hat kein Recht (Neudruck)	19.80
Heiko Skerra	8-017-7	Alchemie - Das Geheimnis der Goldherstellung	29.80
Achoya	8-126-2	Die Botschaften Azaqueds	29.80
Frank Kubiak	8-138-6	Esotersiches Leben in der 3. Dimension	29.80
Viktor Bättig	8-013-4	Kein Mensch ist tot, wenn er stirbt (Neudruck)	29.80
F. Rosentzweig	12-13-0	Aus dem Neumond ins Licht	12.80
Orr/Halbig	12-07-6	Ende der Sehnsucht	19.80
Halbig/Schnellb.	12-11-4	Babaji , Der Meister	27.00
LeRoy E. Reid	10-07-8	Das Suchen	32.00
M. Wenberg	10-13-2	Der Feuerfarbene Hüter des Lichtes	29.80
Indira	10-09-4	Gespräch mit den Sternen	29.80
S. M. Tessari	10-00-0	Die Schatten holen jeden ein	32.00
Anandesh	10-11-6	Zehn nach Zen	29.80
A. Kopschina	10-16-7	Die Erdstrahlen als Krankheitsursache	32.00
A. D. Janko	27-02-2	Der Mond und Hauskalender	36.00
	27-01-4	Leben im Rythmus der Natur	16.80
	27-03-0	Leben im Rythmus der Natur II	16.80
Thomas Zabler	84-32-1	Lichtkrieger	24.80
	84-33-x	Grenzen sprengen	24.80
	84-34-8	Dimensionssprung	24.80
Matth. Bormann	8-084-3	Tarot des Matto - inkl. TAROT-Karten	39.80
B.-D. Neht	8-098-3	An den Grenzen des Geistes - Geistheilung - (HC)	44.80
Adele Holzer	8-085-1	Das Geheimnis des Planeten Phaethon	29.80
B. Sommer	8-088-6	Der Weg ins Licht - Hypnoseerfahrungen	29.80
L. Kin	67-23-2	Gott & Co. - Nach wessen Pfeife tanzen wir	40.00
M. Stelzner	67-70-4	Die Weltformel der Unsterblichkeit	49.80
G. Hilscher	67-64-x	Energie für das 3. Jahrtausend	39,80
H. - P. Tietz	67-62-3	Tatort Erde - Kosmische Energie...	44,80
Emil Schlee	67-80-1	Ritter sein - um der Zukunft willen (HC)	29.80
Dr. P. J. Saher	8-089-4	Der Avatara - Hilfe aus dem Unfaßbaren - (HC)	44.80
	8-090-8	Unio Mystica Theomagica	44.80
O. v. W. Asgard	8-032-0	Die wahren Götter der Menschen	19.80
Ramtha	9-050-x	Ramtha	32.00
	507-1-7	Der Geschichtenerzähler	32.00
	9-059-3	Das Manifestieren - Ein Handbuch für Meister	38.00
	507-4-1	Ramtha Intensiv - Seelengefährten	24.00
	507-9-2	Finanzielle Freiheit - Die Wahl	26.00
	507-8-4	UFOs - und die Beschaffenheit von Wirklichkeit	32.00
	9-058-5	Das eigene Werden - Ein Handbuch für Meister	48.00
	507-0-9	Der letzte Walzer der Tyrannen - Die Prophezeihung	32.00
	507-6-8	Ramtha - Eine Einführung - Ausgewählte Lehren	25.00
	507-3-3	Ramtha Intensiv - Wendezeit - Die künftigen Tage	24.00
Uli Heerd	9-298-7	Der Anfang	18.--

Moneypenny	9-293-6	Moneymaker	14.--
William Bramley	507-7-6	Die Götter von Eden	49.00
M. W. Cooper	9-285-5	Die Apokalyptischen Reiter	48.--
	9-279-0	Das Tagebuch des Admiral Byrd	9.80
Edtion Pandora	9-270-7	Montauk III - Pyramiden von Montauk	28.00
	9-271-5	Montauk IV - Interviews zum Montauk - Projekt	28.00
	9-288-x	Alternative 3	38.00
	9-277-4	MJ 12 - Die geheime Regierung	19.80
	9-290-1	Bewußtseinskontrolle (Sommer 97)	28.00
	9-273-1	Die dunkle Seite des Mondes (Frühjahr 97)	98.00
	9-280-4	Komitee 300 - Der Geheimbericht (Frühjahr 97)	38.00
	9-287-1	Hohle Erde (Frühjahr 97)	48.00
Kronberger	26-01-8	Auf der Spur des Wasserrätsels	43.00
Eichler/Neuber	91-26-3	Machtübernahme (HC)	29.50
Feihl/Neuber	129-7-1	Die geheimnisvollen Wälder - incl. CD	55.00
Reisch/Feihl/Neu	129-8-x	Die sieben Siegel des Lebens - incl. CD	55.00
Hans P. Neuber	91-39-5	Zwergle-Geschichten - Märchenhafte Geschichten	29.50
		Esoterische-Musik-CDs	
Hans P. Neuber	9072	Die Tiefe - eine Tauchfahrt ins Licht	34.00
	1432	Im Rausch der Ewigkeit	34.00
	1492	Die Herabkunft der neuen Ära	34.00
	9062	Mysterious Sounds - Geheimnisvolle Klänge	34.00
	9097	Die sieben Siegel des Lebens	34.00
	1452	Meditations-Lights	34.00
	9122	Meditation-Power	34.00
	1482	Das mystische Feuer	34.00
Sri Chinmoy	1512	107 Blue-Heart Boats - Herzensmelodien	34.00
Heitz/Neuber	9132	Elfenmusik - Märchenhaft verspielte Weisen...	34.00
Alap Jetzer	1462	Millennia - Musik aus den inneren Weiten...	34.00
		Videos	
	1000	The Clinton Chronicles - ca. 103 Min.(deutsch und engl.)	69.90
	1001	The Mena Cover - up ca.60 Min (deutsch und englisch)	69.90
	1002	The Death of Vince Foster ca. 60 Min (engl. und deutsch)	69.90
	1003	Obstruction of Justice ca. 60 Min (englisch und deutsch)	69.90
	8-076-9	Die Marsconnection - Video (ca. 105 Min.)	49.90
	95-01-8	Die Legende von Atlantis - Teil I (ca. 60 Min)	79.00
	95-02-6	Die Legende von Atlantis - Teil II (ca. 60 Min)	79.00
	95-03-4	Die Legende von Atlantis - Teil III (ca. 60 Min)	79.00
	95-04-2	Die Legende von Atlantis - Teil IV (ca. 60 Min)	79.00
	95-09-3	Die Legende von Atlantis - Teil V (ca. 60 Min)	79.00
	95-08-5	UFO - Geheimnisse des dritten Reichs (ca. 60 Min)	39.00
	95-06-9	UFO - Top Secret (ca. 85 Min)	39.00
	95-05-0	UFO - Von der Legende der Wirklichkeit (ca. 85 Min.)	39.00
	95-07-7	UFO - Der Kontakt Die Chance für die Menschheit	39.00